陆永棣 著

落日残照

晚清杨乃武冤案昭雪

北京大学出版社
PEKING UNIVERSITY PRESS

人物一览表

一、案犯及主要人证

杨乃武　浙江余杭人，生于道光二十年（1840年），卒于民国三年（1914年）。同治癸酉科乡试举人。同治十二年（1873年）十月十一日因本案被拘，光绪三年（1877年）二月十六日案结后被释。

葛毕氏　原名毕生姑，绰号"小白菜"，浙江余杭人，生于咸丰五年（1855年），卒于民国十九年（1930年）。葛品连妻。同治十二年（1873年）十月十一日因本案被拘，光绪三年（1877年）二月十六日案结后被释。

喻王氏　葛毕氏母,前夫毕承祥(葛毕氏生父),后嫁喻敬天,是为喻王氏。

沈喻氏　葛品连母,前夫葛奉来(葛品连父),后嫁沈体仁,是为沈喻氏。

王心培　葛品连、葛毕氏夫妇从原租杨乃武家迁居太平弄后的邻居,葛氏夫妇所租即系其胞弟王顺三的房屋。

钱　坦　余杭仓前"钱记爱仁堂"药店店主,杨乃武在府审中胡诌为"钱宝生",于杨案审理期间死于狱中。

杨恭治　杨乃武共祖堂兄。

詹善政　杨乃武妻詹彩凤堂弟。

吴玉琨　杨乃武岳父詹天其干兄弟。

詹彩凤　小杨詹氏,其姐大杨詹氏原为杨乃武妻,同治十一年(1872年)因难产身亡后,杨乃武续詹彩凤为妻。

杨菊贞　又名杨淑英,杨乃武姐,三十八岁时丧夫,常居于杨乃武家。

陈竹山　生员,与余杭知县刘锡彤过从密切。

章　浚　杭州府幕友，余杭县儒学训导。

沈　祥　余杭县衙仵作。

沈彩泉　余杭县衙门丁。

二、涉案主要官员

刘锡彤　直隶天津府盐山县人，道光丁酉科（1837年）举人，同治七年（1868年）补余杭知县，其后曾改掣山东及丁忧，本案案发前的同治十二年（1873年）九月回任。因本案被革职发配黑龙江，光绪五年（1879年）六月获恩释。

陈　鲁　江苏南京人，举人出身。杭州府知府，因本案革职。

蒯贺荪　直隶大兴人，卒于光绪元年（1875年）十二月初二。浙江按察使。

杨昌浚　字石泉，湖南湘乡人。生于道光六年（1826年），卒于光绪二十三年（1897年）。因本案被革浙江巡抚职，后被重新起用，光绪四年（1878年）佐新疆军务，

	后任漕运总督，光绪十年（1884年）后任闽浙总督、陕甘总督。
胡瑞澜	字筱泉、观甫，湖北江夏人，卒于光绪八年（1828年）。浙江学政，因本案革职。
王书瑞	刑部掌印给事中。
边宝泉	字润民，汉军镶红旗人，户部给事中，卒于光绪二十四年（1898年）。
王 昕	江苏苏州人，江南道监察御史，刑部给事中。
夏同善	字子松，余杭塘栖人，生于道光十一年（1831年），卒于光绪六年（1880年）。咸丰六年（1856年）进士，任翰林院编修，曾任兵部左侍郎、吏部右侍郎，兼署刑部左侍郎，南书房行走。
翁同龢	字声甫，号叔平，晚号松禅、瓶庐居士，江苏常熟人，生于道光十年（1830年），卒于光绪三十年（1904年）。咸丰六年（1856年）状元，为同治、光绪两帝师傅，任军机大臣兼总理各国事务衙门大臣。光绪二十四年（1898年）被慈禧太后强迫光绪帝下令开缺回籍。

刚　毅　字子良，满洲镶黄旗人，生于道光十七年（1837年），卒于光绪二十六年（1900年）。光绪年间先后任云南布政使，山西、江苏、广东巡抚，军机大臣，工部、刑部尚书等职。为西太后宠臣，八国联军攻陷北京时，死于西逃途中。

桑春荣　字伯侪，号白斋，直隶宛平人，卒于道光八年（1828年）。刑部尚书。

皂　保　字荫方，满族人，道光二十五年（1845年）进士。刑部尚书。

绍　祺　字子寿、秋皋，满洲镶黄旗人，生于道光六年（1826年），卒于光绪十四年（1888年）。刑部尚书。

丁宝桢　字稚璜，贵州平远（今织金）人，生于嘉庆二十五年（1820年），卒于光绪十二年（1886年）。咸丰进士。咸丰年间曾任长沙知府，同治年间任山东布政使，山东巡抚。光绪二年（1876年）任四川总督。以杀太监安得海闻名于世。

大事年表

道光二十年（1840年）
杨乃武出生于浙江余杭县城内。

咸丰五年（1855年）
葛毕氏（时为毕生姑）出生于余杭县仓前毕家埭。

同治十一年（1872年）
三月初四　　　葛毕氏与葛品连成亲。

四月二十四日　葛品连夫妇租住"澄清巷"杨乃武家出租屋，并与杨家为邻。

同治十二年（1873年）

闰六月	葛品连夫妇搬出杨家，另租太平弄口王心培家出租屋，并与王家为邻。
九月十五日	杨乃武中举。
十月初九	葛品连去世。
十月十日	葛品连尸体口鼻流出血水，沈喻氏向余杭县衙呈词要求验尸。
十月十一日	午刻，知县刘锡彤带仵作沈祥、门丁沈彩泉前往验尸，结论中毒身死，随即带葛毕氏回衙讯问，葛毕氏诬服。是日三更后，拘拿杨乃武。
十月十二日	上报革杨乃武举人功名，此后同治帝批准。
十月十六日	杨乃武亲友出具杨乃武十月初五，即葛毕氏汪攀交与砒霜的日子不在县城的证明。
十月二十日	杨乃武、葛毕氏及全案卷宗解至杭州府。杨乃武诬服。
十月二十七日	向爱仁堂药店老板钱坦取证。

十一月初六	杭州知府陈鲁拟处葛毕氏凌迟,杨乃武斩立决。经按察使蒯贺荪审理后上报巡抚杨昌濬。
十二月十二日	杨昌濬派候补知县郑锡滜到余杭暗访,郑禀报"无冤无滥"。
十二月二十日	杨昌濬将全案上报朝廷。

同治十三年(1874年)

四月	杨乃武姐杨菊贞赴北京向都察院递交杨乃武所写申诉材料,都察院咨浙江巡抚复审。
六月	杨昌濬将本案交陈鲁复审,陈鲁维持原判。
九月	杨乃武妻詹彩凤等赴北京向步军统领衙门投递申诉材料,经奏皇上谕旨交浙江巡抚督同臬司亲提严审。杨昌濬将本案交湖州府知府锡光等审理,杨乃武、葛毕氏均翻供。

光绪元年（1875 年）

正月二十日	光绪登基，恩昭大赦天下。
四月二十四日	给事中王书瑞上奏，请求另派大臣复查。同日，谕旨将案件交浙江学政胡瑞澜审理。
十月初三	胡瑞澜上奏原案定罪并无出入，并将犯证《供招》咨送军机处。
十月十八日	户科给事中边宝泉上奏，请将此案提交刑部审办。同日谕旨未予准允，但同意将《供招》交刑部推究。
十二月	十八位浙籍京官联名呈控，要求将此案交刑部审理。
十二月十四日	都察院上奏浙籍京官呈控，同日谕旨下，案交刑部审理。

光绪二年（1876 年）

二月二十八日	杨乃武起解进京。葛毕氏等已先于杨乃武起解。
三月二十七日	葛毕氏及八名人证、案卷解送到刑部。杨乃武随后解到。

五月二十一日	刑部开始审理本案。
九月十七日	刑部上奏，请旨提葛品连尸棺到京复验。
十二月九日	海会寺开棺验尸，认定葛品连系因病而死。
十二月十六日	刑部奏请革去刘锡彤知县职。
十二月二十七日	御史王昕奏请革去杨昌浚、胡瑞澜等官员职务。

光绪三年（1877年）

| 二月十六日 | 案件审结，刑部上奏判决及相关官员处理意见。同日谕旨下同意刑部上奏意见，革去杨昌浚、胡瑞澜等官员职务。 |
| 是年 | 葛毕氏出家在准提庵为尼，法名慧定。 |

民国三年（1914年）

| 九月 | 杨乃武病故。 |

民国十九年（1930年）

葛毕氏圆寂。

序

2006年11月,笔者以晚清四大奇案之一杨乃武冤案为研究对象所写的《1877帝国司法的回光返照:晚清冤狱中的杨乃武案》由法律出版社出版,研究这起历史名案并最终形成书稿的缘起在该书的前言里已有交代。笔者本非学界中人,不承想这部自己兴之所至的业余之作,蒙法律出版社不弃予以公开出版已是受宠若惊,近日北京大学出版社决定再版该书,可以说更是喜出望外。当年撰写该书的目的在于探究杨乃武冤案发生、发展并最终纠正的历史真相,而着力最多的还在于冤案为什么能够得到昭雪,这也是冤案之所以被称为奇案的主要原因,因此笔者还专门在《中外法学》2007年第4期上发表了《落日残照——晚清杨乃武案昭雪的历史、社会与制度因素》一文。十年过去了,在对原书稿的修改中笔者感觉到当年无意间开始的研究,如果说现在还有一点点价值的话,在死刑冤错案件如何发现与纠正上似乎开始凸显出来。

《1877帝国司法的回光返照:晚清冤狱中的杨乃武案》出版及《落日残照——晚清杨乃武案昭雪的历史、社会与制度因素》一文发表后,确曾激起些许涟漪。《中外法学》曾对2000—2007年八个年度刊登的全部论文评选出12篇优秀论文,《落日残照——晚清杨乃武案昭雪的历史、社会与制度因素》忝列第二;2008年该文又获中国法学会第一届"法学期刊优秀论文奖"二等奖。[1] 笔者认为,与其说学界看中的是论文本身,不如说是该论文所涉及的题材,这一点也在网络媒体上也得到了印证。《腾讯历史频道》在为纪念辛亥百年推出的"转型中国1864—1949"专题系列中,依据拙著研究将1877年年度事件定格为"杨乃武小白菜案进京翻案成功",2011年1月10日以《真相无处安置——帝国司法的隐秘逻辑》为题对拙著进行了全方位解读;2013年10月17日,在优酷《罗辑思维》第45期中,罗振宇先生又以《你怎么知道他该死?——罗振宇说〈1877帝国司法的回光返照〉》为题,对拙著进行了解构性的阐释。笔者注意到,两者的关注点恰好形成互补:前者关注冤案形成的原因,后者定位冤案昭雪的不易。

"冤",在古代汉语中的本义是"兔被蒙覆屈缩不得舒展",后被引申为"受到不公正对待的屈枉之事,被诬陷的罪名"[2]。王充《论衡》云:"无过而受罪,世谓之冤。"[3] 研究冤案之所以形成,我们可以发现共性大于个性,除了案件本身的原因以及囿于科学技术水平事实真相确难查明外,先入为主、刑讯逼供、官官相护往往是冤案的标配。即使在现代法治国家,无论多么完备的制度设计,没有"上帝智慧"的人类并不能完全避免冤错案件的产生。[4]

---

[1] 参见《中外法学》2008年第1期和《中国法学》2008年第2期。

[2] 谷衍奎主编:《汉字源流字典》,语文出版社2008年版,第1157页。

[3]《论衡·谰篇》:"民犯刑罚多非一,小过宥罪,大恶犯辟,未有以无过受罪。无过而受罪,世谓之冤。"

[4] Gerald Kogan, "Errors of Justice and the Death Penalty," AJS, Judicature, September-October 2002, Volume 86, Number 2, 111, 114.。转引自邓子滨:《使刑事冤案得以昭雪的制度空间》,载《环球法律评论》2003年夏季号。

既然冤错难以完全避免,因此不管是古代政治需要,还是现代程序正义、保护人权,如何发现和救济无疑都十分重要。但无论古今中外,"冤易纠错难"似乎是个很难打破的规律。"人间私语,天闻若雷。暗室亏心,神目如电。"[5]古代戏曲中冤案往往只能利用屈死的鬼魂诉冤,关汉卿笔下的《窦娥冤》即谓典型。窦天章为上京求取功名借得盘缠而将年仅七岁的女儿抵给蔡婆为童养媳,十六年后窦天章出现,无辜的窦娥为救护婆母,被张驴儿诬陷,屈招罪状,已被太守桃杌问成死罪判斩。此时作为肃政廉访使的窦天章之所以在"没有其他人证物证"支持下相信窦娥,并非缘于二人的父女关系,而在于超自然力量——鬼魂告状和三桩誓愿的显灵。当他翻阅卷宗时,窦娥的鬼魂几次将压在底下的文卷翻到上面,使其确信:"这桩事必有冤枉!"到窦娥说出事情的全部真相,尤其是说到三桩誓愿的显灵"都是为你孩儿来"时,窦天章才表态:"有这等事!到来朝我与你做主。"戏曲尽管是虚构的,但往往反映出本质的真实,所谓"善为史者,偏能于非事实中觅出事实"[6]。只能通过鬼魂诉冤成功,恰恰反映出人间昭雪冤案的不易!学者吴思曾统计历史上一些著名冤案的昭雪,无一例外都十分曲折漫长,[7]如在明朝,有明确记载能够考证的冤案平均昭雪时间长达八年。当然能够统计的必然载于史书,既无申冤物力和能力,又无详加记载和考证价值的无数蒙冤小民,都随时光流逝无声无息地湮灭了。杨乃武冤案之所以得以纠正,政治环境、人脉资源、舆

---

[5](元)无名氏:《朱砂担滴水浮沤记》(又名《浮沤记》)。
[6]梁启超:《中国历史研究法》,上海古籍出版社1998年版,第53页。
[7]参见吴思:《历史上的平反周期率》,载《领导文萃》2015年第12期。

论造势、京控伸冤,可以说诸多因素一个都不能少。之所以能成为晚清四大奇案之首,正是因为在当时的社会历史条件下竟能昭雪,正如罗振宇先生在《你怎么知道他该死?——罗振宇说〈1877帝国司法的回光返照〉》一文中所说:翻案绝对是个"小概率事件"。

案件成冤易,昭雪纠错难,时至今日依然困扰着司法机关。从2005年湖北佘祥林被改判无罪,到2013年媒体称之为"纠错攻坚年"的浙江张氏叔侄、河南李怀亮等5起冤案、14名当事人沉冤得洗,以及2014年8月念斌被福建省高级人民法院再审宣告无罪、12月呼格吉勒图被内蒙古高级人民法院再审宣告无罪、2016年12月聂树斌被最高人民法院第二巡回法庭宣告无罪,所有这些案件无不经历了曲折漫长的过程。北京大学陈永生教授在《我国刑事误判问题透视——以20起震惊全国的刑事冤案为样本的分析》一文中,通过对2005年底前各地纠正的20起典型冤错案件进行研究,发现得以纠正的原因都极其偶然,此所谓偶然,即真凶出现或"亡者归来"。其中,真凶出现17起,占85%;"亡者归来"3起,占15%。[8]

---

[8] 陈永生筛选的20起冤案的范围,包括最高人民检察院2005年7月4日下发的《关于认真组织学习讨论佘祥林等五个典型案件剖析材料的通知》(高检发办字〔2005〕7号)及2006年9月21日再次下发的《关于认真组织学习讨论滕兴善等七个典型案件剖析材料的通知》(高检发办字〔2006〕27号)所涉案件,最高人民法院2005年9月下旬召开的全国"刑事重大冤错案件剖析座谈会"讨论的14起案件,以及其自行通过平面媒体、网络等搜集的案件。而确定的标准是:第一,经过侦查、起诉、一审三阶段被认定有罪,最终又证明无罪;第二,有充分证据证明被告人确系被误判有罪;第三,近年被确认为冤案的。陈文以此尽量使作为研究样本的案件具有典型性,从而确保据此得出的研究结论能够反映我国刑事冤案的实际状况。参见陈永生《我国刑事误判问题透视——以20起震惊全国的刑事冤案为样本的分析》,载《中国法学》2007年第3期。

死刑冤错及其纠正同样困扰着号称法治极其完备的美国。据《死刑与误判——以美国68%的死刑误判率为出发点》披露,20世纪90年代中叶以后,美国政界和法律界出现反思和主张改革死刑的浪潮,美国联邦司法部委托哥伦比亚大学法学院对全美死刑的适用进行研究。这项研究是美国对死刑进行的一次最完整的统计研究,对象为1973年1月1日至1995年10月2日23年间美国死刑的适用情况,由哥伦比亚大学法学院詹姆斯·S.利布曼(James S. Liebman)教授主持,至2002年正式结束。据最终报告,美国死刑案件一审裁判后有68%会在此后的救济程序,包括直接上诉、州定罪后救济和申请联邦人身保护令中被推翻。也就是说,每10件死刑裁判中平均约有7件会被推翻。[9] 密歇根大学教授塞缪尔·格罗斯等则在2014年5月20日出刊的《美国国家科学院学报》第111卷第20期上发表研究报告指出,在全美已经执行死刑的犯人中,有4.1%后来被证明无辜。也就是说每处决25人,就错杀1人。"[10] 这一比例不可谓不高。

因冤入狱,可以想见蒙冤者每天都在等待重见天日,至于那些已被执行死刑的冤魂更期盼昭雪!因此,不让实现"个案中的公平正义"仅仅属于极小概率事件,等待真凶出现或"亡者归来",制度化的发现和救济就显得非常重要。换言

---

[9] 陈永生:《死刑与误判——以美国68%的死刑误判率为出发点》,载《政法论坛》2007年第1期。

[10] Samuel R. Gross, Barbara O'Brien, Chen Hu, and Edward H. Kennedy. Rate of false conviction of criminal defendants who are sentenced to death [J]. Proceedings of the national Academy of Sciences of the United States of America, 2014, vol. 111 (20): 7230-7235.

之,冤错如何纠正往往更被普通百姓关注。因此,研究死刑冤错的发现和纠正问题,堪比死刑冤错的预防,两者可以说构成了死刑冤错问题的一体两翼。而无论《1877帝国司法的回光返照:晚清冤狱中的杨乃武案》还是《落日残照——晚清杨乃武案昭雪的历史、社会与制度因素》,其着眼点更多的正在于杨乃武冤案的发现与纠正,虽然只是一次小概率事件。但真凶露面、"亡者归来"这样的小概率事件,恰恰提醒我们司法应该如何通过正常程序尽快发现已经铸成的冤错,这是需要我们关注、研究的重大问题。

应说明的是,此次再版在保持原书稿内容基本不变的基础上适当作了增删修改,同时经授权收录了《你怎么知道他该死?——罗振宇说〈1877帝国司法的回光返照〉》和《真相无处安置——帝国司法的隐秘逻辑》两篇文章,读者借此可以通过不同的视角研读这一历史名案。感谢北京大学出版社蒋浩副总编和陈康编辑,没有他们的厚爱和辛劳,就没有修订版的问世。

是为序。

陆永棣

2017.12.5.于杭州

目录

上部

第一章　蒙冤与昭雪：杨乃武冤案始末

005　一、葛毕氏的短暂婚姻和葛品连的暴死

009　二、知县刘锡彤的先入为主与葛毕氏的屈招诬攀

014　三、"钱宝生"被诱假证，杭州府枉坐杨乃武、葛毕氏死罪

016　四、按察使司巡抚草率定案与钦差学政将错就错

020　五、海会寺验尸，杨乃武、葛毕氏沉冤终获昭雪

第二章　清代死刑案件的审理程序

029　一、侦查初审：州县政府对死刑案件的审理职责与程序

036　二、审转解司："上下关键"的府一级审判

039　三、复审具题：作为地方最高审级的按察使司与督抚对死刑案件的审理

044　四、中央司法审判机关的审理

047　五、死刑最终裁决

中部

第三章 冤案形成的自身逻辑
- 055 一、"同食教经"惹下牢狱之灾
- 059 二、"诬认"尸毒定下冤案基调
- 067 三、臬司巡抚依样画瓢,草率定案
- 072 四、"学台充刑台,乃武归天!"

第四章 官员的无能与官场的腐败
- 079 一、"不知案牍为何事":学用不一的科举之士与有钱无能的捐纳之官
- 092 二、官场陋习与普通民众的"冤莫能伸"
- 099 三、错判惩罚下的将错就错与"巨冤"形成

第五章 幕友的"锻炼"与幕帮的回护
- 109 一、幕友擅权下的冤案"锻炼"体制
- 117 二、暗中把持程序进展:冤错案件的内在因素
- 128 三、幕帮之间上下串通,相互回护,把持衙门司法大权

第六章 衙蠹的贪婪与衙门的放纵
- 134 一、清代衙门中的衙役及长随书吏们
- 142 二、当差服役的共同目标:贪赃枉法
- 150 三、操纵官衙,挟例弄权
- 155 四、衙役控制下的待质与冤案

第七章　棰楚之下,何求而不得:刑讯逼供与冤案

166　一、未载刑部结案报告的屈打成招

173　二、封建专制司法与刑讯逼供制度

176　三、失控的法内用刑与恣意的法外滥刑

183　四、刑讯逼供与冤案锻炼

下部

第八章　朝廷的决心:恢复对死刑裁决权的控制

192　一、清朝专制皇权对督抚权力包括司法权的控制

196　二、晚清皇权衰落、"外重内轻"格局的形成:以"就地正法"之制为例

203　三、朝廷与地方在死刑裁决权上的博弈

第九章　举人的力量:杨乃武自己拯救自己

224　一、绅士的社会地位与影响力

234　二、另样的"官官相护"

248　三、杨乃武的申冤成功与葛毕氏的"顺风车"

第十章　《申报》的影响:舆论的造势与当局的压力

258　一、近代媒体的出现以及对司法的监督

266　二、《申报》的深度介入与杨乃武冤案的公开

269　三、《申报》在冤案昭雪中的独特作用

第十一章 制度的余荫:京控为杨乃武争得一线生机

276 一、清代的京控制度

279 二、荆棘万丛而又希望渺茫之路

289 三、京控为杨乃武争得一线生机

附录一

305 你怎么知道他该死?

——罗振宇说《1877帝国司法的回光返照》/罗振宁

附录二

325 真相无处安置

——帝国司法的隐秘逻辑/谌旭彬

参考文献举要

上部

第一章　蒙冤与昭雪：杨乃武冤案始末

清光绪三年，时为公元1877年。是年二月十六日，刑部为杨乃武案上奏皇帝：杨乃武与葛毕氏因奸毒毙本夫葛品连案，实系余杭知县刘锡彤因诬认尸毒而刑逼葛毕氏，因葛毕氏妄供而拘拿杨乃武，因杨乃武妄供而传钱宝生，因钱宝生被诱捏结（作伪证）而妄坐葛毕氏、杨乃武死罪。以致知府陈鲁草率审详，巡抚杨昌濬照依题结，学政胡瑞澜迁就复奏。同月谕旨下：

> 著照所议完结。人命重案，罪名出入攸关，全在承审各员尽心研鞫，期无枉纵。此次葛品连身死一案，该巡抚等讯办不实，始终回护，几至二命惨罹重辟，殊出情理之外！嗣后各省直督抚等，于审办案件，务当督饬属员悉心研究，期于情真罪当，不得稍涉轻率，以副朝廷的明慎用刑之至意。[1]

杨乃武与葛毕氏二命几至惨罹重辟，皇上的谕旨终于使

---

[1] 中国第一历史档案馆编：《清宫御档——杨乃武小白菜奇案御档》，西泠印社出版社2007年版，第378页。

他们沐浴到大清的返照回光。而这一天的到来,离葛品连身死案发的同治十二年(1873年)十月九日已过去整整三年零四个月又三天。

三年零四个月又三天,对于杨乃武与葛毕氏来说,等待是漫长的,而且几近绝望。因奸谋杀本夫,罪至极刑。作案者,无不被认为罪大恶极。《大清律例》规定:"凡谋杀祖父母、父母,及期亲尊长、外祖父母、夫、夫之祖父母、父母,已行者,皆斩,已杀者,皆凌迟处死。"凌迟,是一种残酷的死刑。虽其行刑程序未见法典,只由刽子手私相传授。据记载,执行凌迟时,被刑者两臂平伸,被绑成一个十字,刽子手用刀将被刑者身上的肉一块一块割下,每一刀割下,都使被刑者极其痛苦,但又不至于当下毙命,直至其全身千疮百孔,面目全非。凌迟的象征意义在于"毁弃了犯罪人当下和未来的生命——不仅剥夺了被刑者的生命,而且使被刑者的灵魂不再有居所……因为灵魂的出现,必须附着于先前的肉体躯壳"[2]。因此即使罪犯事先自杀,仍要将其碎尸万段。[3] 而斩立决则是仅次于凌迟的死刑等次。皇帝"命下,钉封飞递各州县,决不待时"[4],当两名行刑助手一前一后分别拽住捆绑被刑者的绳子与辫子时,刽子手刀影闪过,被刑者已身首分离,又是一个尸无完身!葛毕氏与杨乃武是在同治十二年(1873年)十一月六日被杭州知府陈鲁拟处凌迟

---

[2] 转引自〔美〕D. 布迪、C. 莫里斯:《中华帝国的法律》,朱勇译,江苏人民出版社2003年版,第68页。

[3] 参见〔英〕S. 斯普林克尔:《清代法制导论——从社会学角度加以分析》,张守东译,中国政法大学出版社2000年版,第77页。

[4]《清史稿》卷一百零四,刑法卷三。

与斩立决的。一个多月后的十二月二十日,巡抚杨昌浚照依题结,具奏朝廷。但是从余杭县令、杭州知府、浙江按察使直至巡抚,他们审转复核的却都是一个错案!杨乃武与葛毕氏如被执行,随葛品连而去的将是两个冤屈的灵魂。

幸亏皇上"圣明",挽回了杨、毕两条性命。于是,也给后人留下了这个跌宕起伏、大悲大喜的奇案。那么,展现在我们面前的浙江地方衙门与晚清中央政府又是如何让这一发生于江南小镇的所谓"因奸毒毙本夫"案成为一个轰动朝野的清末奇案的呢?

一、葛毕氏的短暂婚姻和葛品连的暴死

叙说杨乃武与葛毕氏一案,我们不能不从葛毕氏的婚姻说起。

葛毕氏,原名毕生姑,容貌姣好,当地传说因其喜着上白下绿的服饰而被称为"小白菜"。1876年4月18日《申报》在一篇题为《葛毕氏起解琐闻》的报道中对其描述道:"葛毕氏美而艳,虽以铁丝烧红刺乳房,以锡龙贮满滚水浇背,受诸极刑,而色终未衰。"毕生姑自幼丧父,八岁时,其母毕王氏再嫁余杭县城喻敬天,遂为喻王氏。毕生姑的丈夫葛品连,与毕生姑有着相似的童年,也是父亲早逝,其母带子再嫁沈体仁为妻。葛品连长大后在一豆腐店帮工。

毕生姑十一岁时,由母喻王氏做主将其许配给葛品连为妻。也许,葛品连之母认为毕生姑长得好看,毕生姑之母认为葛品连为人老实,两人的婚事就由双方的母亲撮合而成。待到毕生姑十六岁时,葛品连便想将她迎娶过门,江南之地,

旧时婚姻财礼必不可少，幸好葛品连有一个义母冯许氏，家道不错，听说葛品连有些难处，便拿出若干银元，一些作为财礼送给了毕生姑的继父喻敬天，尚余一些用来置办结婚酒宴，双方遂于同治十一年（1872年）三月初四成亲。毕生姑是为葛毕氏。

新婚夫妻在葛毕氏娘家度完蜜月后，即欲另行租房。此时，杨乃武正好在澄清巷口建造楼房三间，有多余新房出租。夫妻就以每月租金八百文向杨乃武租了一间楼房，并于同治十一年（1872年）四月二十四日搬入。自此，杨乃武和葛氏夫妻在同一楼房内居住。

澄清巷——杨乃武祖住地（2006年摄于杭州市余杭区余杭街道澄清巷）

杨乃武，字书勋，又字子钊，长葛毕氏十五岁，同治十二年（1873年）农历八月参加癸酉科乡试，中浙江省第一百零四名举人。杨乃武有一兄长，名乃文，幼便夭折。所以人称杨乃武为二爷。另有一姐，已出嫁，即叶杨氏，夫君早故。杨乃武结过三次婚，首为吴氏，次为大杨詹氏，后死于难产。继娶小杨詹氏，即案发时之妻，后直至终老。

葛品连婚后仍在豆腐店帮伙，由于早上起得很早，有时晚上就宿在店中。葛毕氏经常一人在家，闲来无事，因而习学诵经，因识字不多，就请教杨乃武。于是，两人的关系在旁人看来有点过于亲密。同治十一年（1872年）七、八月间，葛品连回家屡见杨乃武与葛毕氏"同坐共食"，葛母也看到过两人在葛品连租房内同食。当时，大杨詹氏还在，与杨乃武来往频繁尚不至被人非议。同治十一年（1872年）九月初八日，大杨詹氏因难产去世，葛毕氏仍和以前一样，不避嫌疑，与杨乃武来往甚密。葛品连不放心，有时熬不住从帮工的地方跑回家，躲在房檐下听听杨乃武和葛毕氏在干些什么。虽然没有发现什么可疑迹象，但心里仍然很不舒服，就把心中的疑惑告诉了其母沈喻氏。沈喻氏口没遮拦，转而向邻居们传说。结果，一传十，十传百，街坊邻里都怀疑杨乃武和葛毕氏有奸情。可谓无风不起浪。应该说杨乃武与葛毕氏之间并没有确证的暧昧情事，但在强调"男女授受不亲"的时代，他们之间的接触确实逾越了纲常礼教，从而为周遭邻里难以接受，沸沸扬扬的传说也自在情理之中了。

杨乃武毕竟是有身份的人，是当地为数不多的绅士，他应该明白名节对自己的重要性。可能在杨乃武看来消除流言蜚语的唯一途径是断绝两人经常见面的机会。在葛品连夫妇租住满一年之际，杨乃武提出要求把房租增至每月一千文，葛品连夫妇觉得难以承受，沈喻氏也劝儿子迁居避嫌，夫妻就于同治十二年（1873年）闰六月另行租了太平巷喻敬天表

杨乃武教葛毕氏识字学经（摄于杨乃武与小白菜奇案展示馆）

弟王心培隔壁的房子居住。

同治十二年（1873年）十月初七日，葛品连感觉身发寒热，并有膝上红肿的症状，葛毕氏让他请人替工，但其未听劝。到初九日早晨葛品连回家时，其继父沈体仁在大桥茶店见其行走迟缓，发冷打颤；地保王林在点心店前见他买食粉团，但吃后即吐，面色发青；葛毕氏继父喻敬天的老朋友朱大也告诉喻敬天，在学宫写纸炉前看见葛品连在呕吐。待到葛品连回到家，房东王心培的妻子在家门口，看见他两手抱肩，畏寒发抖。葛品连进得屋内，便一头倒在床上，并不时欲呕。他自以为得了"流火疾"，要葛毕氏拿一千文钱请继父喻敬天代买桂圆和东洋参煎服。不知他以前是否曾用这样的方法治过，只是服用后并未见好。午后，葛毕氏因葛品连病情严重，便叫王心培的丫环通知婆婆沈喻氏。沈喻氏过来看后,以为得了痧症,就用万年青汁、萝卜子汤灌服,但未见效。喻王氏前去探视时,见葛品连卧床寒抖,又复作呕,询悉病状后亦无良策,稍倾也就回家了。后葛毕氏闻得葛品连喉中痰响连连,赶忙询问,但此时葛品连已不能言语,葛毕氏不由得大声呼喊起来。王心培听到隔壁动静后赶来,葛毕氏告知情由,请求将沈喻氏、喻王氏喊来。沈喻氏、喻王氏两人赶来,见状急请医生诊治,延至申时,葛品连还是去世了。

葛毕氏转眼成为寡妇,可当她尚未从失夫之痛中解脱出来时,一场牢狱之灾已悄然降临到她的头上。

二、知县刘锡彤的先入为主与葛毕氏的屈招诬攀

葛品连死后,其母沈喻氏曾为他更衣,当时尸身并无任何异状。但因葛品连"年少体肥,死虽孟冬,南方气暖",死后第二天晚上,尸体的口、鼻内竟流出些许血水。葛品连的义母冯许氏见后扬言速死可疑,沈喻氏见尸体面色发青,也恐因中毒而死,因而盘问葛毕氏。葛毕氏当然不知何故,但沈喻氏认为葛毕氏"素性轻狂,虑有奸情",便想请求官府前来验尸,以明死因,于是把此事告知了地保王林。当晚请人写好呈词,次日一早在王林的陪伴下,沈喻氏便向县衙提交了要求验尸的呈词。

所谓"州县所司,不外刑名、钱谷。而刑名之重者,莫若人命"[5]。我国古代行政与司法不分,行政官兼理司法。

---

[5] 瞿同祖:《清代地方政府》,法律出版社2003年版,第31页。

"秦行郡县以来，县令（长）即负有决讼断狱之责。"[6] 在清代县衙，接到出人命要求验尸的呈词是大事，县官必须放下手中之事立即出发。余杭知县刘锡彤，天津盐山人氏，道光丁酉科顺天乡试举人，此案发生时已年近七十。他接下呈词，正准备与仵作沈祥及门丁沈彩泉等前去勘验，恰好生员陈竹山来衙。陈竹山与刘锡彤关系密切，常来常往，于是，两人聊起了即将勘验之事。陈竹山在把街坊传闻告知刘锡彤的同时，还说邻居都认为葛品连暴亡系被人谋毒身死。当时门丁沈彩泉也在场，刘锡彤"复加察听"，得到的消息也与陈竹山所说传闻大致无异。

街坊传言一（摄于杨乃武与小白菜奇案展示馆）

之后，刘锡彤带着专职验尸的衙役仵作沈祥及随从门丁

---

[6] 那思陆：《清代州县衙门审判制度》，中国政法大学出版社2006年版，第13页。

沈彩泉来到了葛品连家。仵作沈祥验得葛品连尸身仰面作淡青色，口、鼻内有淡血水流出，身上起有大泡十余个，但与《沉冤录》所载服砒毒而死的特征，即牙根青黑、七窍进血、嘴唇翻裂、遍身起泡的情形不同。沈祥又用银针刺探喉部，见呈青黑色，擦之不去，似砒毒之症，于是心下疑惑。他想起以前曾为一个叫陈观发的死者验尸时，其尸身特征与之有些相似之处，但陈观发是自服生烟土致死。于是只是向知县刘锡彤禀报说是中毒身死，却未报是中何毒致死。刘锡彤也未问。门丁沈彩泉问沈祥，沈祥说可能是生烟土中毒致死。沈彩泉说不可能是生烟土，服生烟土皆为自服，是自杀，不是他杀。认为葛品连肯定是砒毒致死，沈祥遂与沈彩泉争执起来。结果忽略了试毒银针应该用皂角水多次洗擦之事。此时知县刘锡彤受陈竹山此前所说流言之惑，竟相信了沈彩泉的话，认为葛品连应是砒霜中毒而死。

葛品连系被人下毒而死，如此死因一旦确定，第一个嫌疑人无疑是葛毕氏。刘锡彤当即将葛毕氏带来讯问，问她"毒从何来"。葛毕氏没有毒杀丈夫，当然无从回答这一问题。但刘锡彤已有成见，于是便将葛毕氏带回县衙审问。

当年《申报》记载葛毕氏在县衙接受刘锡彤讯问时受的刑是"烧红铁丝刺乳，锡龙灌水浇背"，这个酷刑可能只是记者的想象，但严刑逼供自不在话下。于是，酷刑之下，何求不得！葛毕氏既见刘锡彤已验定自己的丈夫是被人下毒而死，与杨乃武的关系又被"间巷传遍"，此时已经是百口难辩。无奈之下，葛毕氏诬攀杨乃武与自己有染，并在这个月的初五给了她砒霜，让她把丈夫毒死；十月初九上午，丈夫因患流火疾从豆腐坊回家，嘱其买桂圆洋参煎汤服用，于是乘机将

街坊传言二(摄于杨乃武与小白菜奇案展示馆)

砒末倒入桂圆洋参汤中让丈夫服下，申时，丈夫就死了。

葛毕氏作了上述口供后，已是次日凌晨三更，刘锡彤一得到这一供词，立即派一王姓书办并带民壮阮德等前往抓捕杨乃武。杨乃武半夜三更平白无故被强行带至县衙，当知县讯问时，自然否认与葛毕氏因奸谋毒之事，更以粗暴的态度顶撞刘锡彤，使刘锡彤大为恼火。杨乃武得知葛毕氏的供认说是初五日交给其砒霜，于是，托人要求岳母本家亲友为其作证，证明其初五日在南乡除灵立继，初六日才回余杭城内，他不可能有初五日交给葛毕氏砒霜的事实。杨乃武岳父的干兄弟监生吴玉琨、杨乃武岳父之侄詹善政、杨乃武的堂兄杨恭治及沈兆行、冯殿贵等人向余杭知县递交证明证实这一事实。刘锡彤对此提审葛毕氏、杨乃武。葛毕氏实在被酷刑吓破了胆，"照前供说"，但杨乃武拒不承认。由于杨乃武有举人身份，不能用刑，刘锡彤束手无策，当天无法获取定案口供。次日，余杭县衙呈报杭州知府，要求革去杨乃武举人身份。杭州知府陈鲁又通过浙江巡抚杨昌濬向朝廷具题。同治皇帝在杨昌濬的具题上亲批"杨乃武革去举人，其因奸谋死本夫情由，著该抚审拟。该部知道"。

同治十二年（1873年）十月二十日，葛品连死后第十天，刘锡彤便将杨乃武和葛毕氏及全案卷宗解至杭州府。刘锡彤还对初审案卷作了精心修改，仵作验尸时银针未经皂角水擦洗，在验尸单上添上已擦洗。杨恭治、吴玉琨、詹善政等人为杨乃武所作的初六日才回余杭城内的证词又被刘锡彤压下，没有随卷宗上呈杭州知府。

三、"钱宝生"被诱假证,杭州府枉坐杨乃武、葛毕氏死罪

案子上报杭州府后,此时革去杨乃武举人的御批已下,知府陈鲁便动用大刑。杨乃武熬刑不过,只得承认因奸谋毒之事。当陈鲁追问砒霜来源时,杨乃武想起从余杭坐船到省城杭州必经的仓前镇,有一钱姓爱仁堂药铺,于是就随口供认:初三日假称毒鼠,从这个老板名为"钱宝生"的药铺买了四十文钱的红砒,并交给了葛毕氏。陈鲁得到这一口供,以为案情已经大白,便叫刘锡彤将"钱宝生"的口供取来。

知府已将案情突破,刘锡彤自不敢怠慢,立继着手准备传"钱宝生"到案作证。但他又担心"钱宝生"不愿前来或者来了也不愿配合,于是,就叫县学训导及杭州府幕友也是仓前镇人章浚写信,由其以同乡的名义要求爱仁堂药铺掌柜前来县衙。"钱宝生"来到县衙后,陈述自己并不是"钱宝生",而是钱坦,也从未卖过砒霜给杨乃武。可是当时的证人待遇与犯人并没有多少差别,一旦被卷进案子里也要被关押,甚至还要受刑。可以说一旦作证而被牵涉到案子里,证人的命运就很难预料。涉案作证身受连累事小,倾家荡产、死于非命也非罕见。钱坦最后就是死在为杨案作证的审理过程中,证人陈竹山也在此间死了,王心培、沈喻氏等一干证人则奔波于余杭、杭州、北京,受尽拖累。而且,清代的法律规定,卖砒霜给他人出了人命还得承担刑事责任。刘锡彤当时就认为钱坦因担心承认卖砒霜后受到连累,也被追究罪责,故不愿作证。于是,反复做钱坦的思想工作,表示不会追究其卖

砒霜的罪责,也不会把他送到杭州府作证。但钱坦仍然拒绝作证。刘锡彤便让钱坦先"退下思想"。

钱坦的同父异母弟弟钱垲,得知兄长被知县传去,以为兄长吃了官司,想托人予以消弭。他认识陈竹山,也知道陈竹山与知县刘锡彤关系非同一般,就找到陈竹山,请陈竹山代为说项。陈竹山来到县衙,刚巧刘锡彤在衙门内堂讯问钱坦。陈竹山就坐在外间,向沈彩泉要了杨乃武的供词看。不一会,钱坦从内衙出来。陈竹山叫住钱坦,问了他作证的情况。钱坦如实相告。陈竹山不仅相信街巷传闻,更相信杨乃武的供认,并且同样认为钱坦是怕作证人,怕承认卖砒霜后被追究责任。于是,陈竹山就告诉钱坦,杨乃武已如此这般作了供认,不如就照杨乃武所作的供词作证;即使卖砒霜有罪,也不过是枷杖而已;杨乃武都已招供,如不按其意思作

爱仁堂药店旧址(2006年摄于杭州市余杭区仓前街道)

证，就有包庇之嫌。陈竹山的一番话，使钱坦同意按刘锡彤的意思作证。

刘锡彤一拿到钱坦的"书面证词"，喜不自禁。他唯恐节外生枝，在给钱坦出具一份"无干谕贴"后，也未令钱坦与杨乃武当面对质，就将证词送到杭州府。钱坦的证词与杨乃武的口供对上了号；而沈喻氏因葛毕氏已供认谋毒其子，虽知情节不符，但急于为子复仇，即"照依混供"；王心培不知底细，亦随同沈喻氏供说。至此，知府陈鲁认为本案已是铁证如山；而刘锡彤见案卷内所载葛品连尸身只是口鼻流血，与"尸格"所载砒毒致死应是七窍流血不符，怕被驳斥，遂将案内材料尽行作了涂改。

同治十二年（1873年）十一月初六日，杭州府作出判决，以因奸谋杀亲夫罪处葛毕氏凌迟之刑，以授意谋害他人亲夫处杨乃武斩立决，上报浙江按察使。

四、按察使司巡抚草率定案与钦差学政将错就错

也许刘锡彤、陈鲁将该案审得太"圆满"了，浙江按察使蒯贺荪感觉不太踏实。蒯贺荪自己是个举人，他不太相信杨乃武作为一个举人会为一个女子而抛弃自己的前程，还得赔上自己的性命。既已是举人，就是未来的进士、知县，前程无量，想要美貌女子有的是，三妻四妾也很正常。因奸谋毒的行为与举人的身份极不相称。可是，此时杨乃武、葛毕氏已被刘锡彤、陈鲁的"刑求勒供"吓坏了，都以为"供认在先，势难翻异"，在蒯贺荪这里均各自签字画押认供。蒯贺荪见此，也就放下心来，将案件按照杭州知府的意见上报浙

江巡抚杨昌浚。

接案后，巡抚杨昌浚也感觉不太放心，派了一个候补知县郑锡滜去余杭仓前镇暗访，想查明此案是否有冤。但杨昌浚并没有要求郑锡滜在暗访时不让余杭知县刘锡彤知道，郑锡滜反而把刘锡彤当成暗访的依靠。刘锡彤得知郑锡滜将前来余杭实地暗访，十分担心钱坦露出马脚甚至否定原先的证词，推翻前案，进而影响到他的官途。于是找来陈竹山，叫他去仓前镇告诉钱坦如何应付郑锡滜的暗访，并告诫绝不能否定原先的证词。钱坦答应了。所以郑锡滜去仓前镇时，钱坦"仍照原结承认"。郑锡滜未能访案确实，竟以此案"无冤无滥"，汇同刘锡彤向杨昌浚报告，杨昌浚对此深信不疑。同治十二年十二月二十日（公元 1874 年 2 月 6 日），杨巡抚以陈鲁原拟罪名将此案上报朝廷。

但在刑部审查期间，同治十三年（1874 年）四月，杨乃武在狱中书写了"葛毕氏串诬，问官刑逼"，自己被屈打成招的申诉材料，交其胞姐杨菊贞（又名杨淑英）赴京申冤。杨菊贞遂带着杨乃武岳母家的长工王廷南、王阿木赴北京，经在京的同乡京官指点，由王廷南出面到都察院投递申诉材料，因王廷南目力不济，便由王阿木去递交。由于王阿木自称王廷南，嗣后王阿木就被当做王廷南递解回浙江杭州。

都察院接到杨乃武的申诉材料后，下文给浙江巡抚，要求复审此案。杨昌浚将此案交给杭州知府陈鲁复审。而陈鲁只是增加了对王林、沈体仁到案取证。由于杨、毕两人此前都曾服罪，两证人于是也依然随同沈喻氏当初"混供"所谓的盘出谋毒报验情形作证。由此，复查程序只是走过场，结果当然还是维持原来的判决。

同治十三年（1874年）九月，杨乃武之妻詹彩凤由其娘家帮工姚士法随同，携带杨乃武的呈控材料再上北京，由姚士法"抱告"代向步军统领衙门递交。此次的申诉材料非常有力，同治十三年十二月初七（1875年1月14日），《申报》以"浙江余杭杨氏二次叩阍原呈底稿"为题予以刊登，由此，杨乃武的冤屈和他的申诉理由天下皆知。詹彩凤的这次赴京申冤，得到了杨乃武几位好友的帮助，包括"红顶商人"胡雪岩的幕宾吴以同，刑部右侍郎并兼光绪皇帝老师夏同善的弟弟夏缙川，同榜中举、祖父曾为大学士的汪树屏。也正是通过他们的关系，胡雪岩资助杨家人赴京申冤，夏同善极为关注此案并使翁同龢也开始垂询此案并出手相援，浙籍十八位京官联名呈控，等等。步军统领衙门将杨乃武的申诉情况上奏皇上，皇上谕旨，将此案交浙江巡抚杨昌浚督同按察使司再次"亲提严讯"。

但杨昌浚并未"亲提严讯"，而是将此案转交给刚到任的湖州知府锡光以及绍兴知府龚嘉俊、富阳知县许嘉德、黄岩知县陈宝善共同审理此案。湖州知府锡光经几次审理后，知难而退找借口不再参与，后来主要由绍兴知府龚嘉俊主持审理。但不久便遇到同治皇帝驾崩，又碰上全国性考试，所以一拖再拖未能审结。

此次审理中，杨乃武和葛毕氏全部推翻了原来的有罪供认，这更使这些办案官员既无法维持原来的判决，又难以推翻原先的处理意见。而杨乃武和葛毕氏翻供的消息还通过《申报》传到了京城，朝野对于案件为何迟迟不能了结产生了种种猜测。光绪元年（1875年）四月二十四日，刑部给事中王书瑞上书皇上，参奏杨昌浚等人"复审重案，意存瞻徇"，直指本案承办官员试图通过拖延时间监毙有关涉案人员,以草率结案,维持原判决。该奏折还请求皇上另派大员查办此案,并令杨昌浚确保杨乃武和葛毕氏的人身安全,以防监毙狱中。皇上准了王书瑞的奏折,钦命浙江学政胡瑞澜复审此案。王书瑞的这一奏折作用极大。它不仅启动了新一轮的复查程序,更重要的是确保了杨乃武和葛毕氏在监狱中的人身安全,使承审官员胡瑞澜等绝不敢随意用刑。

但胡瑞澜显然是辜负了皇上的期望。谕旨讲得已很清楚,"该案情节极重,既经葛毕氏等供出实情,自应彻底根究,以雪冤诬而成信谳。着派胡瑞澜提集全案人证卷宗,秉公严讯确情,以期水落石出,毋得回护同官,含糊结案,至干咎戾"[7]。可胡瑞澜并没有客观地审理此案,而是仅以余杭县原验葛品连被毒死为凭,根本没有考虑到是否应对死因再作审查,也未对仵作进行审问查验,反而对杨乃武在申诉材料中为证明自己无辜而编造的一些旁枝末节的事情抓住不放,臆定杨乃武及葛毕氏只是为了逃避罪责而翻供,仍是昼夜熬审,以刑相逼,直至杨乃武、葛毕氏重又诬认谋毒害死了葛品连。于是胡瑞澜以原案定罪并无出入上奏朝廷,并将杨乃武、葛毕氏的供认和相关证人的证词抄送军机处。

不过,胡瑞澜在复审中出现了两个很大的疏漏,并被后来刑部审查时发现:一是关于同治十二年(1873年)八月二十四日杨乃武有无进入葛品连家,有无被葛品连撞破奸情的问题。该日葛品连因葛毕氏腌菜迟误曾毒打葛毕氏,葛毕氏

---

[7] 中国第一历史档案馆编:《清宫御档——杨乃武小白菜奇案御档》,西泠印社出版社2007年版,第23—24页。

情急之下剪掉自己的头发声言欲做尼姑，两人的母亲与房东王心培一起赶来问明情由后，葛毕氏母亲喻王氏气愤地说道：这么点小事何至如此！沈喻氏也责骂儿子。葛品连被骂，才说出因以前与杨乃武的事才借此出气。最早在巡抚杨昌浚向朝廷的具题中，说当日杨乃武进入葛品连家并调戏葛毕氏，两人打闹说笑中被葛品连撞见，葛毕氏被葛品连责打。胡瑞澜的定案奏折中则说当日是因葛毕氏腌菜延迟而被葛品连责打，并未提到当天杨乃武进入葛家并调戏葛毕氏的问题。二是关于杨乃武买砒霜的时间问题。在杨昌浚卜奏朝廷的材料中，杨乃武说是十月初三日，在由杭州回余杭经过仓前镇时在爱仁堂药店购得，而在胡瑞澜复审时则改称是初二日。这两个情节，一个关系到杨乃武、葛毕氏共同谋害葛品连的可能性，一个决定着杨乃武购买砒霜的真实性，因此，对案件事实的确定都极重要，但前后差异至此，所谓的"以诚信谳"只能是一句空话！

五、海会寺验尸，杨乃武、葛毕氏沉冤终获昭雪

胡瑞澜上奏朝廷审理结果的时间，已是光绪元年（1875年）十月初三。杨乃武、葛毕氏一案，已经历时两年，其间经由县、府、按察使司、巡抚审理，直至朝廷钦差大臣复审，仍然没有结果。此时民间已是议论纷然，揣摩万千；朝廷内部不同的意见也是此起彼伏。十月十八日，给事中边宝泉又上奏，要求将此案提交刑部审理，但谕旨以"向亦无此政体"为由未予准允，只是将本案招供提交刑部审查。刑部研究后，即提出了本案审理中前后歧异之处，并奏请令胡瑞澜再行确审。

浙江籍京官自然非常关心家乡这一轰动全国的大案的审理情况，特别是汪树屏等十八位浙江籍京官，更认定本案是一起冤案。于是他们联名向都察院提交呈状，认为刑部虽然提出上述疑点，但如果仍由胡瑞澜查究，胡瑞澜肯定要为这些疑点弥缝，到时，胡瑞澜再上报的材料中就再也看不出任何破绽，杨乃武只能冤沉海底。至于先前谕旨中"向亦无此政体"的说法，他们查得道光年间的山西省、同治年间的浙江省都有过先皇谕旨将巡抚和总督审理的案件交刑部审理的情况。为此，请求将此大案提交刑部审理。都察院接到这一呈词后，即向两宫皇太后、皇上奏请。两宫皇太后收回先前成命，批准了都察院的奏请。

光绪元年十二月十五日（1876年1月11日），杨昌濬接到圣旨：

> 前据给事中边宝泉奏称，浙江余杭县民妇葛毕氏毒死本夫一案，胡瑞澜复讯未协，请交刑部办理。当以提案解京，事涉纷扰，且恐案内人证往返拖累，是以未准所请，仍责成胡瑞澜悉心研究。兹据都察院奏称：浙江绅士汪树屏等遣抱联名呈控，恳请解刑部审讯。据呈内所叙各情，必须彻底根究，方足以成信谳而释群疑。所有此案卷宗及要犯要证，即着提交刑部秉公审讯，务得确情，期于毋枉毋纵。至案内各犯，着杨昌濬派委要员，沿途小心押解，毋得稍有疏忽，至于咎戾。[8]

---

[8] 中国第一历史档案馆编：《清宫御档——杨乃武小白菜奇案御档》，西泠印社出版社2007年版，第207页。

刑部接下此案后，便调集本案有关证人及杨乃武和葛毕氏进京。光绪二年（1876年）二月二十八日，杨乃武起解进京。葛毕氏已先于杨乃武起程。至三月二十七日，葛毕氏及八名证人和全部卷宗解送到刑部，杨乃武随后亦到。此前本案的主要证人钱坦已经死亡。刑部在审查中认为：第一，杨乃武和葛毕氏谋毒葛品连事虽秘密，但总有恋奸情热而起，为什么胡学政在讯问王心培时，王心培坚称从未见杨乃武到过葛家？并且沈喻氏在最早向余杭县衙的呈词中亦未提及杨乃武。第二，"钱宝生"卖砒霜给杨乃武系杨乃武在杭州府供出，既如此，自应提"钱宝生"与杨乃武对质，为什么在余杭县传讯取结后即行开释。第三，葛品连如果确系毒发身亡，沈喻氏当时就应看出情形，何以事隔两日后才向县衙喊控。针对上述不合情理之处，刑部遂逐款分析犯人的口供与证人的证词，并逐一审问，终于查出验尸当时银针未经皂角水擦洗，仵作、门丁又为尸毒争执，由此，县官刘锡彤的检验结论显然不真实；而"钱宝生"提供的证词又是在幕友写信嘱咐和生员陈竹山劝诱下所作，不能以此证实砒霜的来历。于是，刑部认为应重新验尸，以确定死因。

光绪二年（1876年）九月十七日，刑部上奏请旨提葛品连尸棺到京复验，同日，谕旨下，"着杨昌浚将刘锡彤并葛品连尸棺等解部复验审办"。为了确保勘验的真实性，刑部要求各沿途州县在尸棺上加贴封条，以免尸棺被调包。又让进京的证人滞留北京，以便由亲属确认所验是否葛品连的尸棺。并从北京最有名望的仵作中抽调数人参与勘验。光绪二年十二月九日（公元1877年1月22日），刑部在北京海会寺开棺验尸。由于此案影响很大，所以前来观看开棺验尸的人非常多。经仵作苟义、连顺喝报,验得葛品连周身大小骨殖均呈黄白色,确属无毒因病而死。在场的刘锡彤以及原验尸人余杭县仵作沈祥当然也只能认可这一鉴定结果。案情终于大白于天下!

重见天日(摄于杨乃武与小白菜奇案展示馆)

光绪三年(1877年)二月十六日,刑部向两宫皇太后和皇上上奏本案审理结果,阐述了本案案发的经过及屡次审讯未能正确处理的原因,推翻了原审判决认定杨乃武、葛毕氏因奸谋毒的不实之词,并对参与本案审理、作出错误定罪判决的官员提出处理意见:

> 此案仵作沈祥率将病死发变尸身证报服毒,致入凌迟重罪,殊非寻常疏忽可比,合依检验不实、失入死罪未决,照律递减四等,拟杖八十,徒二年。已革余杭县

知县刘锡彤,虽讯无挟仇索贿情事,惟始则任听仵作草率相验,继复捏报擦洗银针,涂改尸状及刑逼葛毕氏等诬服,并嘱令章浚函致钱宝生诱勒具结,罗织成狱,仅依失入死罪未决本律拟从,殊觉轻纵,应请从重发往黑龙江效力赎罪,年逾七十,不准收赎。杭州府知府陈鲁于所属州县相验错误,毫无觉察,及解府督审,率凭刑讯混供具详定案,复不亲提钱宝生究明砒毒来历,实属草菅人命。宁波府知府边葆诚,嘉兴县知县罗子森,候补知县顾德恒、龚心潼,经学政委审此案,未能彻底根究,依附原拟题,候补知县郑锡滜系巡抚派令密察案情,并不详细访查,率以"无冤无滥"会同原问官含糊秉复。厥咎惟均,俱应依"承审官草率定案、证据无凭,枉坐人罪"例,各拟以革职。巡抚杨昌浚俱据详具题,不能查出案情,京控复审,不能据实平反,意涉瞻徇。学政胡瑞澜以特旨复审要案,所讯情节既有与原题不符之处,未能究诘致死根由,详加复验,草率奏结,几致二命惨罹重辟。惟均系大员,所有应得处分,恭候钦定。按察使蒯贺荪失入死罪,本干律议,业已病故;湖州府知府锡光等复审此案,尚未拟结,均免拟议。刘锡彤门丁沈彩泉,在尸场与仵作争论,坚执砒毒,实属任意妄为,合依"长随倚官滋事,纵令妄为,累计本官罪至流者,与同罪"律,拟杖一百,流二千里。[9]

---

[9] 中国第一历史档案馆编:《清宫御档——杨乃武小白菜奇案御档》,西泠印社出版社2007年版,第363—368页。

同日，谕旨下：

> 此案已革余杭县知县刘锡彤，因诬认尸毒，刑逼葛毕氏、杨乃武妄供因奸谋毙葛品连，枉坐重罪，荒谬已极。着照所拟从重发往黑龙江效力赎罪，不准收赎；前杭州知府陈鲁，于所属知县相验错误，毫无觉察，并不究明确情，率行具详，实属玩视人命；宁波府知府边葆诚、嘉兴县知县罗子森、候补知县顾德恒、龚心潼承审此案，未能详细讯究，草率定案；候补知县郑锡滜经巡抚派令密察案情，含糊秉复，均着照所拟革职。巡抚杨昌濬据详具题，既不能查出冤情，迫京控复审，又不能据实平反，且于奉旨交胡瑞澜提讯，复以问官并无严刑逼供等词晓晓置辩，意存回护，尤属非是；侍郎胡瑞澜于特旨复审要案，所讯情节既与原题不符，未能究诘根由，详加复验，率行奏结，殊属大负委任。杨昌濬、胡瑞澜均着即行革职，余着照所拟完结……[10]

全案审结。

杨乃武回到余杭后以种桑养蚕度日，民国三年（1914年）病故，享年七十四岁，葬于余杭镇西北舟枕乡安山村外小山坡。葛毕氏出狱后在余杭准提庵出家为尼，法号慧定，民国十九年（1930年）圆寂，享年七十五岁，安葬于余杭镇东门外小青庙。

---

[10] 中国第一历史档案馆编：《清宫御档——杨乃武小白菜奇案御档》，西泠印社出版社2007年版，第376—378页。

桑蚕相伴终生(摄于杨乃武与小白菜奇案展示馆)

出家为尼的葛毕氏(摄于杨乃武与小白菜奇案展示馆)

第二章　清代死刑案件的审理程序

依照《大清律例》的规定，清代的死刑罪名有450多条，其中罪名最多的是人命、强盗两大类，依情分别斩绞，因而死刑案件及案犯习惯上称做"命盗重罪"和"命盗斩绞重囚"。《大清律例》又把斩、绞死刑划分为"立决"和"监候"两种。"立决"顾名思义，就是立即执行。"监候"则要经过秋审程序。另外还有称之为"极刑"的凌迟和枭首、戮尸等加重刑。按乾隆五年（1740年）《大清律例》，计有凌迟17条，斩绞立决132条，斩绞监候287条，还有杂犯死罪13条。凌迟和立决都是立即执行，皇帝命下，钉封飞递各州县正印官或佐贰，会同武职行刑，决不待时。决不待时的，当然都是较严重的罪犯，如谋反、大逆、强盗得财、谋杀人、杀一家非死罪三人等。相对来说，斩、绞监候则是较轻的犯罪，清代常见的是斗殴杀人、盗窃等。监候案犯，等第二年秋审复核，就是所谓秋审案件。

乾隆四年（1739年），云南亦曾发生一起"因奸谋杀亲夫案"。毕氏（有意思的是，又一个毕氏）未经出嫁，即与海香得通奸。雍正十二年（1734年），毕氏嫁与陈世明为妻。过门数月，陈世明将毕氏抛弃离家，外出四载。毕氏与海香得奸生一子，毕氏之父始知，将毕氏逐出，毕氏仍与海香得共处。乾隆三年（1738年）三月初八日，陈世明回村，见毕氏奸生有子，对毕氏时加殴打。毕氏因被打不甘，起意致死其夫……后海香得、毕氏以殴陈世明，并刨坑埋尸，一并潜逃。乾隆四年（1739年）九月初六，皇上批红"毕氏著即凌迟处死，海香得著即处斩"[1]。

　　死刑，是国家为维护统治而对犯罪者所采取的最严厉的刑罚。"在正常统治秩序下，国家以死刑惩治对现行制度最严重的一些破坏者，向社会显示国家强大的强制性权力。"[2] 法国思想家雅克·德里达认为："死刑是由国家主权决定的一种死亡方式，有时是由类似国家主权的权利决定的。没有这种类似国家主权的东西就没有死刑。所以。死刑是国家形态下的制度及合法谋杀，因此，死刑有一种公开性。"他指出死刑的三个特征："第一，死刑与一种绝对主权相连，是绝对权力的一种表现形态；第二，死刑是一种合法的制度，所以就是一种正当的谋杀；第三，由于它的前两种特征，死刑具有公之于众的必要性。"[3] 在清代，应该说对死刑案件曾经有一套严格规定的法律程序，从斩、绞到凌迟，甚至戮尸并公

---

　　[1] 郑秦、赵维主编：《清代"服制"命案——刑科题本档案选编》，中国政法大学出版社1999年版，第31页。

　　[2] 郑秦：《清代法律制度研究》，中国政法大学出版社2000年版，第170页。

　　[3] [法]雅克·德里达：《全球化与死刑》，2001年9月17日香港中文大学演讲稿，参见张宁：《雅克·德里达的中国之行》，载赵汀阳主编：《论证》，广西师范大学出版社2003年版，第50页。转引自张宁：《考论死刑》，载赵汀阳主编：《年度学术2004》，中国人民大学出版社2004年版，第120页。

开执行。[4] 一方面，使死刑保持着国家绝对的威慑力量；另一方面，也使以皇帝为代表的专制权力对死刑审判严密控制。

绞刑图

一、侦查初审：州县政府对死刑案件的审理职责与程序

对于死刑案件的审理，同其他案件的审理一样，清朝因

---

〔4〕 由于死刑是国家合法的处死，本质上它要求具有公开性、戏剧性和可见性，因为国家需要看着犯人被处死，社会需要参与这种国家仪式并见证之。参见张宁：《考论死刑》，载赵汀阳主编：《年度学术2004》，中国人民大学出版社2004年版，第120页

袭历朝封建政制,实行地方行政、司法合一的体制。地方司法审判是清代整个司法审判活动的基础,州县自理民事案件,有权判决笞、杖刑事案件;督抚终结地方司法审判和司法事务,有权判决徒刑案件。从州县到督抚构成刑事案件逐级审转复核的司法体系,与中央刑部复核、三法司、九卿会审、皇帝秋审、朝审勾决相对应,形成一个相对独立的单元,是中央最高司法复核判决的基础。地方刑事案件审判的基本程序是"逐级复审制",即徒刑以上(含徒刑)案件,在州县第一审级审理后,拟律详报上一级复核,再层层上报,直至有权作出判决的审级批准后终审。当事人上诉与否并不影响逐级复审程序的展开。[5]

在地方司法体系中,州县作为最基层的司法机关地位甚为重要。"天下治权始于州县"[6],"朝廷敷布政教,全赖州县奉行"[7]。《清史稿》曾经这样概括知县职责:"知县掌一县治理,决讼断辟,劝农赈贫,讨猾除奸,兴养立教。凡贡士、读法、养老、祀神、靡所不综。"[8] 当然,各类职责的重要性又有区别,并非不分轻重,"除了维护治安这一首要职责以外,最重要的是征税和司法"[9]。"他们是首席法官、财政官和公安警长。"[10]"天下治始于州县",诉讼、狱治也自

---

[5] 参见郑秦:《清代法律制度研究》,中国政法大学出版社 2000 年版,第 94 页。
[6] 《皇朝经世文编》卷二十三。
[7] 同上注。
[8] 《清史稿》卷一百一十六,志九十一。
[9] 瞿同祖:《清代地方政府》,法律出版社 2003 年版,第 31 页。
[10] 〔美〕史景迁:《王氏之死:大历史背后的小人物命运》,李璧玉译,上海远东出版社 2005 年版,第 5 页。

州县始，绝大多数刑案均由州县进行初审，所谓"万事胚胎，皆由州县"[11]。"军民人等遇有冤抑之事，应先赴州县衙门具控。如审断不公，再赴该官上司告明。若再屈抑，方准来京呈诉。"[12] 由于行政与司法不分，司法亦无审检分立之概念，各级衙门之行政长官兼具警察局局长、检察官、法官及典狱长等多种身份。所以初审程序实际包括了所有审前程序（放告、查验、传唤、拘提、缉捕、看押、监禁及保释等）和审理程序（调处、和息、审讯、判决等）。

如放告，类似于现代的立案登记。清代州县衙门均规定有放告期日，以每月三、六、九日或三、八日放告，于放告日呈控，谓之期呈，于非放告日呈控，谓之传呈。重大案件得随时呈控。州县官收呈后，常须当堂审讯查问，依据律例及各州县自定条款批词，决定准理或不准理。当然，除呈控外，例如一般民众告发、犯罪人投案自首、州县官访问察得的纠纷情案、上司衙门的发审或委审等，均构成受理事由。

如杨乃武案，同治十二年（1873年）十月十日，也就是葛品连死后的第二天，由于当时气候尚暖，尸身变色，口鼻流出淡红色血水。葛品连义母冯许氏见后以为死因可疑；沈喻氏也心存疑惑，察看尸体面色发青，恐系中毒而亡，再三盘问，儿媳坚称绝无其他缘由。这婆婆沈喻氏平时即不满儿媳举止，认为定有别情，遂将此事告知地保王林并连夜请其写好呈词，以葛品连"死因不明""请求验尸"为由，次日晨

---

[11] 王又槐：《办案要略》，转引自那思陆：《清代中央司法审判制度》，北京大学出版社2004年版，第10页。

[12] 薛允升：《读例存疑》卷三十九。

在地保王林陪同下，投告于余杭县衙。跌宕起伏的杨乃武与葛毕氏案即自此开场。

除了罪止笞杖的刑事案件州县判决后可即时发生法律效力外，对于人命、盗劫、邪教等严重犯罪案件和其他应处徒刑以上的案件，如强奸、拐骗、窝赌、私盐等，州县无权作出判决，但在行使侦查、缉捕后，应进行初审。也就是说，对于上述几类案件，州县的职能有两项：一是侦查、缉捕、查赃、勘验现场、检验尸伤、采取强制措施等；二是初审。州县初审不是预审，而是一级正式审判。初审时须依审讯原则（"依状以鞫情，如法以决罚，据供以定案"）[13]，人犯不吐实供时，州县官可以依规定加以刑讯。这种初审类似现代警察治安机关的预审，但又不是预审，它要根据《大清律例》的条款提出判决意见，称为"拟律"或"拟罪"。"拟律"不是发生法律效力的判决，但却是省和中央两级政府司法定案的基础。

清代俗有"人命关天"之说，州县对人命重案应十分慎重。此间的关键又是死因的确定，因此，检验尸伤显得特别重要。杨乃武案之所以成冤案，首要原因就是刘锡彤的检验不当，"诬认尸毒"。《清律》第412条附例规定："凡人命呈极到官，该地方印官立即亲径相验。"[14] 可知凡境内发生命盗重案报官，州县长官必须亲自前往检验尸伤、勘察现场。光绪初年曾先后任广东阳山县、电白县知县的褚瑛就强调知县亲验尸伤的重要性：伤痕之轻重，事情之真伪了然于胸，

---

[13]《大清会典事例》卷五十五。
[14]《大清会典事例》卷八百五十一。

心中稍有把握，抑且免后来许多事端，追悔无及。但是，这里又存在一个问题，州县司法权的第一责任人即行政长官事必躬亲，如果境内同时发生几起人命重案，相验、勘察均不能拖延，又该怎么办？《大清律例》同条附例规定了几种特殊情况的处理办法：（1）原则上应有附近之邻邑印官代往相验。（2）如邻封地远不能朝发夕至的，得由同城佐贰（如府之同知、通判，州之州同、州判县之县丞）相验。（3）如又无同城佐贰时，得由杂职（如州之吏目，县之典史）相验。（4）如又距城遥远时，得由该管巡检就近相验。由邻邑印官、同城佐贰相验时，无需正印官覆验，由杂职相验时，则须正印官覆验。[15] 州县官如果借故不立即前往勘验现场、检验死因，或者擅自委托吏卒，致使尸体情况发生变化，或所检尸伤不符实际情况，致死原因不能确定的，将受到惩罚，"正官杖六十，首领杖七十，吏典杖八十；仵作、行人检验不实，挟同尸状者，罪亦如之"[16]。通过这些措施，境内同时发生几起人命重案的问题大致能够应对。

刑事案件的审理或在衙门大堂、二堂，也可在出事现场。通常州县官可自行决定其审讯方法，或以五听断狱，或以刑讯威胁，或以鬼神恐吓，或以窃听侦知，其方法不一小说、戏剧中之各种离奇断狱方法，实际上均可能存在。讯得案件"实情"，即可按照律例规定定罪量刑。在州县初审中，凡十恶、命盗等重大刑事犯罪，州县可拟死刑。《大清律例》一共

---

[15] 参见那思陆：《清代州县衙门审判制度》，中国政法大学出版社2006年版，第77页。

[16] 《大清会典事例》卷八百五十一。

450条死刑罪名，包括斩、绞两种正刑和称之为极刑的凌迟及枭首、戮尸等加重刑，一般命盗死刑案多采用斩、绞，枭首主要用于强盗谋财，凌迟主要用于惩处谋反、大逆等十恶重犯，州县在拟律中必须明确。

案件经州县初审，"拟律"上解知府，同时还应附上所有材料，如报失单、验尸结论、询问笔录、凶器以及人犯等。在州县作出的"拟律"中，还必须审明案犯是否独子，是否符合存留养亲和存留承祀的法律规定，并表明是否准其存留养亲和存留承祀的意见。法律规定的定案标准是："凡狱囚，鞫问明白，追勘完备，军流徒各从府州县决配；至死罪者，在内三法司定议，在外听督抚审录无冤，依律议拟，法司复勘定议奏闻。"[17] "鞫问明白""审录无冤"，即取得犯人"服输口供"是结案的必要条件，"夫折狱凭口供，而平反凭案卷"。[18] 由于口供的重要性，刑讯逼供也就在所难免了，许多冤假错案都是从州县初审刑逼开始而"锻炼成狱"的。杨乃武案当属典型，此乃后话。州县审理的死刑案件经督抚具题后，如不被驳回重审，地方上的审理程序即告一段落。

乾隆朝的河南巡抚、曾三任知县的王士俊，讲过他任州县官时如何处理命盗案件的经验。现抄录如下，我们可以对知县如何处理刑事案件有个概略了解。

余三任知县，所定命案不下百余，惟于当场研取确情，从未在堂录囚。一遇命案，单骑前赴，兼裹数日粮，

---

[17]《大清会典事例》卷八百四十四。
[18]《清朝文献通考》卷二百零七。

从仆二人、刑书二人、干役二人、快头一人、仵作一人、皂隶四人，不令远离一步，以杜私弊。公案离检所不过丈余。至则先问两造口词，即令仵作同两造及地保共同检验，不厌其详。所报伤迹，详录草单，候三词合同，方余至检所逐一加验，稍有疑惑，令仵作再验，果见伤迹凶具相符，然后亲注伤痕。如犯证俱齐，即先录邻佑口词，再录证人，再录死者之亲，众供画一，始取凶犯口词，或一人或两三人，细细研鞫，别何人造意，何人先下手，何人伤致命，务求颠末了然，确定首从，不可模糊。所伤械物，迅即追起，不可姑缓，果无遁情，再复问各犯，翻驳尽致，果无反覆，令刑书朗诵口词，与各犯仔细倾听。书押毕，即将凶犯重杖，其不行解散助殴加功者，亦加重杖，以纾生者之忿，以慰死者之心。各犯应释者释，应保者保，应羁者羁，务予当场研决，不得迟滞牵累。返署后，即行申报，密即串叙招看。覆妥协，候宪批下日，即行点解。[19]

王士俊所述，尽管不无自诩夸大的成分，但确实是按法定程序办理命盗案件的经验之谈。也就是说，州县审理刑事案件，首先要有报案的报告或诉状。经准理后，或派快壮、捕役、书吏，或州县官亲往，或侦查、缉捕，或查赃、勘验现场，或检验尸伤，或堂上讯问记录，查明实情，并同时对各犯采取相应的强制措施，或释或保，或杖或羁，作出决断。回署或退堂后，即起草案情详文通报上司。同时由刑幕根据

---

[19]《皇朝经世文编》卷九十四。

案情，引用律例，作出审判的"拟律"意见。待上一级知府批复下达，立即将案犯、证佐、凶器、案据、审录一同点解知府衙门。一件刑事案件就算在州县基本审理完结。如"拟律"有误或不当，再加复审，或上司派员一同会审。

二、审转解司："上下关键"的府一级审判

府是介于省和县之间重要的一级行政机构，"知府掌总领属县，宣布教条，兴利除害，决讼检奸"[20]。所谓"悉州县之成，而大吏倚以为治者也"[21]。嘉庆时两广总督蒋攸铦讲：知府"去民较近，察吏最亲，承上达下，以佐督抚耳目之不逮"[22]。

府一级地方政府在司法上的重要职责除了查核州县自理词讼，主要审理并上报州县报来的徒刑以上案件，提出拟罪意见，再上达省按察使司。薛允升指出，"州县一切案犯，由府审转解司"，是刑律所不载而"多年遵行之定章"[23]。对于知府的这一职能，雍正帝曾说：

> ……刑名案件，知府尤为上下关键，务期允明公当，地方始无冤民。不可听属员恳求，亦不可畏上司驳诘而草率苟且，以致讼狱颠倒，下结民怨，上干天和。[24]

---

[20] 赵尔巽等：《清史稿》卷一百一十六，职官三，中华书局1977年版，第3356页。
[21] 《皇朝政典类纂》卷二百四十六，职官九。
[22] 《皇朝经世文编》卷十三。
[23] 参见薛允升：《读例存疑》卷四十九。
[24] 阮元等撰：《广东通志》卷一，《训典》一，雍正八年上谕。

府对所属州县自徒刑以上刑事案件审理转报,根据不同的案件,分别定限二十日、一月、一月半、二月不等,审核完备即上报按察使司。[25] 府一级的审转,不仅是文案上的查验复核,而且要对州县递解的人犯、证人、案件材料重新进行一次开堂审理,审核州县卷宗是否齐备,犯、证口供是否一致,是否刑逼,拟律是否恰当。若无异议,便作"与县审无异"的批语上报按察使司;若犯、证翻供或拟律不当,便一面报告按察使司乃至督抚,一面发回原审州县重审或遴选委派其他官员复审,改正后再拟律上报按察使司,并对原审州县官提出追究责任意见。

审转解司(摄于杨乃武与小白菜奇案展示馆)

可以看出,作为地方政府的中间层级,知府是地方司法

---

[25] 参见《大清会典事例》卷一百二十二。

监督、复查的第一个关口，也是一个重要关口，他们的审判活动质量如何，对于刑事审判案件的质量乃至冤错与否关系极大。但正如我们以后将要论及的晚清冤案的渊薮一样，知府的"审转"并不总是在法律规定的轨道上运行。对此，包世臣曾说：

> 至于招解人犯，已有本州县研讯得情，命案有凶器，盗案有贼具正赃，方始定谳招解，众供确凿，备载书册。解到府司，不过核对正犯供词是否与原审无异。如州县有刑求捏饰、贿嘱等弊，该犯一见上司势必鸣冤，就供指摘，果其冤抑有状，轻则驳回再审，重或提案亲鞫，方足以得真情，而昭平允。今解犯到府，必发附郭，附郭与外县谊属同寅，谁无情面，假有翻异，专事刑逼，全依原供，不问事理之虚实，唯以周旋寅谊为心，或经附郭以原勘解府，该犯于过府堂时复翻者，又仍发回附郭，则拷讯酷烈更甚于前。查知府之事，较县为简，附郭政务又较外县为繁，彼既须自理其民，又代各外县鞫狱，模棱于发件，既抛荒本务。况每府一年招解之案，不过数十起，而该府尚不能自审得情，必倚重于附郭，是岂知府之当逸，抑知府之必愚耶！[26]

包世臣在乾隆、嘉庆之际先后任首县知县、知府等，所言应非乌有。据其以上所言，原来知府找到了一条"当逸"的捷径，那就是将审理事务交给了其他属县，而自己仍醉心

---

[26] 包世臣：《安吴四种》卷三十一。

于与上司的交结之中，并不实心任事。难怪乾隆十九年（1754年）要定知府、直隶州平反重案送部引见例，甚至由于府一级审理大多敷衍了事，平反、改正之案很少，"今以各府谳定之狱，而使首县复之，是以县监府也"[27]。

三、复审具题：作为地方最高审级的按察使司与督抚对死刑案件的审理

省是清代刑事案件地方最后一道审级。只是在这一审级，须经按察使司和督抚两次复审，因此对于按察使司与督抚究竟属两个不同的审级还是同一审级中分工不同，学界尚有不同的意见。郑秦先生认为清代地方审判应为四个审级，按察使司和督抚为两个不同的审级。[28] 但对于按察使司与督抚的关系，雍正皇帝曾在上谕中这样讲道："朕惟直省大小狱讼民命所关，国家各设按察司以专掌。"[29] 吴吉远先生曾作此比喻：按当今的话说，按察使司是一省的高等法院，而地方案件的决断权又掌握在督抚手里，且由督抚题奏达部，所以省高等法院院长是督抚，而不是按察使，按察使可看做综揽一省司法事务的省高等法院常务副院长。[30] 笔者以为这一比喻所阐明的省级司法审判程序中按察使与督抚的关系是恰当的。按察使与督抚并不是两个不同的司法审级，而是同一审级中

---

[27] 包世臣：《安吴四种》卷三十一。
[28] 参见郑秦：《清代法律制度研究》，中国政法大学出版社2000年版，第90—91页。
[29] 《清朝文献通考》卷二百零七，刑十三。
[30] 参见吴吉远：《清代地方政府的司法职能研究》，中国社会科学出版社1998年版，第185页。

分工不同而已。正如吴吉远先生所言：按察使司"掌一省刑名按劾之事，振扬风纪，澄清吏治"，属一省负责刑名司法和监察吏治的职能部门，犹如中央政府之刑部，又兼科道；而省级政府的最高司法权却不在按察使司，而在督抚。一省的司法事务只有经督抚之手才能从地方上完结，而正式向中央具题、咨报。督抚代表皇权，负责一省或数省的治理，权重而不处理具体事务，但却只有督抚拥有与中央皇权正式公文联系的具题之权。处理具体司法事务、司法审核的按察使自然难以脱离督抚而成为单独一审级。[31]

按察使司的机构全名为"提刑按察使司"，一般称"按察司衙门"，按察使司也就是通常所称的"臬司"。作为一省的"刑名总汇"[32]，分掌一省的主要司法职能，是省一级政府的专门司法机关。按察使司的司法职能主要包括主管保甲、维护一省的社会治安、审理自理案件、复审全省刑案、主办全省秋审事务及管理全省狱政。而按察使司法职能中主要而经常性的工作，就是对经州县初审，府或道审转的徒刑及徒刑以上刑案进行复审或查核。按察使复审的意见，基本上代表省政府的意见，正如雍正皇帝所说："一切州县申详，至尔司而狱成，凡督抚达部题奏事件皆由尔司定案。"[33] 按察使对上报的徒刑案卷进行复核，对招解来的军流、死罪案犯、证佐进行复审。如发现案情有疏漏、供证不符或犯证翻供，就会对州县进行驳斥，或发回重审，或发首府、首县或调他

---

[31] 参见吴吉远：《清代地方政府的司法职能研究》，中国社会科学出版社1998年版，第50页。
[32]《大清会典事例》卷八百四十八。
[33]《清朝文献通考》卷二百零七，刑十三。

县更审。如发现承审官审不出实情、出入人罪，除进行驳斥外，还要对承审官、监察官进行揭报。

清代按察使司为显示其权力，几乎每案必驳，当然，驳斥并不是每案都发回重审或更审，更多的是对无需重审或更审的不紧要处的破绽，予以驳斥更正。汪辉祖作刑幕、任知县近四十年，所理民词、刑狱无数，很少遭上宪驳回重审之事。但是，据他记载，按察使司在复审刑案时，不以实情定案，而以成见为藏否的情形，在清代比比皆是。其在浙江龙游县为知县王晴川作刑幕时，有一案遭到按察使司固执己见的强驳，使他终身耿耿于怀。乾隆四十九年（1784年）正月十三日，发生一件县民卢标与余某争道互殴案，余某踢伤卢标小腹，被报县上。当时王晴川公出，由典史代验，并取保延医调治，至二十八日伤痊送归。二月初二日卢赴文昌神会，饮酒醉归，得伤寒病于初九日病故，再次报验后由邻县汤溪何知县代验。因得伤寒病请汪姓医生看病情节未得核实，认为原拟罪不当，案遭按察使司驳回。王晴川回县后复审，汪辉祖以卢之死距踢伤二十七日，其病死伤寒属实，认为余某应从轻发落。经反复会审，何知县仍坚持初详。按察使李封同意何知县意见，但王晴川倔强不服，后经多次会审，仍以按察使司意见，"以方骨黑色为小腹阴伤"，拟余某以绞。[34]

按察使司驳正停当，便可加上"审供无异"的看语上报督抚。如前所述，按察使司虽综理全省刑名，仍须将所审理案件呈报督抚并由其上报朝廷。督抚是清代地方最高的军政

---

[34] 参见汪辉祖：《病榻梦痕录》。

巡抚衙门开庭情形

长官，也是地方最高的法官，握有司法之全权，刑案必经督抚之手才能结束地方的审理。当然督抚的司法职能并不在于每案都必须由他审清案情，重新拟律定罪，其真正意义是从总的方面掌控一省社会安宁，监察各承审衙门有无徇私枉法、出入人罪之弊，以及从司法程序上对每一刑案作出地方的最后的审结。刑案发生后，审出实情，拟律定罪是初审州县的首要职责，并且在案发后州县的一再申报中，督抚已对案情有了把握，再经府司审转，解到督抚案下不过是完成地方的最后一道审理程序而已。

死刑案件经层层审转解到督抚，督抚审录无疑议后即具题皇帝。如属枭首、凌迟、立斩等案犯，一经皇帝裁决，便立即通知督抚执行，即所谓"决不待时"。清律中对某些过失杀人、误杀和职官因公犯罪等应处死刑者，称为"杂犯死罪"，其死刑并不执行，照例减等改为徒五年纳赎，叫做"准徒五年"。死刑中最多的人命、强盗两大类，依案情分别判处斩、绞，一般命案的斩、绞又有"立决"与"监候"的区别，重者立决，轻者监候，秋审后再处生杀。督抚对命盗案的审录和具题重在定罪量刑的"拟律"，具题中必须特别申明是"立决"还是"监候"。

如一立决案：乾隆十八年（1753年）正月十五日，四川通江县民吴浩家与小功堂叔吴万仰家因买房退房发生斗殴，吴浩将小功堂叔吴万仰打伤殒命。时值该县知县因公赴省，报经该县典史张大魁，委请巴州州判王会铣代为勘验初审。经王会铣初审查实并上报，经府、司审转，四川总督黄廷桂复审事实均无疑义，吴万仰系吴浩小功服叔，吴浩"合依卑幼殴本宗小功尊属死者斩律，应拟斩立决"，以此具题上报朝廷。[35]

另一监候案：贵州施东县民李岗父死母改嫁，留下兄弟四人，李岗为长，老二李谓、老三李合外出谋生；老四生而双瞽，手足全瘫，又兼疯病时发，靠李岗抚养。乾隆十七年十二月初四日（公元1753年1月7日）晚，李岗因生计艰难，将疯病复发的老四致死。经乡保报县验讯，拿获李岗到案，县初审，府、司审转，招解至巡抚定长处。定长亲审无异，以李岗"依杀期亲弟，照故杀大功弟绞监候例，因拟绞监候，秋后处决"，具题请旨。[36]

这是清朝每年所审死刑案件中的两件。督抚的具题就算

---

[35] 参见《内阁刑科题本》（乾隆朝）卷五，第1号。
[36] 参见《内阁刑科题本》（乾隆朝）卷二百三十，第5号。

是地方死刑案件的结案报告，如不被驳回重审，地方的审理程序即告终结。

四、中央司法审判机关的审理

清代的政权体系是统一于皇帝的专制权力机构，在中央，刑部、都察院和大理寺为三个主要的主管司法审判事务的机关，即"三法司"。

刑部"掌天下刑罚之政令，以赞上正万民。凡律例轻重之适，听断出入之孚，决宥缓速之宜，赃罚追贷之数，各司以达于部，尚书、侍郎率具属以定议，大事上之，小事则行，以肃邦纪"[37]。刑部所属机构有十七清吏司、追捕"逃人"的督捕司、办理秋审的秋审处和修订律例的律例馆等。职责主要有以下几个方面：审核地方上报的重大案件，并向皇帝具题；管理地方上诉案件与秋审事宜；主持全国司法行政和修订律例；管理中央官吏的违法案件，以及审理发生在京师的笞杖以上的"现审案件"。刑部有权作出全国的流刑的终审判决，但须将判决送大理寺复核，受都察院监督，向皇帝汇题。

都察院"掌司风纪，察中外百司之职，辩其治之得失与其人之邪正……凡重辟则会刑部、大理寺以定谳，与秋审、朝审"[38]。都察院又号称"风宪衙门"，"官民冤枉，所司不受理，及受理不得伸者，许赴院陈诉鞫实，大事奏请上裁，

---

[37]《大清会典》卷五十三，刑部。
[38]《大清会典》卷六十九，都察院。

杨乃武在刑部大堂（摄于杨乃武与小白菜奇案展示馆）

小事立予昭雪"[39]。在司法审判上的具体职责有二：一与刑部、大理寺一同复核拟议京师和全国的死刑案件，监督刑部判决的流刑案件；二是参加每年"秋审""朝审"的会典大审和会题会奏，独自承办复奏和勾到。此外，还负责京师五城巡视和受理京控直诉，杖罪以下自行完结，徒罪以上送刑部定案。

大理寺"掌平天下之刑名，凡重辟则率其属而会勘。大政事下九卿议者则与焉，与秋审、朝审"[40]。大理寺机构简便，人员编制较少，主要职责在于会谳、会勘，复核全国死刑、流刑案件，平反冤案，如发现刑部定罪量刑有误，可以

---

[39] 《大清会典》卷六十九，都察院。
[40] 同上注。

驳回。

清朝虽继承了明"刑部受天下刑名,都察院纠察,大理寺驳正"的三法司制度,但是刑部的职权进一步加重。"清则外省刑案统由刑部核复。不会法者,院寺无由过问;应会法者,则由刑部主稿。在京狱讼,无论奏咨,俱由刑部审理,而部权特重。"[41] 大理寺所谓"平反按复"不过是一句空话,真正行使的不多。"部权特重"是清中央政府司法职能的一个基本特点。

在死刑案件的具体审理程序上,督抚具题奏报后,由负责收发本章的通政司转内阁,经内阁票拟,提出诸如"三法司核拟具奏",也即交三法司核批后再奏报;"该部知道",即发交该部照章办理等批文意见,连同题本进呈御前。经皇帝批示,一般均把三法司案件转给刑部。所谓三法司核拟具奏,由三法司核批大多只是个形式,真正的核批工作均由刑部承担。督抚在向皇帝报告时,照例已将副本"揭帖"咨送刑部,分管相应各省案件的刑部各清吏司,实际上在收到该案的副本"揭帖"时审查工作就已经开始了。如光绪六年(1880年)七月初一日,江苏巡抚具题崇明县民陈位三殴伤胞兄身死案,同日揭帖咨达刑部,刑部江苏司八月初二日已草拟好三法司核拟的题本文稿,九月一日才奉旨"三法司核拟具奏"。[42] 承办清吏司"察其证据,按其律例,复其断拟",然后拟写有关驳拟或批准的意见,递呈本部堂官尚书、左右侍

---

[41] 赵尔巽等:《清史稿》卷一百四十四,刑法三,中华书局1977年版,第4206页。

[42] 参见《刑部案卷》四十五号。

郎定夺。

刑部定拟判决后分送都察院与大理寺会核，院寺如无不同意见，即可画题。此时，刑部定拟之判决即为三法司定拟之判决，由刑部上书领衔，或以题本，或以奏折，奏闻于皇帝。当然，院寺如认为应酌议改易，声明缘由，刑部须参酌院寺意见，再行定拟判决，待院寺画题后，始行定谳。此时刑部二度定拟之判决始为三法司定拟之判决。

三法司定拟之判决主要有三种情况：一是依议之判决，即认为案情认定妥当，且适用律例无误，即可作该督抚所题之判决；二是径行改正之判决，虽然案情认定妥当，但适用律例错误，就可直接改判；三是驳审（驳令再审）之判决，即认为案情认定不当，或适用律例有误，也可以驳令再审。《大清律》第 422 条（断罪不当）附例规定："凡斩绞案件，如督抚拟罪过轻而部议从重者，应驳令再审。如拟罪过重而部议从轻，其中尚有疑窦者，亦当驳令妥拟。"当然，无论依议还是径行改正或驳令再审，都必须奏闻皇帝定夺。

五、死刑最终裁决

一件人命重案，从州县到中央，经过一级又一级的审理，当决定案犯的生命是否应该宣告终结时，最大的法官，也可以说是最高的审级——皇帝终于走到了台前。

《大清会典》对于清代秋审的最后一道程序——会典勾决的场景是这样记载的：

> 是日清晨，预设于懋勤殿御案，设学士奏本案于前。

> 候召入，奏本学士以名单捧之案上，向上跪；大学士、军机大臣、内阁学士、本部尚书侍郎跪于右；记注官侍立于左……[43]

我们可以想见，皇帝端坐御案，相关官员或跪或立，随着某省某犯某案由的奏报声，皇帝一面核看御案上的《黄册》，一面说着"予勾"或"免勾"。秉朱笔的大学士即遵命在勾到题本上的案犯名上或勾画，或跳空。一个人的生死就在这一瞬间决定了。

上诉秋审的仪式绝不仅仅是象征性的，它是实实在在的对全国死刑案件的最后裁决。"勾到的"，刑部通知各省，犯人处决；"未勾到的"，又可缓决一年，多次缓决后有可能减等免死。全国各地，每一件死刑监候案件都要如此送皇帝终审裁决。当然，这仅仅是一年一度的上年缓决案件的秋审，至于立决的，刑部随时奏闻，皇帝命下，立即执行，决不待时。

清代每一件死刑案件都要"专案具题"，向皇帝报告。案件先由地方各省督抚向皇帝具题，皇帝敕下三法司核拟，核拟后，再由刑部代表三法司向皇帝再次具题，皇帝作出裁决。清代向皇帝上奏政务的正式公文叫"题本"，有关刑名案件的是刑科题本。清朝一般年份每年死刑案件三千多件，除去祭日、郊祀、谒陵、朝庙、拜坛等不奏刑名本的日子，皇帝实际每天要处理十多件案件。此间有的案件题本卷帙浩繁，甚至厚达盈尺，皇帝当然不可能亲自一一详览，一般只是选用内阁草拟的意见作为批答，内阁再将此批答用朱笔批写在原

---

[43]《大清会典》卷五十三。

题本的封面上,名曰"批红",批红即作为皇帝谕旨下达。批红多为"三法司核拟具奏""依议"之类毫无变化的专门用语,但是这种例行公事式的批答题本,在清朝必定是奏达御前,经皇帝同意的。所谓"从来生杀予夺之权操之于上"[44],清朝自顺治帝而下可谓威权决不下移,皇帝牢牢控制着死刑的最终裁决权。杀还是不杀,立决还是缓决,最终都要皇帝裁决才发生法律效力。当然自咸丰"就地正法"之例一开,这样的权力也就失控了,此乃后话。

清朝皇帝批答死刑案件尽管是程式化的,但也并非仅仅是遵循惯例的"依议",有时也有可能或就案情提出质疑,或认为拟罪有所不妥,其中不乏大段的谕旨批复。比如乾隆、嘉庆、道光等朝题本中常有奉旨改判批驳的案件。《刑案汇览》卷二十三"刑律人命"门"谋杀祖父母父母"条,汇缉亲属相杀有关服制的四十件案子,其中奉旨改拟的即有八件。如乾隆三年(1738年)四月二十二日三法司具题江西高安县民雷凤踢伤胞兄雷春致死一案,依"弟殴胞兄死"律,拟斩立决。该案情节是兄弟两人因分粮而争殴,嫂嫂方氏和哥哥雷春为一方,弟弟雷凤为一方。该案奉旨批红:"雷凤于推跌之后又被方氏蒙头面,雷春复行扭殴,雷凤急欲挣脱,举脚一踢,误伤伊兄肾囊身死,情尚可原,雷凤著改为斩监候,秋后处决。"[45]立决改监候,犯人就有可能由死获生。当然,也有缓决改"情实",案犯即应处死的。如乾隆二十二年(1757年)秋审,官犯杨灏贪赃一案,三法司原拟"缓决",

---

[44]《大清会典事例》卷八百四十七。
[45] 同上注。

乾隆即认为太轻应改"情实"。[46]

其实,不仅仅是对监候立决的实体裁判,对于死刑案件的审理程序,皇帝有时也频频过问,并作出最后的定夺,这一点在杨乃武案中反映得非常典型。该案审理过程中,皇帝(及两宫皇太后)先后下过十四道谕旨,其中包括指令杨昌浚妥为看要证,委派胡瑞澜复审该案,将案件提交刑部审理,指令杨昌浚将刘锡彤并葛品连尸棺递解刑部复验,等等。每一道谕旨对于杨乃武案的审理进展都极为关键。皇帝通过对程序的直接掌控,体现他在事关生杀予夺大权的死刑案件审理中的无上尊严。这一点既可以从谕旨本身看出,也能从具奏官员的诚惶诚恐甚至悚惧战栗中体味。例如光绪元年(1875年)四月二十四日刑科给事中王书瑞,为杨乃武一案的原审官员在复审中"意存瞻徇"要求另派大员秉公查办,"以雪奇冤而成信谳"的奏折称:

> 刑科掌印给事中王书瑞跪奏为问官复审重案意存瞻徇,请钦派大员,秉公查办以雪奇冤而成信谳。恭折仰祈圣鉴事。窃浙江余杭县民妇葛毕氏毒毙本夫葛品连诬攀举人杨乃武因奸同谋一案,上年四月间,杨乃武胞姐叶杨氏遣抱赴都察院呈诉冤情。经都察院咨回浙江抚臣复审。因原问官百计回护,杨乃武之妻杨詹氏于上年九月间,遣抱赴步军统领衙门复诉冤情,当经该衙门具奏。钦奉谕旨饬交抚臣杨昌浚同臬司亲提讯奏。臣近闻该抚

---

[46] 转引自郑秦:《清代法律制度研究》,中国政法大学出版社2000年版,第75—76页。

委员复审后,葛毕氏及钱宝生等俱已供出实情。虽屡用严刑逼令照依原供,而葛毕氏仍坚称误信人言,因仇诬攀,实与杨乃武无干。该委员等明知事有冤抑,祇以回护同官,碍难从实办理,不愿承审此案,现俱设法脱身。以致日久未能昭雪。方今两宫皇太后皇上勤求治理,言路广开。叠奉谕旨,清厘刑狱。臣忝司言责,既有所闻,岂敢安于缄默。因思此案前已定拟具题。该省原问官惧得处分,必将曲护前非,岂肯再为昭雪?唯有吁肯钦派大员前往查办。庶能究出确情,以仰副圣朝明慎用刑之至意。是否有当,伏乞皇太后皇上圣鉴。谨奏。[47]

皇帝谕旨:

此案情节极重,既经葛毕氏供出实情,自应彻底根究,以雪冤诬而成信谳。著派胡瑞澜提集全案人证卷宗,秉公严讯确情,以期水落石出。毋得回护同官,含糊结案,致干咎戾。钦此。[48]

给事中的诚惶诚恐,皇上的斩钉截铁,由此我们完全能够理解什么是"首席大法官",皇帝是如何履行这一"首席大法官"的职责的,专制君王在事关生杀予夺的人命案件中其威权又是如何体现的。

---

[47] 中国第一历史档案馆编:《清宫御档——杨乃武小白菜奇案御档》,西泠印社出版社2007年版,第12—16页。
[48] 同上书,第23—24页。

中部

第三章 冤案形成的自身逻辑

杨乃武案肇始于同治十二年（1873 年）十月，至光绪三年（1877 年）二月结案，历经清同治、光绪两朝，逾时三年有余。案经余杭县令、杭州知府、浙江按察使和浙江巡抚几级审理，又经都察院咨回浙江巡抚交杭州知府陈鲁复审，再经步军统领衙门奏奉谕旨交浙江巡抚督同臬司复审，还经特旨钦点的浙江学政胡瑞澜复审，均陷杨乃武与葛毕氏于冤案，未能纠正。后经谕旨提交刑部审理，案件真相才得以大白。此案在浙江境内虽经各级地方官员层层审理，但始终未能按事实的本来面目以成"信谳"，个中原委，发人深省。我们先从案件本身来分析其中缘由。

一、"同食教经"惹下牢狱之灾

葛毕氏与葛品连于同治十一年（1872 年）三月初四完婚后，租住于杨乃武家出租房内。其间葛品连每日外出到豆腐作坊做工，经常夜宿店中。葛毕氏在家无事，为学经识字而常常求教于杨乃武，有时就在杨乃武家一起吃饭。次年闰六月，夫妇俩另在太平巷王心培家隔壁租得房子搬出。在租住杨乃武家出租房屋期间以及此后的日子里杨乃武与葛毕氏是否存有奸情，刑部已作了否定。纵观杨案的演变，这一认定也是非常慎重的。因为在威严肃杀的刑部大堂上，在证人、当事人俱全的情形下，如确有奸情，不难查清，且将因此被追究罪责，许多官员也可借此下台阶。两人因为"同食教经"，不知避嫌，还被刑部判定各杖一百八十。至于两人内心是否互生爱慕，已无从考证。何况女的爱才，男的爱貌，甚至两个人在内心深处确实萌生过一种朦胧的爱，似乎也不必大惊小怪，更不必视为大逆不道。

但中国古代社会毕竟是一个"极端注重伦常的社会"[1]。杨乃武与葛毕氏这种公开的、密切的往来很难见容于街坊。此事种下的祸根在于：一是引起葛品连和沈喻氏的猜疑直至邻里流言四起，最后因沈喻氏怀疑葛品连被毒身死而投告于官。我们且看：七、八月间葛品连因屡见葛毕氏与杨乃武"同坐共食"，即怀疑两人有奸情而多次潜在门外檐下窃听；沈喻氏到葛品连家也看到葛毕氏与杨乃武一起吃饭，心头的怀疑难以排释，经常说与街坊邻居而致流言遍传；葛品连为发泄心中郁闷，借口葛毕氏腌菜迟误而责打出气。葛品连死后尸身发变，沈喻氏在盘问葛毕氏没有结果后，认定葛毕氏"素性轻狂，虑有奸情"，唯恐葛品连被下毒而死，即投告于官。二是为知县刘锡彤的先入为主、主观臆断提供了依据。尽管葛品连只见杨乃武教葛毕氏识字而从未"撞见奸情"，沈喻氏所见也仅是二人同桌吃饭，邻里遍传的纯系沈喻氏的"莫释怀疑"。但这种对两人不避嫌疑的"外人谈论"，在当时的社会情形下其杀伤力是极强的。以致当刘锡彤尚未及去现

---

[1] 瞿同祖：《中国法律与中国社会》，中华书局1981年版，第94页。

间巷遍传（摄于杨乃武与小白菜奇案展示馆）

场，而从生员陈竹山处听得街坊邻里对两人的传闻，众人皆言葛品连暴亡系葛毕氏投毒谋命，"经复加察闻，所言无异"时，这一奇案的基调已被定下。此后在这位县太爷的办案过程中，所有的程序和手段无非是为了求证这一命题而已。"妻因奸同谋杀死亲夫""奸夫起意杀死亲夫"这两个载于《大清律例》的罪名，应该说此时已在刘知县的脑海里了。三是为葛毕氏的"畏刑诬供"准备了素材。街坊间的传闻葛毕氏不会一无所知，其夫的尸身已被验定中毒而死，一介民妇当然难以置辩。刑讯中葛毕氏"遂诬认从前与杨乃武同住通奸"。光绪元年（1875年）十月初三日，胡瑞澜在复讯此案后的奏折所附《招册》中，详细记载了当时葛毕氏的供词：

（同治十一年）八月底不记日期，杨乃武曾用言语向妇人调戏。至九月初八日，杨乃武前妻大杨詹氏故，后杨乃武又曾向妇人调戏，妇人都没答应。这月二十八日傍晚，丈夫往店里去，杨乃武又到妇人房内调戏，妇人一时没主意，就依允了。以后遇便行奸，不记次数。杨乃武续娶小姨杨詹氏，借妇人首饰作为聘礼，他并没给过妇人钱物。妇人与杨乃武同坐同吃，杨乃武在妇人房内教给念经,都是有的。丈夫看出情形,我继父告知,经母亲把妇人劝戒。丈夫决意不肯合杨乃武同住。杨乃武也因外边浮言过重,不便相留。继父随托人在太平弄口租得房间,于十二年闰六月搬去。杨乃武仍乘便与妇人来往……九月二十边杨乃武中举后,杨乃武走来探望……随问起剪发缘由,妇人告说前情(因腌菜迟误遭夫殴打),不愿随丈夫度日,剪发要做尼姑。杨乃武说尼姑做不得,你就嫁了我罢。妇人说:"你有妻,我有夫,这事不能。"杨乃武说:"你有夫,可用药把他毒死。我有妻,将来娶你做'两头大'。"并说,如果有事,他一概承当。妇人当即应允。十月初五起更时,杨乃武又来,交给红砒一包,嘱妇人得便给丈夫冲吃,他就走回。初九日巳刻,丈夫因腿上发流火旧病……妇人把桂圆洋参煎好,先把砒末放入碗内,将汤冲入,拿上楼给丈夫吃罢,妇人就下楼来,迟了一时,丈夫毒发呕吐。[2]

这简直就是市井版的"杨乃武与小白菜的故事"。当然导演非刘锡彤莫属,正是在他的刑讯逼供和诱供下葛毕氏作出如此供述。但既往的经历和街巷的流言也可以使葛毕氏条件反射般地攀诬杨乃武而非他人。葛毕氏后来在刑部即供称:因县官刑求与何人来往谋毒本夫,一时想不出人,遂将从前同住之杨乃武供出。杨乃武外孙媳妇郑祖芬在清理婆婆遗物时曾发现由葛毕氏口述、妙真执笔的一张字条,载:

―――――――――
〔2〕 中国第一历史档案馆编:《清宫御档——杨乃武小白菜奇案御档》,西泠印社出版社 2007 年版,第 95—98 页。

> 杨二爷惹受天大不白之冤，人身受尽残酷摧残，遭终身之残，此时此事，终生难忘，均我所致，均我所害。二爷之恩，今生今世无法报答，只有来生再报。我与二爷之间绝无半点私情，纯属清白。后人如有怀疑，可凭此字条作证。[3]

杨乃武大度地以为她是迫于酷刑，屈打成招，不能怪她，可这何尝不是葛毕氏的忏悔呢？

二、"诬认"尸毒定下冤案基调

关于杨乃武冤案的始作俑者，当年刑部在结案报告中早有定论：历次审办不实，皆由轻信刘锡彤验报服毒酿成。由于县衙初审时的"诬认尸毒"，以致案件一步一步走向真相的反面。

清代州县对于人命案件的审理按理应是甚为"经心"的。所谓"刑名之重，莫若人命"[4]。正如一位具有丰富州县阅历的晚清官员所言："一州一县之中，重案少，细故多，必待命盗重案而始经心"[5]。唯如此，州县对命案的勘验亦应是在相当慎重的状态下进行的。由于在人命案件中确认死因至关重要，所以主持验尸便成为州县官最重要的职责。清律规定，州县官必须在受害者被害现场或尸体发现处亲自验尸。

---

[3] 余杭县政协文史资料委员会、浙江省政协文史资料委员会编：《余杭杨乃武与小白菜冤案》，浙江人民出版社1993年版。
[4] 《钦颁州县事宜》"圣谕条例州县事宜"项。
[5] 方大湜：《平平言》"勿忽细故"条。转引自黄宗智：《民事审判与民间调解：清代的表达与实践》，中国社会科学出版社1998年版，第195页。

没有立即验尸的州县官将受到降职或调职处分。[6] 如果由于延误引起尸体征状发生变化，将被处仗六十之刑。[7] 如果州县官在命案告至衙门时因公外出，那么邻近地区的某个州县官将会代他主持验尸，无任何理由拒绝代为验尸者，将降官三级调用。[8] 只有在邻近州县官往返路途太远或也因公外出，案发地州县官的助理州同或县丞才可能被指派代理这一任务。[9] 按《大清律例》，不亲临（尸所）监视，转委吏卒的，"正官杖六十，（同检）首领官杖八十，吏典杖八十"[10]。几乎所有的州县官手册都建议尽快进行现场验尸，以免案情进一步复杂化及尸体可能发生腐变。同时，尽管州县官手下有职业的验尸员即仵作随同被指派具体验查，但由于仵作是地位很低的衙役，其知识和技巧大都较为缺乏，因此，州县官必须严密监视他们的工作，并应亲自动手查验。当然，验尸需要专门的技术，除了经验的积累，被官方唯一认可的指导手册《洗冤集录》成为州县官的必备经典[11]，前往验尸时州县官总会随身携带[12]。

可惜的是，知县刘锡彤既违背了律例的规定，也忘了同僚前辈的谆谆告诫。他带领仵作沈祥、门丁沈彩泉赶到葛家验尸时，葛品连的尸体特征为：胖胀已有发变情形，软而不

---

〔6〕 参见《吏部则例》卷四十；《六部处分则例》卷四十三。
〔7〕 参见《大清律例·刑律》断狱上：检验尸伤不以实。
〔8〕 参见《吏部则例》卷四十；《六部处分则例》卷四十三。
〔9〕 同上注。
〔10〕 同上注。
〔11〕 参见赵尔巽等：《清史稿》卷一百四十四，中华书局1977年版，第4213页。
〔12〕 参见汪辉祖：《学治臆说》（下）。

僵；口鼻内有血水流出并流入眼耳；上身为淡青黑色，肚腹液积起有浮皮疹数个，按之即破，肉色红紫；十指十趾甲灰黯色。面对眼前的尸体，仵作沈祥检验结论如下：口鼻血水流入眼耳认作七窍流血，十指十趾甲灰黯色认作青黑色；用银针探入咽喉呈淡青黑色误作服毒，因尸身软而不僵称似烟毒。而此时门丁沈彩泉也掺和进来，他因受陈竹山说与刘锡彤的传言迷惑，称烟毒多系自行吞服显然与案情不符；肚腹青黑起泡肯定是砒霜中毒。两人争扯中，沈祥忘将银针用皂角水擦拭，最终以葛品连系服毒身死报给刘锡彤。按例，刘锡彤应亲加查验，仔细核对《洗冤集录》所载症状。他应该知道，对于仵作的不全面、不正确甚至虚假的验尸报告失察不纠的州县官将受的严厉处罚，但也许刘锡彤也是受陈竹山之言所惑而成竹在胸，他已不屑于再对尸体进行仔细检验并进行必要的查访，余下的事情只需获取口供而已。其实，案发当时，对这一至关重要的死因问题应该不难查清，何况私访与查证本应是州县官办理刑事案件时应走的程序。[13]《洗冤集录》所载砒霜中毒致死的尸体特征"牙根青黑，七窍迸血，嘴唇翻裂，遍身发小泡"，与葛品连的尸体特征不符，这一点仵作沈祥当时也已经查验出来了。因此，尽管未擦银针呈青黑色，但他也只含糊地报为"服毒身死"，而并未以砒霜中毒报结，"以求详查"。

砒毒之说始于门丁沈彩泉之口，当时作为验尸者的仵作，其法医知识也是极其匮乏的，他们大多没有受过专门的知识

---

[13] 参见〔英〕S. 斯普林克尔：《清代法制导论——从社会学的角度加以分析》，张守东译，中国政法大学出版社 2000 年版，第 65 页。

技能训练,因此州县官还必须身体力行;而门丁仅仅是州县官的家丁,作为衙役的资格尚不具备,其对死亡原因的猜测真可称是"胡说八道"。作为州县官的刘锡彤,按常例当时应:一是令仵作将试毒银针用皂角水多次擦洗,以判定是否确系中毒以及究竟中何毒而死。二是了解葛品连死前症状。葛品连的死并非在外人不知晓的情形下发生的,从九日早晨由店回家至申时身死,先后有其继父沈体仁、地保王林、葛毕氏继父喻敬天、喻敬天表弟王心培之妻及葛毕氏之母喻王氏、王心培和葛品连母沈喻氏等或遇或陪,直至临终。其间还曾延医诊视。葛品连死前症状当时有许多人知道,如果说一般人不知道是否符合砒霜中毒症状,医生应该了解。刘锡彤如对上述人员悉心寻访,真相并不难查清。三是分析葛毕氏是否有下毒的时机与意愿。即使受陈竹山之惑,刘锡彤认为葛毕氏有下毒的动机,但当天葛毕氏自葛品连病重回家,特别是服用桂圆洋参汤未见起色后,未见拖延与隐瞒,而是通知亲属,央告邻舍,延医觅药,尽了一个妇道人家丈夫病重时的正常本分。刘锡彤稍作查访,即可看出当天葛毕氏无丝毫的下毒意愿。但刘锡彤"始则任听仵作草率相验,继复捏报擦洗银针,涂改尸状及刑逼葛毕氏诬服,并嘱令章浚函致钱宝生诱勒具结,罗织成狱"[14]。以致最后刑部都认为仅以勘验死因错误,按"失入死罪未决本律拟徒,殊觉轻纵"。

---

[14] 中国第一历史档案馆编:《清宫御档——杨乃武小白菜奇案御档》,西泠印社出版社2007年版,第364页。

刘锡彤尸场相验（摄于杨乃武与小白菜奇案展示馆）

现场勘验走过场，草率尸检得出葛品连系服毒身死的结论后，如果在何毒致死、何人下毒、为何下毒、毒从何来等环节的追查认定上谨慎以对，即使前提错了，还可以通过后面的一系列查证来证伪这一错误的前提，从而推翻不实的结论。与堂上问供相映，私下查访也是州县官应走的程序，在中国古代的办案故事中，作为既是法官又兼警察的州县官，能够寻根究底的往往被描绘成极为聪明的人物，而这样的地方官是可以赢得美名和声望的人物。而且聪明的州县官也很清楚，轻易相信供认或辩解容易犯怎样的错误。在一些案例汇编中，如《棠阴比事》就引用了不少这方面的案例。[15] 这一点，作为巡抚的杨昌浚比其属下刘锡彤做得好多了。杨昌

---

[15] 参见〔英〕S. 斯普林克尔：《清代法制导论——从社会学的角度加以分析》，张守东译，中国政法大学出版社2000年版，第91—92页。

浚似乎不太相信供词，为了把案子办扎实，他确实想通过密查暗访的形式探得真情。于是委派了候补知县郑锡滜到余杭秘密查访，只是这位候补知县为了一己之口福，坏了杨巡抚的大事，与刘锡彤觥筹交错后，待他到仓前镇仁爱堂药店密访钱坦时，从这位"钱宝生"口里得到的只是对"原结"的陈述。郑锡滜并不访案确实，竟以无冤无滥，会同刘锡彤禀复，使得杨昌浚希望通过暗访进一步查清案情的希望落空了。

　　刘锡彤在现场既已"诬认尸毒"，自然印证了陈竹山给他讲的传言，为何下毒以及何人下毒可以说已经了然于胸。带葛毕氏回县署大刑伺候，何毒致死当然"迎刃而解"。

　　毒从何来的故事是在知府陈鲁与刘锡彤的共同努力下完成的。按清制，现场验尸后，州县官必须马上向上司呈交一个详细报告，不得延误。[16] 刘锡彤按规定"详报验讯各情"，只是"捏称银针已用皂角水擦洗，青黑不去"。刘锡彤在葛毕氏畏刑依前供述，杨乃武仍不承认的情况下，获准将两人径交知府陈鲁去审了。由于此时革去杨乃武举人的谕旨已下，等着杨乃武的是夹棍、火链。杨乃武受刑不过，也只能诬服。他所交代的与葛毕氏的奸情，当然如同葛毕氏所供的翻版。知府陈鲁更想知道毒从何来，杨乃武妄供称：以前从余杭去杭州路经仓前，知有"钱宝生"所开仁爱堂药铺，初三日假称毒鼠购得红砒，并交给了葛毕氏。这一"妄供"是关键性的，它把杨乃武、葛毕氏二人从通奸、起意、购毒、下毒整个事件都联系起来了；同时沟通了口供与物证，串连了人犯自供与证人旁证。案情的发展自此变得不可逆转。在知府陈

---

[16] 参见《六部处分则例》卷四十三。

鲁看来，已经不存在有没有这个"钱宝生"以及是否向杨乃武卖砒霜等情事。他所做的只是"饬令刘锡彤回县传讯钱宝生卖砒情由"。那么刘锡彤又是如何得到想要得到的"钱宝生"的证词呢？"诱勒"！刑部所给两字极当。我们看刑部报告：

> 刘锡彤恐其畏累不认，当恳府署幕友仓前人训导章浚即章伦香，致函钱宝生，嘱其到案供明，不必害怕。及钱宝生到县供无其事，且称，名唤钱坦，并无宝生名字。刘锡彤给阅章伦香书信，又向开导，誓不拖累，令其退下思想。适钱宝生之弟钱垲闻伊兄犯案，素谂陈竹山与刘锡彤熟识，央其代达，诬扳冤情。陈竹山遂偕钱垲进县。甫至门房，探知刘锡彤已在花厅讯供，不便谒见，向沈彩泉索阅杨乃武供单。正值钱宝生退出花厅门外，陈竹山趋问。钱宝生诉说县官强令承认卖砒。陈竹山详述杨乃武供词，并称卖砒毒鼠，不知害人，不过枷杖罪名，劝其尽可应承。钱宝生依从，随照杨乃武所供出具卖砒甘结。刘锡彤恐解省拖累，写给无干谕帖。未令钱宝生与杨乃武对质，仅将甘结送府。陈鲁即据县讯甘结定案。[17]

钱坦的作证经过，上述刑部报告记载的非常清楚。刘锡彤此间可谓用心良苦。首先是通过杭州府幕僚兼诂经精舍学

---

[17] 中国第一历史档案馆编：《清宫御档——杨乃武小白菜奇案御档》，西泠印社出版社2007年版，第三四二—三四四页。

监、余杭县儒学训导、同为仓前人的章浚致函钱坦,要求其到案供明;继而在钱坦讲明从未将砒霜卖与杨乃武,且他的真名为钱坦,从未有宝生一名时,仍以"誓不拖累"为承诺,不去考究此间的蹊跷,几经讯供,强令钱坦承认卖砒情事;再则通过陈竹山将杨乃武供词详细告诉钱坦,诱使钱坦照杨乃武妄供作证;最后待钱坦照杨乃武所供作了卖砒的证词后,亦未令钱坦与杨乃武质证,而径以钱坦证词定案。至此,因葛毕氏诬服而拘拿杨乃武,因杨乃武妄供而传讯钱坦,因钱坦按杨乃武所供作证,最终坐实杨乃武、葛毕氏冤案,案件由此弄假成真。在知府陈鲁和刘知县看来,葛品连的身死是何毒所致、何人下毒、为何下毒、毒从何来已经形成完整的证据链,"妻因奸同谋""奸夫起意杀死亲夫"遂成铁案。

只可惜,杨乃武与葛毕氏沉冤昭雪后尚能走出大牢返还家乡,但钱坦却在胡瑞澜复审前即已病毙。依据清制,任何案件的审讯不仅包括原、被告两造,而且包括相关的被称做"干连人证"的中证邻里等,这些干连人证在案件审理期间都成为待质候审的对象。虽然清律规定"凡内外大小问刑衙门,设有监狱,除监禁重犯外,其余干连并一应轻罪人犯,即令地保保候审理"[18]。但事实上,地方官多派差役将其拘传在案,瘐毙狱中的不在少数。[19] 待质人证的境况往往非常悲惨。在州县,待质人证的性命更是操纵在衙役手中,待遇非人,以致有人竟因惧畏待质而宁取求死。正因如此,我们一

---

[18] 《大清律例》卷三十六。
[19] 参见郑秦:《清代法律制度研究》,中国政法大学出版社2000年版,第199页。

钱坦被诱勒具结（摄于杨乃武与小白菜奇案展示馆）

点不奇怪刘锡彤在"诱勒"钱坦时，一再保证"誓不拖累"。而且确实"取结即行开释"。换句话说，钱坦也正是恐受待质之累而乖乖地按刘锡彤的意思具结，以获尽早开释。但可怜的钱坦最终还是死了。他是在家中候保还是狱中羁押而死未见记载，我们只知道后来去京城作证，待质在刑部大牢的是他母亲钱姚氏和伙计杨小桥。但他因杨乃武与葛毕氏一案而被牵连其中，如不承认卖砒砆必将遭衙门无休止地讯问，甚至可能会被控以包庇罪犯，依供作证又坐实了杨乃武的冤案，真可谓里外难做人，而生生地命赴黄泉！

三、臬司巡抚依样画瓢，草率定案

杭州知府陈鲁拟处葛毕氏凌迟和杨乃武斩立决后，案件被送到浙江按察使蒯贺荪手中后，但他丝毫未予审核把关，只是"按例照转"，把球踢给杨昌濬。

我们知道,臬司为刑名总汇,虽然其地位较总督和巡抚要低,对案件的处理意见须经总督或巡抚批准。但从职能上说,由于按察使司专司司法事务,在死刑案件的审理中,是一个重要的环节,全省各府或道报来的案件都要汇总于此,由其进行复审。这一点,我们在介绍清朝死刑案件审理程序时已有论述。按清制,人犯随案件转至按察使司而一并解来寄押在首府、首县监狱,按察使司亲自复审全案。如臬司严格复核把关,对于那些冤错案件,往往会因供证不确或者案有疏漏而予发回原审衙门复审。若恐原审有弊端,也可另发其他州县复审。对督抚而言,死刑案件不仅仅是书面审,也应正式开庭审。臬司将案件上报督抚后,死罪人犯解审到院,应由督抚亲提人犯审讯。尽管"外省督抚每遇应行审理之案,动辄委员查讯"[20],事实上由督抚亲提审讯的极少,大多委由司道或道府首县审讯。但无论如何,这是代表督抚进行的一次重要的复核。因为在刑部,各省上报的审案记录均系臬司督抚的重审记录,一般情形下不是州县官初审案件时的初审记录。而正是这个被送往刑部的重审记录,成为案件终审判决的主要依据。这也是为什么刑部的报告大量地引证按察使、巡抚或总督的意见以及他们在重审案件时发现的问题,而对案发地州县官所作的报告只字不提的缘故。[21]

《历朝折狱纂要》卷二曾载这样一个案例:清直隶清苑县有兄弟两人析产而居,弟将所分家产挥霍殆尽后,经常依靠

---

[20] 《六部处分则例》卷四十七。
[21] 参见〔美〕D. 布迪、C. 莫里斯:《中华帝国的法律》,朱勇译,江苏人民出版社 2003 年版,第 89—90 页。

兄周济度日；兄年逾五十，仅有一子，成年后娶某氏女为妻，夫妻感情很好。某日弟妻又上兄家求助，黄昏时，兄之子自市场返家，腹饥但吃饭时间尚早，弟妻便将中饭所剩饭菜端给兄子，未料吃完即七窍流血而死。某氏惶恐失措奔告公婆，三人相恃恸哭痛不欲生，弟妻也是嚎啕大哭并高声嚷嚷："伯年半百，仅此一子，今无故暴死，某媳能辞其咎乎？"并随兄嫂报官。经县衙查验确系服毒身死，严刑审讯下，某氏受刑不过而诬服。案件送到省里后，吴讷到任，经反复查审此案，对初审认定事实并不踏实，遂委派一善断讼案的官员调查复审。经审阅案卷，发现某氏屡认屡翻，实有可疑。在审讯在案的人犯、证人时，某氏言辞温和，兄夫妇也称媳妇入门后夫妻相敬如宾，儿子是否为媳妇毒害，实在不敢臆断。但审讯中弟妻厉声哭骂，大嚷贱婢毒死亲夫以绝兄家之后，不杀不足以告慰死者，言词神色极为悍暴。听审良久，问官拍案而起："下毒者非他人，即汝是也！"经严审，弟妻终于交代：缘因一直想吞夺兄家财产，每到兄家总是怀揣砒霜伺机下毒。那天恰值兄子肚饿，遂乘隙将其毒死，并嫁祸于某氏。[22] 某氏的冤情得以洗刷。

杨乃武与葛毕氏解省后并没有遇到这样的青天大老爷，尽管按察使也觉得案有蹊跷，但他并没有认真地审阅分析原审材料，甄别梳理证人证言，"悉心研谳"。而只是找来刘锡彤询问案件审理情况。初审知县给蒯贺荪的当然是案件铁证如山、绝无冤滥的保证。于是按察使也就放心地让陈鲁的错

---

[22] 参见汪世荣：《中国古代判例研究》，中国政法大学出版社1997年版，第177页。

误判处从自己手下照转出去。其实此案在蒯贺荪审理时无须像刑部提审时那样剥茧抽丝，更不用苛求重新开棺验尸，仅钱坦证词即可谓不堪一查。钱坦在初审衙门所作证词，有三点不能不提：一是他的名字叫钱坦，从无"钱宝生"之称；二是他不认识杨乃武；三是药店从未出售砒霜，当然也无从卖给杨乃武。分析甄别钱坦的证言不可能在知府陈鲁那儿完成，因为杨乃武受刑不过而妄供后，钱坦的证词正是在陈鲁的饬令下由刘锡彤一手炮制出来的，这样的证词当然很对陈鲁的胃口。在陈鲁看来一切均无悬念，他所希望的只是求得一个"印证"而已。但是蒯贺荪不同，对于如此重要的证明内容，在复审时理应传人犯、证人到堂质证。就一个具体的死刑案件而言，按察使的审理期间最起码在一个月以上，而且这个期限也可以多种理由打破。正如《清史稿·刑法志》所称："例虽严，而巧于规避者，盖自若也。"也就是说，蒯臬司有的是时间"研谳"；而且"干连人证"按例一并解省，他也完全有条件犯、证上堂供证，由此缺口很容易打开，事实也不难水落石出。但我们现在看到的记载只是同治十二年（1873年）十月二十日始由州知府"督审"，二十七日从钱坦处诱勒证言，陈鲁将葛毕氏、杨乃武拟以凌迟、斩决后，十一月初六日，经蒯贺荪审理即交杨昌濬"亲鞫"了，完全一个"从重从快"的流程。蒯贺荪可谓草率至极，完全没有履行执掌一省司法权的按察使的职责！幸亏不久他自己命归西天，不然其最后的处境也不会比刘锡彤、陈鲁之辈好。

在案件审理程序上，对督抚一般不能如要求按察使司那样严格。因为按察使毕竟专掌"一省刑名按劾之事"[23]，而督抚的职权则广泛得多。但是，代表省级审判的毕竟权在督抚，许多案件按察使须听命于督抚而"不敢置喙"。雍正三年（1725年），雍正帝即曾针对督抚擅断指斥说：

> 朕闻外省会审之时，不论案件多寡，悉于一天定议，均听督抚主张，司道守令，不敢置喙。究其实督抚亦未必了然，不过凭幕宾略节，贴于册上，徒饰观瞻而已。[24]

作为巡抚，杨昌浚在审理中的草率显而易见。我们不能否认他已看出症结之所在，为弄清案情委派候补知县去案发当地暗访。可也正是在派员暗访中显出其草率之处，并最终被蒙骗。既要验证原审事实，自应直接传讯相关案犯、证人细加勘问；既曰暗访密查，岂有仍然依靠原审知县刘锡彤之理。杨昌浚极为看重案子始发时确定的事实，他在光绪元年（1875年）六月初二日的奏折中称："臣惟折狱以犯供为断而不能凭道路传闻之词，勘案以初情为真而不必信事后铺张之语。"但这一案件的基调是由刘锡彤初审时一手打造的，暗访通过刘锡彤再去密查钱坦，其结果可想而知："钱宝生先已闻知，商从陈竹山仍照原结承认。"密查成了走过场，郑锡滜径以"无冤无滥"搪塞委他重任的巡抚，杨昌浚依陈鲁原拟罪名勘提。本来有望探得案件真相的机会就这么轻易地失去了。

---

[23] 《清朝文献通考》卷八十五。
[24] 《大清会典事例》卷八百四十六。

第三章 冤案形成的自身逻辑

郑锡滜向杨昌浚汇报访查情况（摄于杨乃武与小白菜奇案展示馆）

四、"学台充刑台，乃武归天！"

浙江学政胡瑞澜大概怎么也没想到朝廷会将杨乃武、葛毕氏一案交他复审，他更没想到自己"捣浆糊"的结果会换来乌纱帽被摘。由于此前杨乃武姐、妻的京控，该案在湖州知府锡光等受杨昌浚委派再次审理时，两犯当堂翻供；《申报》又登载了杨乃武的京控申诉状，不仅震动杭州，而且迅速波及京城；杨昌浚交给四位官员复审后久拖不决，京官们对此案议论纷纷。给事中王书瑞乘机上奏朝廷，请求另派大员复审此案。皇太后、皇上准奏，特旨浙江学政胡瑞澜复审此案。但胡学政实在"大负委任"。他"于特旨复审要案，所讯情节既与原题不符，未能究诘根由，详加复验，率行奏结"，导致最后被革职，可以说是咎由自取。

胡瑞澜接手时，这一案件已暴露出众多疑点和漏洞，按理主审者应悉心研究，详加审问，澄清是非，以成信谳。但胡瑞澜考虑到本案的复杂背景，并未对诸多疑点作进一步的探求和核实，始则"连日熬审"，以"此案原拟罪名，查核并无出入"报奏。在刑部奉旨驳议，朝廷再次责令他重审，以查清疑点后，仍固执己见，认为"杨乃武因案经再讯，以为必能翻动，顿改前供。查因奸毒毙本夫事极秘密，傍人无从确见，自应以本犯供词为凭"。最后胡瑞澜干脆以"杨乃武翻供，钱宝生又已病故，案情重大，人言纷纷，实非愚臣所敢专断"为由，要求朝廷另行派人复审，或增派大员选带刑部司官赴浙共同审理。

胡瑞澜为什么办不好这一案件呢？给事中边宝泉在光绪元年（1875年）十月十八日的奏折中写道："胡瑞澜以学政办理同省重案，所派承审之人不过府州县官，与钦派大臣随带司员者不同。外吏之升沉操之督抚，仰承意旨视为故常，一旦特发公论，以疑难大案引以为责，而致亲临上司干失入之重咎，虽愚者不肯出此。而胡瑞澜素本文臣，从未办理刑名事件，其受人牵制，不能平反，本在意料之中。"[25]边宝泉的分析是犀利的！尽管可以认为胡瑞澜奉特旨复审此案就是钦差大臣，位高权重，无所顾忌，可以采取一切手段详勘案情，从严复审，但是他毕竟只是学政，朝廷特旨胡瑞澜复审此案，当时并未定性此案已是错案。胡瑞澜自己也正是这样认识的。他于光绪元年十二月二十四日（公元1876年1月

---

[25] 中国第一历史档案馆编：《清宫御档——杨乃武小白菜奇案御档》，西泠印社出版社2007年版，第148—149页。

20日)的奏折中即谓:"杨乃武奸谋系葛毕氏县讯时供出,并非他人诬指。而杨乃武因案经再讯,以为必能翻供,图脱重罪,逞其狡狯伎俩,播散浮言。闻者率信为真有冤抑。"诚然,特旨钦点复查此案,对于胡瑞澜来说也许确是立功邀宠之机。但是,查出一个错案,固然是立了一功,而查实一个并无冤滥抑或无需改正的案件,又有何不可呢?我们不能以案件的最终结果去猜测事先承审官员的心理。事实上,杨案即使开棺验尸真相大白后,朝廷对于是否应予改正意见也不一致,一些重量级官员包括刑部尚书桑春荣、皂保等开始也反对平反此案。四川总督丁宝桢在听到验尸结果后更是"大怒,扬言于朝,曰:'葛品连死已逾三年,毒消骨白,此不足定虚实也'"[26],强烈主张应维持原拟罪名,不应改判。因此,胡瑞澜在复审中并不是会不会办案的问题,其实是不想触动已经浙江巡抚杨昌浚定夺的案件。对此,他的审案脉络

学政复审(摄于杨乃武与小白菜奇案展示馆)

[26] 吴语亭编:《越缦堂国事日记》卷三。

也非常清楚地反映了这一点。

第一，刑部提审时之所以能从葛品连死因打开突破口，首先在于发现县衙验尸时银针未经擦洗，仵作并未有砒毒致死的结论，刘锡彤的验尸结论并不可靠；而钱坦的证词实系事先有人嘱咐并反复劝诱的结果，因此原审认定的砒霜来源也不确切。由此经开棺验尸，查实葛品连系生病而死，自此案情大白于天下。是不是胡瑞澜审理时发现不了这些疑点，故而非不为也，实不能也？恰恰相反，此案到了胡瑞澜手中已经疑窦丛生。仅就死因而言，刑部结案报告说得很明白，胡瑞澜审理时已发现：首先，杨乃武始供买砒日期为初三日，但后又改为初二日；其次，沈喻氏盘问时，葛毕氏先称杨乃武给了砒毒，后又称是流火药；再次，已查出县衙初审报告所叙述的沈喻氏报验呈词："一称葛毕氏言语支吾，一称向葛毕氏盘出听从杨乃武谋毒情由。"其他事实和程序上的问题更多：一是如杨乃武谋夺本夫，虽奸情总想遮人耳目，但葛毕氏邻居王心培称从未见杨乃武到过葛家，而沈喻氏的原呈也未提及杨乃武。二是钱宝生卖砒既系杨乃武在杭州府供出，应当提钱宝生与杨乃武对质，何以仅在余杭县传讯取结即行开释？三是葛品连果系毒发身死，沈喻氏当时应看出情形，何以隔两日始行喊控？四是府审时葛毕氏曾有"伊夫死后，复经沈喻氏盘问，盘出商同杨乃武谋害"情节，既然沈喻氏在伊子死后早已盘出杨乃武谋害情节，为何县控时仅要求验尸而不直接指控奸夫……假如胡学政由此入手，即使不是一个精通律法的办案高手，凭其学识和社会阅历也不难看出问题之所在，此案真相一定能浮出水面。当然，此间的办案逻辑必须是针对所暴露的疑窦之处一一查访核实，甚至重新查验死因，但胡瑞澜仍然高举刑讯逼供的大旗，重步刘锡彤、陈鲁、蒯贺荪和杨昌浚的后尘。当然，从另一个角度看，我们也许应该庆幸胡瑞澜没想到或者不愿意再去兴师动众，重验死因，不然开棺后的结论如果依然是中毒身死，杨乃武、葛毕氏命归西天的结局将很难改变。即使以后刑部提审，也无法再从此处找到突破口了，因为按照清律，同一案件的第三次验尸将不被允许。[27] 而如果绕开重新验尸这一关键，刑部要彻底否定历经浙江地方各级衙门审理及三次复查得出的结论，改变判决结果几乎是不可能的。杨乃武、葛毕氏一案也就不会如此富有戏剧性了。

  第二，审讯基本上是针对杨乃武的申诉状进行的，并认定杨乃武"饰词狡辩"。杨乃武在申诉中为脱己之罪，曾捏造了一些事实。如申称葛毕氏与何春芳来往甚密疑有奸情，八月二十四日也是何春芳在葛家顽笑被葛品连撞获，致葛毕氏被葛品连殴打。胡瑞澜查得，何春芳与葛毕氏实无甚来往更无奸情。杨又称：案发后，知县刘锡彤之子刘子翰曾指使民壮阮德向其索贿，因索贿不成而将其抓捕。经胡瑞澜审查，发现刘锡彤之子虽曾来余杭，实际上早于案发前已回原籍，在天津盐山的刘锡彤之子显然不可能指使在余杭的阮德勒索杨乃武。且其名字并非刘子翰，而唤刘海升。杨乃武在申诉中还说葛品连搬家是因为杨乃武令葛品连搬家，葛品连不肯搬，是杨乃武请了地保王林到场后，王林令葛品连才搬的家。这才使葛品连夫妇怀恨在心而被诬攀，此也为与葛毕氏无通奸之理由，因如确有通奸情节则显然不会要葛品连夫妇搬家。

[27]　参见《大清例律》卷三十七，《六部处分则例》卷四十三。

而地保王林则作证说，根本没有这回事。胡瑞澜见杨乃武的申诉多处失实，更确信因奸谋毒无疑，其申诉纯属无中生有，图脱罪责。

第三，案件经多人多次审理，出现多处说法不一、前后矛盾之处，胡瑞澜不是从矛盾之处寻找突破口，确证事实，而是绞尽脑汁，粉饰案中疑团，极力把案中矛盾之处说圆。如沈喻氏有关怀疑其子中毒身死曾盘问葛毕氏一节的证词前后有多种说法。一说葛毕氏"言语支吾"，一说向葛毕氏盘出听从杨乃武谋毒情形，等等，前后不一。胡瑞澜在奏折中说葛毕氏"初则言语支吾，继称杨乃武交给流火药"，把前后矛盾之处给弥了缝，可谓用心良苦。

胡瑞澜的所作所为，葬送了杨乃武在浙翻案的最后一线希望。

第四章 官员的无能与官场的腐败

对于冤案的始作俑者余杭知县刘锡彤，刑部是这样定性的：已革除余杭县知县刘锡彤虽讯无挟仇索贿情事，惟始任听仵作草率相验，继复捏报擦洗银针，涂改尸状及刑逼葛毕氏等诬服，并嘱令章浚函致钱宝生诱勒具结，罗织成狱。[1]虽无挟仇索贿情事，却办成了一件惊天冤案，这正反映了杨乃武与葛毕氏案的渊薮。可以说，在清代狱讼制度中，有一种导致冤案发生的潜在机制。对此，有学者分析道："一方面，从体制上讲，中国传统社会大多要求地方长官亲理狱讼，而通过科举而入仕途的官员，先天缺乏决狱理讼的专业知识，在威权体制下，错罚错判似乎容易成为家常便饭。另一方面，严格的责任制度，又给官员们枉法裁判提供了一种动力。在清朝，对承审官员，律例既有不得作为之规定，亦有不得不作为之规定，看似罗网严密、衔接无缝，但是揆诸实际情形，则多有龃龉抵触之处。而承审官员慑于律例之严厉处罚，为图尽其法律上之职责，常陷身于进退两难之境地，顾此失彼，动辄得咎。一步不慎，重罚即至，故往往只能将错就错、掩饰弥

---

〔1〕参见中国第一历史档案馆编：《清宫御档——杨乃武小白菜奇案御档》，西泠印社出版社 2007 年版，第 364 页。

缝，进而由小错酿成巨案。这在清代讼狱官司之中，实属司空见惯。刘锡彤之审杨乃武案，不过是千万此种案件之一而已。"[2]

一、"不知案牍为何事"：学用不一的科举之士与有钱无能的捐纳之官

清代州县官大多出身于科甲，由进士、举人、贡生等经吏部铨选而入宦途。刘锡彤走的就是这条路。他是道光丁酉（1837）年中的举人，天津盐山人，至同治七年（1868年）正月被补为余杭知县。此后中途离任回天津府盐山县老家为父丁忧，服阙后仍任余杭知县。同治十一年（1872年）七月奉调卸任，同治十二年（1873年）九月旋即回任。此次回任半个月后杨乃武案发生。

在中国历史上，自隋炀帝设进士科，标志科举制度正式设立始，至清光绪三十一年（1905年）宣布自丙午科（1906年）废止考试止，科举一直是历代封建王朝铨选官员的主要途径。科举制度的创立的确是一项举世罕见的发明，它简单明快地解决了官员选拔标准，科举几乎没有身份、阶层、职业等限制，除了倡、优、皂、卒等"贱民"外，所有人均可自由报考，贫寒人家的子弟只要通过苦读，也有可能进入官吏队伍。据何炳棣在《明清社会史论》中统计，清代约有1/2的生员出身寒微，而明清两代进士中从未有过功名的家庭者占42.9%。[3] 为了确保这种形式上的平等，科举取士

---

[2] 郑定、杨昂：《不可能的任务：晚清冤案之渊薮》，载《法学家》2005年第2期。

[3] 参见陈东原：《中国科举时代之教育》，商务印书馆1934年版，第11页。转引自杨齐福：《科举制度与近代文化》，人民出版社2003年版，第5页。

本身"一切以程文定去留"为原则,公开竞争,择优录取,标榜"唯才是举",注重机会均等。科举制在形式上的平等公正制造出了一个"空前伟大"的烟幕弹,给每一"田舍郎"以"暮登天子堂"的幻想,为草野寒酸之士开辟了登进之途,增加了社会内部的流动性,消解了社会内部的张力,适应于封建社会的政治需要。因而它才能超越察举制与九品中正制存在上千年。

只是科举入仕后,制度要求州县官必须具备司法、行政、军事、教育等管理技能。《清史稿》这样概括州县官的职责:知县掌一县治理,决讼断辟,劝农赈贫,讨猾除奸,兴养立教。凡贡士、读法、养老、祀神,靡所不综。[4] 瞿同祖先生则指出,州县官在地方官系列中虽然品秩较低,但在地方行政中扮演着极其重要的角色,他是真正的行"政"之官(治事之官),其上司——知府、道台、按察司、布政司、巡抚或总督都只是监督之官(治官之官)。[5] 作为一州一县的行政

---

[4] 参见赵尔巽等:《清史稿》卷一百一十六,中华书局1979年版。
[5] 参见瞿同祖:《清代地方政府》,范忠信、晏锋译,法律出版社2003年版,第29页。应该指出的是,中国古代政府机构的演变有一个奇怪的趋势:基层"亲民官"总是越来越少,而上层治官的官却越来越多。虽然儒家学说为政治主流思想,但后世似乎都实践着法家《商君书》提出的"明主治官不治民"学说。以最基层的县级政府而言,秦汉时县有县令、县丞、县尉,县令要以自己选任掾吏,处理各项政务。唐、宋、元时一县至少有五位有品级的官员,二三十位无品级的官佐,到了明清,县级官员有品级的不过两三人而已。尽管在编制上,除县官一人外,尚设有佐贰官员包括县丞(正八品)、主簿(正九品)和典史、税课大使、河泊所官、仓大使(均未入流),及杂官巡检(从九品)、驿丞(未入流)等,但这些佐杂官员实际上从未满员配备。据《大清会典事例》统计,全国州县官共1448人,州县佐杂官共3046人,平均每一州县不过2.1人而已。不只数量少,他们在地方政府中也只扮演着卑微的角色,甚至比书吏权力更小。"名曰佐宰,擅受诉讼则获罪;名曰粮厅,收漕弗与闻。"[蒋士铨(1725—1785):《忠雅堂文集》]对于司法、税收、重大窃案或重大民事诉讼案受理等都没有发言权,因而这些僚属特别是佐贰常被称为"闲曹"与"冗官","徒尸其位"。

首脑，被要求熟悉当地各方面的情况，并对其辖区内的一切事务负责。他必须维持辖区内的秩序，同时还兼法官、税官等；对邮驿、盐政、保甲、公共工程、仓储、社会福利、教育、宗教和礼仪事务等都负有责任。而且其虽为文官，必须在发生叛乱或外寇入侵时守卫城池，否则将被黜革或刑惩。[6]

而科举铨选官员可以说为这一全能型职位所做的准备极其有限甚至完全阙如。中国古代士大夫的基本训练是人文古典知识。汉代对儒生已不乏"不明县官事"之类的批评[7]，科举时代这一问题更甚。科举考试唐重诗赋，宋试经策，明清行八股，始终与兵刑钱谷之行政技术有很大差距。读书人一旦通过考试登弟入仕，"今日责之礼乐，明日赏以兵刑，忽而外任，忽而内调"[8]，可他们对行政管理毫无准备，此间固然有许多代偿机制弥缝其间，但自制度设立始对其弊端的批评即反映出科举学用不一的巨大缺憾。唐时赵匡批评道："进士者……徒竭其精华，习不急之业，而当代礼法，无不面墙。及临人决事，取办胥吏之口而已。所谓所习非所用，所用非所习者也！"[9] 宋王安石亦称："今士之所宜学者，天下国家之用也。今悉使置之不教，而教之以课试之文章，使其耗精疲神，穷日之力以从事于此。及其任之以官也，则又悉

---

[6] 参见《大清律例》卷十九；《六部处分则例》卷三十七。
[7] 参见阎步克：《士大夫政治演生史稿》，北京大学出版社1996年版，第496页。
[8] 《经闻类编》卷四。
[9] 《通典·选举五》，转引自阎步克：《士大夫政治演生史稿》，北京大学出版社1996年版，第496页。

使置之,而责之以天下国家之事。"[10]

糊涂知县

到了明清,科举只重视八股文,这种由破题、承题、起讲、入题、起股、中股、后股、束股八个部分组成的特定文体,每一部分都有严格的规定和要求,比如句子的长短、声调的缓急、避讳的格式等。其繁琐的文体与其说是为了考试,不如说是玩弄文字游戏。士人们经年累月地沉迷其中,一无所能,一无所用,以致被顾炎武直斥为八股之祸甚于焚

---

[10]《临川先生文集》卷三十九。转引自瞿同祖:《清代地方政府》,范忠信、晏锋译,法律出版社 2003 年版,第 154 页。

书。[11] 乾隆年间，年近八旬，精于医术的吴江人徐灵胎曾作刺时文章称："读书人，最不济；烂时文，烂如泥。国家本为求才计，谁知道变作了欺人技。三句承题，两句破题，便道是圣门高第。可知道三通四史，是何等文章；汉祖唐宗，是哪一朝皇帝？案头放高头讲章，店里买新科利器。读得来肩背高低，口角嘘唏；甘蔗渣嚼了又嚼，有何滋味。辜负光阴，白白昏迷一世，就教他骗得高官，也是百姓朝廷的晦气。"[12]

马克斯·韦伯对未受过专门训练的官员如何能够胜任行政管理职责颇感疑惑。他认为，在官员们通过其文章诗赋典雅纯正展示了他们的"领导魅力"后，"实际的行政管理工作就落在了僚属官员的肩头上了"[13]。但韦伯恰恰忽略了实际上所有的官员，不论其职位高低，在京还是在地方，接受的都是相同的教育，参加相同的考试。因此僚属官员恰恰也面临着同样的实际问题。尽管高一级的即省级官吏，可以只将精力集中于文牍和对下属官吏的监督上，把真正的管理事务交给州县官。但在州县一级水平上，州县官却不得不对自己辖区内的所有行政事务负直接责任。在这里，教育与实务的差距是最大的。再没有其他官吏比州县官被委以更多的技术上和行政管理上的细务了。显然州县官所面临的为政生涯的准备问题比其他官吏要严峻得多，他只能通过尝试或犯错来

---

[11] 参见阎步克：《士大夫政治演生史稿》，北京大学出版社1996年版，第496页。
[12] 任恒俊：《晚清官场规则研究》，海南出版社2003年版，第29页。
[13] 参见〔德〕马克斯·韦伯：《中国的宗教：儒教和道教》，转引自瞿同祖：《清代地方政府》，范忠信、晏锋译，法律出版社2003年版，第155页

提高自己的工作技能,这是非常耗费时间的。

如果说,学非所用的八股进士尚有品学优长获选州县者勉为好官的话,对于专业性较强的司法职能,确实难以胜任。八股人士既没有律例上的知识储备,更无案件审理实践,"不知案牍为何事"。所谓"儒者未仕时多未尝留意法律,一旦通籍为牧令长,每遇研鞫,茫然莫测其端绪,况能通律意哉!"[14] 在唐、宋时代科举考试的各科中,尚有一科专为以律例为专业的儒生设置的。通过了科举考试的士子,在获委官职前,还须接受撰写判词的考试。到了明代和清代早期,已经流于形式。据顾炎武言,应试考生所要做的就是回忆一些律例条款而已。[15] 同治年间,江苏巡抚丁日昌在评价其所属某县令时即称:"每阅该县词讼案牍,如夜行万山,如昼入丛棘,必须息心静气,揣摩数日,而后知其误处错处,公牍尚且如此,其鞫狱之才可想而知。"[16] 嘉庆年间治河有功升任浙江巡抚的程含章说:"察看各州县中,才具优长,知勉为好官者颇不乏人,而于承审案件,听断词讼及一切政事,每有轻重不得其平,缓急不得其当者。"[17] 县官们自己也往往承认由于缺乏训练,不能胜任司法职权的行使。[18]

如果说"不知案牍为何事"还只是科举的学用不一问题,到了近代这一制度更带来了八股之士的人格卑下和士风颓废。由于科举考试与功名利禄直接挂钩,士人一旦中试获任,便

---

[14] 许乃普辑:《宦海指南五种》之一,《折狱便览》序。
[15] 参见《日知录集释》卷十六。
[16] 《抚吴公牍》卷十二,光绪三年增订刊印。
[17] 《皇朝经世文编》卷二十一。
[18] 参见穆翰:《明刑管见录》,清光绪十一年(1885)刻本,序。

草菅人命

有了良田美宅、峨冠博带、显亲扬名等名利双收的机会。即所谓"世人所谓立志，志科名耳，志利禄耳，每子弟发蒙即便以此相诱，故所夸材隽，不过泛滥于记诵词章，而不复知孝悌、忠信为何事"[19]。巨大的诱惑下容易使他们丧失理智，甚至冒险作弊以期侥幸窃取。张元济回忆当年考生作弊成风情形，或"专带文中典故以及经解策料"，或"夹带坊刻小本成文"，或"将四书题文全行制就，携带入场，见题即

---

[19] 陈宏谋：《养正遗规》序，转引自吴吉远：《清代地方政府的司法职能研究》，中国社会科学出版社1988年版，第319页。

抄"。[20] 这种情形到了清末更是变本加厉，科场大案也因此而频频发生。例如1858年顺天乡试，主考官柏葰受人之托撤换试卷，御史程庭桂收条子通关节，终于酿成戊午科场案，柏葰伏法处斩，这是科举弊病在近代的一次大爆发。在科名的诱惑与制度的阉割下，士人沦为科举的奴隶，丧失了自我。他们围绕着科举考试上演了一幕幕人生闹剧，蒲松龄在《聊斋志异》中曾描绘了士人在考场中的种种丑态。[21] 这样的科举之士入仕就任事关一邑、职涉八方的州县官，面对功名利禄、官场陋规，很难指望他们关心讼狱之公平，政事之公允，百姓之疾苦。

历史学博士阚红柳在《大清十五疑案》一书中写道：刘锡彤原先只是余杭县城外一处关卡的九品小税吏，掌管来往客商的船只课税之权，对老百姓的正当买卖也是敲诈勒索，无恶不作，因秀才杨乃武设计告到杭州府而被撤掉了官职。后刘锡彤花了五千两银子，捐到了余杭县县官的职位，杨乃武又经常与其作对，葛品连的暴病而亡，当地"羊吃白菜"的传言，使刘锡彤终于找到了报复杨乃武的机会。[22] 阚博士这里写的关于刘锡彤的故事其实只是传说，未见史料记载，但这一故事背后，无意中触及了清朝官僚队伍，特别是州县一级官员中，除了"正途"出身以外，尚有一支捐纳为官的队伍。

清代州县官中捐纳为官者，其人数仅次于科举出身，相

---

[20] 中山大学历史系编：《林则徐集》（上），中华书局1985年版，第49—50页。

[21] 参见蒲松龄：《聊斋志异》，浙江古籍出版社1989年版，第562页。

[22] 参见阚红柳：《大清十五疑案》，中华书局2005年版，第197—199页。

对于科举"正途"而被称为"异途"。捐纳为官者一般是先捐功名再捐官职。尽管捐得功名后也还可以参加乡试或会试，以获取举人、进士资格而转成"正途"，但实际上功名和官职常常一起捐得。当然这样的"异途"出身始任只能是较低的官职，允许捐纳的文职有五品及五品以下的京官和四品及四品以下的外官。[23]

清朝的捐纳制度主要目的在于解决财政困难，增加国库收入。但雍正五年（1727年）一道上谕中说："近见科目出身之员，不但多有苟且因循之人，而贪赃坏法者，亦复不少。至于师友同年夤缘请托之风，比比皆是，牢不可破。若仕途尽学科目，亦彼此固结，背公营私，于国计民生，为患甚巨。应酌添捐纳事款，除道府同知大员，不准捐纳外，如通判、知州、知县及州同县丞等，应酌议准其捐纳。"[24] 故张仲礼先生认为："雍正皇帝是将捐纳制度视为一种控制手段的。"[25] 随着清朝末世的逐渐来临，特别是太平天国兴起，清廷国库日益空虚，基于对财源的渴求，创造一个起平衡作用的"异途"集团的目的不复存在，捐纳就是为了增加财源，朝廷甚至削价以求增加捐纳[26]，以致有人"追悔不应会试中式"[27]。据统计，以守成之君自居，以节俭标榜的道光皇帝，

---

[23] 转引自张仲礼：《中国绅士——关于其在19世纪中国社会中作用的研究》，李荣昌译，上海社会科学院出版社1991年版，第4、5页。

[24] 同上书，第126页。

[25] 同上注。

[26] 参见瞿同祖：《清代地方政府》，范忠信、晏锋译，法律出版社2003年版，第38—39页。

[27] 蒋琦龄：《应诏上中兴十二策疏》，载盛康编：《皇朝经世文续编》卷十三。转引自张仲礼：《中国绅士——关于其在19世纪中国社会中作用的研究》，李荣昌译，上海社会科学院出版社1991年版，第153页。

在位三十年,年年卖官,其捐纳监生的总数达 315 825 人,得银 3 388 万两。

由于捐官靠的是钱,所以大量有钱无能的人当了官。鲁迅在《各种捐班》一文中讥讽了那些靠钱买官的财主少爷:"清朝的中叶,要做官可以捐,叫做'捐班'的便是这一伙。财主少爷吃得油头光脸,忽而忙了几天,头上就有一粒水晶顶,有时还加上一枝蓝翎,满口官话,说是'今天天气好'了。"[28]有这么一则故事,有个胸无点墨的人捐升了知县,一次坐堂审案,见书吏所开名单首列"计开"二字(共计开列之意),便以朱笔点之,吏知其误,但碍于在场人多,就诡词答道:"计开未到"。审第二案时观首列"计开",又以朱笔点之,吏仍告未到,知县大怒道:"两案都是计开为首,足见他是个不安分之人!竟敢抗传不到,分明是差役私放犯人!"差役听后急忙分辨:"计开不是人!"知县说:"正因为他不是人才要重办他!他始终不到案,岂不是藐视本官?"然后下令差役三日内将计开押解到案,否则严惩不贷。[29]

官职变成了商品,官场变成了市场,朝廷确实得到了真金白银,但那些投身官场、投资官职的官员们自将捐官的银子视为一本万利的筹码。"千里为官只为财",一官在手,可谓利源在握。朝廷出售了官职,自然也变卖了官场的廉洁,贪污贿赂成风终为吏治的必然。捐官者一旦得到实缺,既要弥补为捐官所筹银子,又要为以后积储,所以贪黩之极。江苏巡抚丁日昌形容捐官到任者的贪婪之状为:"如委群羊于饿

---

[28]《鲁迅全集·准风月谈·各种指班》
[29] 参见李乔:《清代官场图记》,中华书局 2005 年版,第 110 页。

道士捐官

虎之口，虽有强弩毒矢在其后，亦必吞噬而有所不顾。"[30]
曾经有过这么一则故事：山阴县人蒋渊如看到买官有利可图，尤其是知县的职位，少者每年可得银子数千两，肥缺则可得十万两。如果不理睬舆论，遇事纳贿，则收入数十万两不难。但他苦于资金短缺，就与唐文卿、陈柏生、王平斋、吕少川等朋友筹商，五人集资捐了个最新花样、最先得缺的候选知县。彼此在神前歃血为盟，议定：蒋任县令，唐任刑名师爷，陈为钱粮师爷，王为钱漕家丁，吕为转递公事的家丁，贪赃

---

[30] 转引自任恒俊：《晚清官场规则研究》，海南出版社2003年版，第105页。

按集资多少分配。数月之间,得到一个肥缺知县。上任以后,按所定分工,蒋以县令高坐大堂,待唐、陈以幕宾之礼,视王、吕则如奴仆,各无怨言,上下其手,通力合作,年收入达二十余万两。朝廷三年考察中,蒋以贪污罢官,但五人如愿以偿,满载而归了。〔31〕

对于捐纳为官者极其低下的素质与追本逐利的心态,朝廷当然心知肚明。道光二十九年(1849年),皇帝在张集馨任贵州布政使请训时即说:"用人不可预存成见,登仕籍者只四样,满、汉、科甲、捐班而已,何途没有人才?我最不放心者是捐班;他们素不读书,将本求利,廉之一字,诚有难言。"〔32〕同样的话,同样是对张集馨,道光帝在十六年时也说过。〔33〕只是话照说,官照卖,官场的腐败可是日甚一日。一切政事、司法都成为捞取钱财的途径。

其实,无论科举还是捐班,晚清官场最普遍的问题就是官吏的贪赃枉法,官场政治黑暗无以复加。《官场现形记》第十八回就借用慈禧太后的口吻说:"通天底下一十八省,哪里来的清官?但是御史不说,我也装作糊涂罢了。就是御史参过,派大臣查过,办掉几个人,还不是这么一件事。前者已去,后者又来,真正能够惩一儆百吗?"〔34〕曾于道光四年(1824年)倡议刻制中国历史上著名官箴"吏不畏吾严,而畏吾廉;民不服吾能,而服吾公。公则民不慢,廉则吏不敢

---

〔31〕 转引自任恒俊:《晚清官场规则研究》,海南出版社2003年版,第100—101页。
〔32〕 张集馨:《道咸宦海见闻录》,中华书局1981年版,第119、120页。
〔33〕 同上书,第32页。
〔34〕 李宝嘉:《官场现形记》,齐鲁书社2003年版,第187页。

欺。公生明，廉生威"石碑[35]的颜伯焘，时任陕西延绥道台，一般以为是一位真正的清官。但时任福建汀漳龙道道台的张集馨在其所著《道咸宦海见闻录》中，记载了道光二十二年（1842年）三月闽浙总督颜伯焘因失厦门革职，途经漳州回原籍广东连平，财物之多令人瞠目，"至初一日，即有杠夫过境，每日总有六七百名。至初十日，余迎至十里东郊，随帅兵役、抬夫、家属、舆马仆从几三千名，分住考院及各歇店安顿，酒席上下共用四百余桌"，颜连住五天，漳州县光招待费就花去一万多两银子。[36]

所以，晚清的大堂在许多官员看来只是收钱的账房。四川州县以至臬司审案时，每提一次索费270两，竟提至数十次。[37]同治初年，山西省一杜姓富裕人家妯娌争产，词讼连年累月，互不相让。诉讼双方为打赢官司而贿赂官员，山西官员从州县到按察使都发了大财。官员有利可图，官司当然不忙了结。按察使瑞昌后来革职回乡时，银子多得无法携带，就在省城以12∶1的比率换成黄金，省会金子几乎被瑞昌换绝，他因此获得了"黄金贼"的绰号。[38]打一场官司，凡经手的官员，都要贿赂，诉讼一旦开始，就难以撤诉，即使当事人倾家荡产，此所谓"一纸入衙门，九牛拔不出"。[39]当

---

[35] 该石碑现存西安碑林。
[36] 参见田耕：《官箴·颜伯焘·口号》，载《读书》2005年第5期；张集馨：《道咸宦海见闻录》，中华书局1981年版，第65页。
[37] 参见任恒俊：《晚清官场规则研究》，海南出版社2003年版，第112页。
[38] 参见崇彝：《道咸以来朝野杂记》，北京古籍出版社1982年版，第86页。
[39] 汪辉祖：《佐治药言》。

然，晚清官场也不乏优秀清廉的官吏。如同治、光绪年间湖北省武昌令方大湜，"周历民间，一吏一担夫自随，即田陇间判讼"，甚至"暮宿民家，已去而县官犹不知"。另一廉吏陈豪，在因病告退之时，想到"有淹讼久未决，虑贻后累"，于是将病床抬至大厅，将"事判定，两造感泣听命"[40]。但与这些两袖清风的廉吏相比较，更多的是素质低劣之辈。如"戊戌六君子"刘光弟所言："以余所见之士夫，剽官饵禄，视王家事等草芥。"[41] 如此官吏，遇到类似如杨乃武案者，成冤完全可以想见！

二、官场陋习与普通民众的"冤莫能伸"

清代地方政府实行长官负责制，长官对下级职官和同级僚属官，不仅有三年政绩注考之权，而且有揭报题参之权。督抚代表皇帝坐镇地方，治理一省或数省，对全省文武官员行使考核权，"官吏贤否去留，凭督抚文册"[42]，贤则向中央推荐提升，不肖则请求革职，违纪、违法则随时题参、议处；对文职道府以下、武职副将以下的官员可以直接任命。为此，在地方因任官、保官、升官形成种种陋习。

从新科进士开始，就忙于奔走经营。得官之后，下级官员定期要到上司衙门请安。乾隆年间，两江总督衙门有一种惯例，每天清晨，在省的司道府县等官不论有事无事，都要

---

[40]《清史稿》卷四百七十九，中华书局1977年版，第13083页。
[41]《刘光弟集》编辑组：《刘光弟集》，中华书局1986年版，第48页。
[42] 赵尔巽等：《清史稿》卷一百一十一，中华书局1977年版，第3221页。

到总督衙门前"参谒候见","不知其何所为"。[43] 其实,何止两江总督衙门前,各省督抚、司道、府衙前都是如此,"凡州县之于府厅,府厅之于司道,司道之于督抚,往往师弟相称,执礼维谨,借门生为献媚之阶梯,假执贽为行贿之捷径,甚或旷废职责,专务逢迎,馈节贺寿,百计结欢,上官乐其趋承"[44]。这就是汪辉祖所说的"获上是治民第一义"[45],而这种"获上"并非仅是公事获上司赞赏,在许多官员眼里是实质性的"馈节贺寿,百计结欢",然后才得以公事过关,上司赞赏。在馈节贺寿上,一层层地往上,处于基层的州县担子最重,每位州县印官都有一本厚厚的账簿,《官场现形记》第四十一回就有这样一份送礼名录。李宝嘉在小说中描写了一位叫瞿耐庵的候补知县,靠他太太认湖广总督的女儿为干妈,捞到个兴国知州的实缺。前任王柏臣知瞿耐庵生性吝啬,有意收拾他,在离任前将节贺礼账簿的各项数目改小。结果,瞿耐庵到任后,对上司的馈节贺寿之礼都不足额,不到一年就被参了下来。[46]

为了攀附权贵,拉拢关系,以求仕途通达,清代官场还流行拜干亲、拜把子、拜门生等陋习。所谓拜干亲者,或是钻营者自己拜所攀援的权贵为干爹,或让妻妾女儿拜干爹、干娘,甚至不惜让妻妾侍奉权贵。拜把子也就是拜把兄弟,"以势相结",但虽彼此称兄道弟,并非真正的朋友,一旦把

---

[43] 参见袁枚:《复两江制府策公问兴革事宜书》,载《皇朝经世文编》卷十六。
[44] 柯耸:《清厘吏治三事疏》,载《皇朝经世文编》卷二十。
[45] 汪辉祖:《学治臆说》。
[46] 参见李宝嘉:《官场现形记》,齐鲁书社2003年版,第476页。

索门生帖

兄弟为官有了贵贱、上下之分,就要缴还原先所换盟帖,解除兄弟关系。拜门生则以拜有权势者为师的方式攀附,拜门以后,门生即可以靠着老师的权势活跃官场,如果老师失势或死亡,门生就会改换门庭;如果门生发迹升官位居老师之上,"拜断"后师生关系亦不再维持。

种种官场陋习,对司法造成的影响主要体现在以下三个方面:

第一,公务拖延,办案效率极其低下。

晚清办案效率极其低下,积案问题严重。其特点有二:一是数量大。如据同治九年(1870年)曾国藩的统计,直隶

"通省未结同治七年以前之案积至一万二千起之多"[47]。二是年限长。许多案件是有罪名未定出入人已瘐毙狱中，长时间的拖延甚至使涉案人员因此倾家荡产乃至家破人亡的亦非鲜见。特别是盗案，州县"三推六问，失主处处随审，弃业抛家，一日盗案未结，一日不得释放，且解到之处，问官又未必即审，累月经年，奔驰守候，累死途中者有之，淹毙旅店者有之。则是强盗未证典刑，失主先登鬼录"[48]。

当然，积案原因是多方面的，但吏治腐败，官员忙于攀附权贵、拉拢钻营而荒于公牍关系极大。闽浙总督兼福建巡抚陈宏谋道："闽省官吏，陋习相沿，以为官衙文稿只须付之幕友，抽此身应酬官场，何苦劳心案牍，来见上司则问幕友索一纸节略，临时强记，问及则以眼前浮泛语句来相抵对；一加驳问，原委未悉，左支右吾，不觉面赤。如此虚拥一官，是非赏罚听人指使，何啻土木傀儡耶。"[49]

按理说，刑案急关考成，各衙门都聘请刑幕帮办，应该是速审速结。而且清代地方官审理、审转词讼案件，《大清律例》《六部处分则例》《清会典事例》等都严格规定了各级的"审限"，逾限，例有处分，督抚题参。但在内阁、吏科、刑科题本中很少发现单纯因审案逾限而被参劾，因为官员们总会找到各种合法的"展扣"理由，或官员公出，或隔境调卷，或监犯及有关人证患病，或案犯或同案犯未捕获，等等。所谓"例虽严，而巧于规避者，盖自若也"[50]。所以，有学者

---

[47] 《朱批奏折》卷四十九，法律类，审办项。
[48] 李之芳：《李文襄公奏议》卷二。
[49] 《皇朝经世文编》卷二十二。
[50] 《清史稿》卷一百四十四。

即认为研究清代地方政府的司法职能,不必举那些大贪大蠹、奇冤大冤的例子,从官场陋习中便可看出地方吏治普遍腐败,就可以揭示清代社会的司法状况。[51]

第二,办案只知迎上,不问舆情,使刑事审判程序中的审转复核完全失去意义,从而造成一旦冤案酿成则不可逆转。

官场中的攀援权贵、投拜大位,使得官员莫不以获上为心,并出现许多"上司指为能员,而民人言之为切齿者"[52]。司法审判及一切司法事务的逐级转核管理,完全陷入应付上司的官场故套之中,只求对上级"负责",不求对司法审判和司法事务的结果认真负责。光绪九年(1883年)有人奏:"近日不肖州县玩视民命,多系草率从事,该管上司不肯认真详细推勘,非巧为弥缝,即多方掩饰,其能平反更正者百无一二,而固执原拟者则比比皆是,推原其故,总由各该督抚徇庇属员,回护原审。"[53] 即使有的府、司监察发现州县上报刑案案情不实,拟罪不当,也"多批本县自行审详,即别委他员,亦令原官会审……势必自护前非。差役皆其爪牙,气急刑求,小民恐无能华其词,委员又何以证其枉?……非惟冤抑莫伸,更增一诬告之罪,及上司依详批结,而立案不可动摇矣"[54]。逐级审转复核制度的本意是为了"慎刑狱",通过逐级复查来保证案件处理的正确,但实际上,多少州县的冤错假案,反而经过这种监察批驳、会审复审而更增加其

---

[51] 参见吴吉远:《清代地方政府的司法职能研究》,中国社会科学出版社1998年版,第331页。
[52] 包世臣:《安吴四种》卷三十一。
[53] 潘文舫、徐谦荃辑:《新增刑案汇览》卷十五。
[54] 吴绶绍:《请禁原官公审复审疏》,《皇朝经世文编》卷九十三。

合法性，成为不可昭雪之案。

第三，官员同僚之间相互回护弥缝，失出失入层见叠出。

与下级官员层层"迎上"相联，就是同僚之间的回护弥缝。我们就以明清司法体系中"部权特重"的中央刑部为例来了解一下当时的情况。

清承明制，刑部作为"刑名总汇"之地，是皇权之下全国最高的司法审判机关，其权力远远大于都察院和大理寺。"清则外省刑案，统由刑部复核。不会法者，院、寺无由过问，应会法者，亦由刑部主稿。在京讼狱，无论奏咨，俱由刑部审理，而部权特重。"[55] 由于刑部权力特重，因此，其用人也最为慎重。但事实上，晚清以来，就是在这样选员特慎的机构中，官员之间互相回护、弥缝的现象也极为常见，地方各级审判衙门以及相互之间可想而知。曾为刑部郎中的刘光弟任职期间对此种现象有过较为深刻的揭露："署中公事，近日愈形觟持，请托情面之风大炽，而于公事多屈枉以从事，于是失入失出之事层见叠出矣。"[56]

光绪十八年（1892年）十一月，一名叫洪良品的给事中上奏参劾刑部侍郎薛允升及其子薛浚。其中述及"侍郎薛允升，由刑部司员，洊至卿贰，各堂官以其例案熟悉，故一切派差办案，让其一人主持，乃该侍郎专权自恣，未能正已，率属所用，率多趋奉贪滑之人，以致办理刑名渐多紊乱。复闻其子内阁侍读薛浚，性好冶游，专与宵小交通。有杜权者，

---

[55] 赵尔巽等：《清史稿·刑法志》卷一百四十四，中华书局1977年版，第4206页。

[56] 《刘光弟集》编辑组：《刘光弟集》，中华书局1986年版，第236页。

前为吏部帖写书吏,捐一杂职,绰号'刑部大了'。'大了'者,刑部包揽之名也。薛浚引为党羽,在外招摇权势,凡关说案件,钻营差事,皆以此二人为归数,亦无不立竿见影"。薛允升父子滥用职权,勾结党羽,包揽官司,其劣迹在京中影响极大。光绪帝曾令翁同龢等人查办此事,翁同龢深知此事棘手,又借故推给徐桐和怀塔布调查处理。十余天后,徐桐、怀塔布回奏光绪,称曾提传薛浚及其家人"分别研讯",薛浚供称:"自当差以来,已经有二十余年,趋公之外,从不敢干预别事,妄行一步。凡所往来者,均系同官、同乡、同年等熟人,何至与宵小交通。兼之(内)阁中公事繁多,值班必早去晚归……不时有起早回堂等事,遑能任意闲游,至于杜权其人,职与伊绝不相识。"薛浚家人所供均与其相同。最后此案的处理结果,只是让那位被称做"刑部大了"的杜权做了替罪羊,将其"提讯供词"后"杖六十,徒一年,役满后解回原籍,交地方官严加管束"。薛允升、薛浚就这样被轻轻开脱了。

官员之间互相回护实际上揭示着一种权与利的交易,这种交易当然是以牺牲普通百姓的利益和案件审理的公正为代价的。例如九门提督福锟家中的老妈子将人致死,老妈子却在福锟所在的步军统领衙门中率先告状,言称死者系抢其儿子银两,经看押在押时得病身死。案交刑部之后,刘光弟等人感觉此案案情可疑,遂传原告并尸亲到部。但是原告母子则躲避在福锟家中拒不到部。而刑部尚书嵩申为了讨好福锟,指示时任刑部左侍郎的薛允升转告刘光弟等"此案原告可以不传了,案便不办就是了"。刘光弟向薛允升据理力争,"言案关人命,何得含糊了结",然而,"左堂(指薛允升)亦知究里，但攒眉咂嘴，摇头数回，总劝我们是与他办稿算了"。刘光弟评价说："此明明谓福中堂神通广大，巧于弥缝，保定日后无事，然而此一条人命遂白送矣。"后人曾盛称薛允升"凡所定谳，案法随科，人莫能增损一字。长官信仗之，有大狱辄以相嘱。其鞫囚如与家人语，务使隐情毕达，枉则为之平反"[57]。以如此一个所谓清廉公正并流传清史的大吏尚且如此，当时整个官场足以可以窥一斑而见全豹了。

光绪初年，朝野上下都为包括杨乃武案、河南王树文顶凶案、四川东乡诬民为叛案三大案件的平反而轰动，所谓朝廷英明，大吏公正，进而成为同光中兴的实证。朝廷能平反冤案，不能不说是蒙冤者不幸中的大幸。但当年没有平反的冤错案件可以说不知几何，而且很多案件已经发现有冤也难以昭雪。典型者如曾国藩任直隶总督期间所制造的"谋害亲夫案"。一民妇之夫出外长期未归，曾氏最后按谋害亲夫定案，民妇杀人偿命，被明正典刑。曾氏由直隶调任两江总督后，该民妇的丈夫竟然返乡。妻子已经蒙冤而死，该丈夫自然要上诉冤抑，但最终还是被继任总督给压下来了。此案若予平反，曾氏以后几年的历史大概得重写了。[58]

三、错判惩罚下的将错就错与"巨冤"形成

清代通过《大清律例》《大清会典事例》、各部则例、台

---

[57] 赵尔巽等：《清史稿》卷四百四十二，中华书局1977年版，第12426页。
[58] 参见任恒俊：《晚清官场规则研究》，海南出版社2003年版，第231页。

规等法律文件,对司法官员之责任编织了一张繁密且峻急的法网。首先针对州县官的错判责任,法律从故意枉法裁判和失出失入两个方面加以规定。故意枉法裁判的,依《大清律例》规定将被追究与被错误判决之人相同刑罚的刑事责任,直至死刑。[59] 对于故意的加重或减轻,也即故入或故出,州县官的惩罚将依该案应当适用的刑罚与实际宣告和执行的刑罚之间的差额来决定。对于非故意的失入和失出,也即过失,宣告判决重于和轻于该罪的法定刑罚的,州县官所受到的处罚将主要是纪律处分。[60] 任何情形,无论是刑罚过重还是过轻,负责复审的州县上一级长官,以及提刑按察使、巡抚、总督等都可能依法受到纪律处分。[61]

  同时,案件审理过程也可谓"事事有规程,步步皆掣肘",诸如案件的受理、现场勘验、证据取得、审判时限,以及刑讯的限度、口供的合法与否等,都有详细的条款规定。如在杨乃武与葛毕氏一案的审理过程中,作为初审的余杭县所涉几个关键程序,律例均有明确规定。譬如受理,"告杀人及强盗者不受理者,杖八十";譬如验尸,"凡检验尸伤,若牒到托故不即检验,致令尸变,及不亲临监视,转委吏卒,若初、复检官吏相互扶同尸状,及不为用心检验,移易轻重,增减尸伤、不实定执致死根因不明者,正官杖六十,首领官杖七十,吏典杖八十。仵作行人检验不实,扶同尸状者,罪亦如之,因而罪有增减者,以失出入人罪论。若受财故检验

---

[59] 参见《大清律例》卷三十七。
[60] 参见《吏部则例》卷四十二,《六部处分则例》卷四十八。
[61] 同上。

不以实者，以故出入人罪论。赃重者，以枉法各从重论"[62]。譬如刑讯，虽承认合法性，但为免屈打成招造成冤案，法律对刑讯的条件、程序、刑具、施刑部位规定极为详尽，超出此范围则为非法。[63]

由上可见，在整个诉讼过程中，正如英国学者S.斯普林克尔指出的，"州县官都背着极大的风险，而默认其判决的上司也同样面临处罚，一个案子开审，其不可避免的后果是至少有一人必须受罚：可能是判决有罪的被告，可能是被告无罪而错告的原告，也可能是承审官员本人"[64]。此间，"诸如政治上的超然地位与审判中的自由裁量权等今人看来或许是司法官理所当然应享有的权力，对当时执掌司法的官员们而言根本不可想象"[65]。更要命的是，由于清承古制，基于司法行政合一的体制，审判程序主要是按行政原理设计，承审官员在审判中完全处于支配地位，当事人在诉讼中的活动主要是形成供状（陈述情节）和招状（认罪），而招供的过程实际上并不是事实认定的过程，只是通过结论必须由被告自己承认这一制度设定来防止专断。但为取得招供，法律又承认肉刑的作用，于是经常发生"棰楚之下，何求而不得"的弊端。为资补救，只有给予当事人充分的悔供上控的机会，以当事人的翻案权来与司法官的支配权相平衡。其具体表现是，

---

[62]《大清律例·刑律·断狱》"检验尸伤不以实"条。
[63] 参见《大清律例·名例》所附条例"五刑"条。
[64]〔英〕S.斯普林克尔：《清代法制导论——从社会学角度加以分析》，张守东译，中国政法大学出版社2000年版，第84页。
[65] 郑定、杨昂：《不可能的任务：晚清冤案之渊薮》，载《法学家》2005年第2期。

第四章 官员的无能与官场的腐败

上诉没有时效和审级限制;判决作出之后并不绝对排除重审的可能性;判决可以"有错必纠",随时变更。于是"屡断屡翻"的问题又由此而生。

与此相应,为了从制度上防止司法官员恣意和专断,程序的设计又采用了审级制而非分权制的方法[66],即审判变成了一个由多级官员参与的复杂过程,审判监督在很大程度上置换为人事行政的监察问题。正如滋贺秀三先生所言:"审判的程序性限制也是以官僚机构内部纪律的形式出现。程序的遵守不是由于当事人能够对违法的过程提出效力瑕疵的异议,而是通过上司对违法官僚的惩戒处分来保障。"[67] 例如重案有自动复审制,犯人的翻异当然也能导致上级机关的提审,在刑部和按察司采取下属起案、上官决裁的工作方式,等等。由此,审判者始终处于被审判的状态之中,除了皇帝之外,任何机关的决定都可能受到来自上级机关的追究或来自下级机关的反追究。而追究和反追究都可能带来严重的后果。原审法官一旦被认定为"错误定案",就要受到惩戒,影响及于仕途,甚至自由与生命。这种责任负荷实在是太重了,因此他的行为方式除了早请示、晚汇报,以转嫁或减轻翻案的责任风险外,一旦初审错案酿成,就必然会采取进一步的错误手段,诸如隐瞒证据,捏造事实,掩盖真相,以酷刑压服当事人,等等。这一点在杨乃武案中的反映相当典型。

我们只说刘锡彤。刑部报告讲得非常清楚:刘锡彤"始

---

[66] 参见季卫东:《法治秩序的建构》,中国政法大学出版社1999年版,第57页。

[67] 〔日〕滋贺秀三:《清代中国的法与裁判》,创文社1984年版。转引自季卫东:《法治秩序的建构》,中国政法大学出版社1999年版,第58页。

任听仵作草率相验,继复捏报擦洗银针,涂改尸状及刑逼葛毕氏等诬服,并嘱令章浚函致钱宝生诱勒具结,罗织成狱"。刘锡彤的第一个违反法律规定的行为是验尸和死因认定中的草率。这一过程主要受仵作沈祥、门丁沈彩泉误判的影响,当然其因生员陈竹生的误导而先入为主也十分关键。只是这一过错当时并不属故意,刑部亦有结论并非因"挟仇索贿"而起。但即使属过失,一旦追查下来,责任也不小,依律正官当杖六十,且以失入人罪论。杖六十虽非重刑,但以今人术语观之则属"身体刑"的范畴,其痛楚又岂是耄耋之龄的刘锡彤所能承受的?其屈辱又岂是身为一方父母官的知县所能承受的?故当上报案情和面对察访时,本无"挟仇索贿情事"的刘锡彤一错而再错,坐犯更重之罪。他先是隐瞒和伪造证据,犯"对制及奏事上书,诈不以实",依律当杖一百,徒三年;再唆使审供,又犯同条,且其犯意已由"过"入"故",兼之已坐葛毕氏死刑,依律将以故入人以死罪论处,此时刘锡彤将亦坐死罪。至此,作为承审官员,刘锡彤不可能拥有一个现代法官所应具有的超然、中立的地位,他与被告杨乃武、葛毕氏之间已经形成了"你死我活"的态势,如果查明案件真相,刘锡彤将成为受罚者。案件审到这一步,即使冒天大的风险,也不得不铤而走险,一错到底。毕竟冤案被扳回的风险总胜于直坐死罪。何况在冤案层出的晚清,昭雪的概率实在是太小了。刘锡彤当然也会作如此选择。

但是,刘锡彤要让自己初审认定的事实为各级上司衙门认可,初审拟定的意见在层层审转复核中得以通过,不外乎寄希望于"不知案牍为何事"的办案能力低下也好,不负责任的"照核照转"也好,"官官相护"的回护弥缝也好,直至如学者所称的"非法律的政治解决"。[68] 由此，因为先入为主和草率，从验尸结论错误，到故意隐瞒和伪造证据，唆使提供伪证，严刑酷逼口供，导致初审的冤案出笼。并从州县、知府、臬司到巡抚，官员级别越来越高。余杭县城内一个豆腐作坊伙计的因病死亡，终于成为一个牵连浙江地方三级官员甚至钦差大臣、惊动朝野的大冤案。

---

[68] 参见郑定、杨昂:《不可能的任务：晚清冤案之渊薮》，载《法学家》2005年第3期。

第五章 幕友的"锻炼"与幕帮的回护

有清一代,"审判之名在官,审判之实在幕",幕友在地方司法中扮演着十分重要的角色。瞿同祖先生说,清朝"地方行政最重要的两者——司法和税收——都在幕友的操纵之下"[1]。19世纪初韩振则从地方之治的"显"和"隐"指出了幕友的权力之大:"以司道察守令,以督抚察司道,是谓外之显治……内掌守令司道督抚之事,以代十七省出治者,幕友也。"[2] 只是我们在杨乃武一案中似乎并未看到幕友的影响,仅有的一幕是杭州府幕友章浚(即章伦香)致信爱仁堂药店老板钱坦要求他来县衙作证。实际上,官员和幕友犹如两个"双簧"演员,一在人前,一在身后,虽然形影相随,但往往难见幕友的真实面目。对于余杭县衙,对于刘锡彤,对于浙江各级地方衙门,幕友的影响当然也不可能例外,而且作为"绍兴师爷"的故乡,大概只会有过之而无不及。只是幕友不在台前在幕后的特点,使得我们必须撩开幕帘,才能一见庐山真面目,看到其在司法中扮演的角色。

---

[1] 瞿同祖:《清代地方政府》,范忠信、晏锋译,法律出版社2003年版,第173页。
[2] 《皇朝经世文编》卷二十五。

幕友，又称幕宾、幕客和幕僚，民间一般称为师爷或"绍兴师爷"。就目前史料看，幕友佐治之风虽起始于明代中晚期，但其大盛而至极致并得到广泛承认的，当在清代。[3]清入主中原以后，为了保证多民族国家的统一和中央政权的稳定，致力于强化统一的法制体系，对于各级政府官员的水平和能力也提出了更高的要求；同时，清代商品经济的发展速度远超前朝，社会经济关系急剧变动，各种案件纷纷诉于官府，加重了各级政府的负担。但以八股制艺取士的科举制度，使得大量以此走上仕途的官员既缺乏行政管理的知识和经验，更难当司法审判的重任。在这样的历史条件下，"受过专门的行政事务训练……深谙政府管理的技术知识和专门技巧"，"充任官员的专业幕僚（参谋）"的幕友，得以普遍地出现并活跃在清代的地方各级衙门中。[4]

晚清曾做过幕友的陈天锡说：

> 清代刑钱建制，普及全国，其为迫于需要，显无可疑。何以有此需要，追本溯源，实由地方行政主官，尤其州县亲民之官，在科举盛行时代，皆以制艺帖括取士，士不经科举，即无从进身。当未仕之时，士之所务，类只制艺帖括，而于管理人民之政治多未究心，至于国家之法律，更无从探讨，一旦身膺民社，日与民人接触，即日与法律为缘，即未习于平时，自难应付于临事，由

---

[3] 参见郭建：《师爷当家》，中国言实出版社2004年版，第11页。
[4] 参见瞿同祖：《清代地方政府》，范忠信、晏锋译，法律出版社2003年版，第157页。

是非求助于凤有钻之人不可,而刑钱幕宾遂为饥渴之于食饮,寒暑之于裘葛,而不可离矣![5]

清一向有"无幕不成衙"的说法,各级地方衙门无论大小,"总有一位刑名老夫子,一位钱谷老夫子"。至于同一时期各级地方衙门幕友的数量,很难有确切的统计,清朝正史中根本没有他们的一席之地。但据《剑桥中国晚清史》载:"到十八世纪末,这些助手的总人数估计已达7500人。虽然没有可靠的调查统计数字,但可以假定他们的人数在十九世纪继续有所增长。"[6] 就清代1358个县、124个州、245个府与18行省的布政司、按察司、巡抚、总督,每个地方衙门,少则二三人,多则十数人,全国的师爷人数就在万人以上,已然是一个不亚于正式官僚团体的庞大群体。其实不论数量,幕友"代官出治"的事实在清代已是昭然于世。无论是"佐治"还是"出治",他们在清代司法活动中的作用都是不可替代的。[7]

作为特定历史条件的产物,幕友的出现在某种程度上代表了司法专业化的要求;同时在百官无能、士风衰恶的情况下,一定程度上保证了清朝司法活动的正常进行。特别是乾隆朝前的清早中期,幕友的正面作用比较明显。正如张晋藩

---

[5] 陈天锡:《清代幕宾中刑名钱谷与本人业此经过》。转引自高浣月:《清代刑名幕友研究》,中国政法大学出版社2000年版,第20页。

[6] 〔美〕费正清:《剑桥中国晚清史》,中国社会科学出版社1983年版,第157页。

[7] 参见高浣月:《清代刑名幕友研究》,中国政法大学出版社2000年版,第2页。

先生所言:"他们对于律例知识的理解、审鞫断谳的技巧、判词制定的精练等许多方面都积累了丰富的经验,有些并上升为理论。特别是他们在经验的基础上进行的注律,是符合实际,贴近生活的。"[8]对此我们不展开论述,只引一个案例以资考证。

浙江衢州曾发生一起"弑父"案:有一个母亲告发儿子因与父口角,于该月二十七日深夜四更时分,着青衣破窗入室杀死父亲。儿子被抓到县衙审问后,很快供认不讳。按清律,该子应被凌迟处死。此案从县、府、司三级审转都没有异议,报巡抚复审,按惯例巡抚转手后就可上报朝廷。但幕友李登瀛审阅案卷之后感觉疑点颇多,虽说经母告发,儿子已承认恶逆,但儿子谋杀的动机仅为口角,如果当场动手尚可理解,何以夜半时分才入室弑父?经查农历二十七日只有凌晨时分有一弯残月,四更并无月色,一贫如洗的农户自无可能通宵点灯,何以母亲能在漆黑的房内看出凶手的服色?经建议巡抚直接提审,案情大白:原来母亲另有奸情,杀夫后嫁祸儿子。而孝顺儿子不愿暴露母亲的丑行,情愿顶罪。对于此案的处理,有人认为由儿子抵罪放纵了父仇,而让母亲抵罪又伤孝子之心,应减母亲死刑,处儿子发配。但李登瀛以儒家经典所载"妻弑夫不予讳"为据,拟道:"今此妇既忍杀其夫,又忍害其子,反纲灭嗣,人伦道绝。母固天属,而父尤重。朝廷制法以裁民情,母不得减,子不容坐。"此语一出,传为绝判。朝廷果依此定案,母亲被凌迟处死,儿子

---

[8] 高浣月:《清代刑名幕友研究》,中国政法大学出版社2000年版,序。

无罪释放。[9]

由于幕友，尤其是刑名幕友在地方衙门扮演着极为重要的角色，他们成为地方司法活动的实际操纵者把持衙门，虽无职而有权，在佐治的名义下发展成一个特殊的权力群体。而清朝又缺少有效的约束、监督与惩治幕友的机制，对其唯一有威慑力的只是冥冥之中的鬼神。经年累月，幕风日下，在加重吏治败坏的同时，渐成清朝丛弊之薮。尤其值得一提的是，清朝始终视幕友为州县官的助手，但又非政府雇员，朝廷一般也不干预聘用幕友的事，律例只是要求官员向吏部上报其幕友的姓名和履历。[10] 幕友只对官员个人负责，而且除非官员在其怂恿下从事贪赃枉法或其他不法勾当，他们并不为错判或恶政对朝廷承担责任。这种"非官非民"的特殊地位，助长了幕友操弄法律、随心所为，往往使地方的司法秩序陷入混乱无序。

清中期以降，特别是到了晚清，随着吏治的日益腐败，幕友的上述特性，更成为地方政府司法审判中错案迭出的重要原因。故有学者认为，"清代大多数冤假错案都是经他们手锻炼成狱的"[11]。

一、幕友擅权下的冤案"锻炼"体制

我们说幕友把持衙门、操纵司法，进而成为晚清冤案渊

---

[9] 参见郭建：《师爷当家》，中国言实出版社 2004 年版，第 166 页。
[10] 参见《吏部则例》卷三。
[11] 吴吉远：《清代地方政府的司法职能研究》，中国社会科学出版社 1998 年版，第 283 页。

薮，其根源是由以下三个方面的因素造成：

（一）传统司法体制的影响

中国古代地方政府是行政司法合一的政府。就州县而言，尽管州县官职责繁杂，事务繁重，但司法与税收始终是其最重要的两项职能。1670年至1672年曾在山东郯城任过知县的官绅黄六鸿在其所著《福惠全书》中说，"有司以刑名钱谷为重，而刑名较钱谷为尤重"[12]。但黄六鸿在另外的场合又说，"夫有司之职，大要钱谷为重"[13]。看似矛盾，但都反映了司法与税收在州县职责中的地位，两者究竟孰轻孰重，瞿同祖先生认为取决于一个人处理问题的态度和方法，即究竟他是从司法审判还是从政府税收的角度考虑问题。[14] 当然，有学者认为，地方政府与其说是行政与司法合一，不如说是以司法兼理行政。司法审判事务历来被认为是地方官的头等大事，所谓"知县掌一县之治理，决狱断辟，旁理民务"[15]，"民务"等行政事务只不过是"旁理"而已。上级考核地方官，首当其冲的就是狱讼是否合情合理合法，老百姓对地方官的期望，首先也是"为民做主"、除暴安良。

州县衙门是帝国的基层法庭，州县官听理其辖区内的所有案件，包括刑事案件和民事纠纷。只有在州县衙门拒绝受理控诉或其判决被认为不公正时，人们才可以申诉于上级衙门，越诉是违法的。州县官不仅仅主持庭审和判决，而且主

---

[12] 黄六鸿：《福惠全书·凡例》。
[13] 黄六鸿：《福惠全书·卷六》。
[14] 参见瞿同祖：《清代地方政府》，范忠信、晏锋译，法律出版社2003年版，第31页。
[15] 郭建：《师爷当家》，中国言实出版社2004年版，第102、103页。

持勘查、讯问以及缉捕罪犯。用现代眼光来看，他的职责包括法官、检察官、警长、验尸官等，也可以说包含了最广义上的与司法相关的一切事务。

客观来看，清代这一司法行政合一、州县官身兼几乎所有司法事务的官制本身即不利于法律的执行。清末修律大臣沈家本就评述道：

> 政刑从于一人之身，虽兼人之资，常有不及之势，况乎人各有能有不能。长于政教者未必能深通法律，长于治狱者未必为政事之才，一心兼营，转致两无成就。[16]

传统司法体制的负面影响至晚清表现得更加明显，正如御史吴钫所说："中国审判向由州县兼司，簿书填委，积弊丛生。……审判一事须平日熟谙法律，而案情万变，悉待推求，行政官以日不暇给之躬，用之于非其素习之事，必致授权幕友，假手书差，枉法滥刑，何所不至。"[17] 道光、咸丰年间，翰林出身，曾历任晋、闽、陕、川、甘、豫、赣和直隶等省知府、道员、按察使、布政使和署理巡抚的张集馨在其所著的《道咸宦海见闻录》中，这方面的记载很多。道光十八年（1838年），张集馨首次出任地方官——太原知府，到任后他发现前任王有壬留下几百件未审结案件，有的甚至已压了好几年，而在太原府当家的竟然就是一位吴姓幕友和一位名唤

---

[16] 沈家本：《历代刑法考·历代刑官考上》。
[17] 《清末筹备立宪档案史料》（下）。

王成的门户大爷，无论什么事务都得到他们那里转一转，才能行通办成。十几年后，张集馨转任甘肃布政司，又见到总督乐斌"粗能识字，公事例案，阅之不甚了了"，所有公务都只能依靠幕友彭沛林。甘肃按察使明绪等两省官员对彭沛林逢迎巴结，趋之若鹜。咸丰十年（1860年）张集馨调任福建布政使时，还是遇到同样的情况，闽浙总督庆瑞"不肯究心公事，惟幕友之言是听"，几个主要衙门的幕友沆瀣一气，"无不卖法者"。

当官的不理公事，无能为政，对于地方行政中占有重要位置的司法实务不屑于知晓律例为何物，甚至以律学为小道，面对纷至沓来的案件，就只能如嘉庆时的浙江巡抚程含章所言"凭幕友之略节以审案，据件作喝报以填格，遇事茫然，毫无主见"[18]了！

（二）官场腐败，幕友与官员相互传染，直至"天下以为巨蠹"

清朝官场风气从乾隆中期开始走下坡路，嘉庆以后江河日下，贪官污吏遍布内外衙门，腐败风气弥漫于整个官场。我们仍以张集馨的《道咸宦海见闻录》为例，这一自叙年谱以其所见、所闻、所历为我们逼真地描摹了当时政治腐败和社会黑暗。对事，政由贿成，贿赂公行；对民，巧立名目，横征暴敛；对案，滥施酷刑，草菅人命；官员之间则是陋规无数，相沿成习。如张集馨指福建"吏治之坏，至闽极矣"；而直隶总督桂良在直隶是"贿赂公行，恬不为怪"，卖缺受贿，无所顾忌；乐斌一伙犹如"一堂鬼蜮，暗无天日"。如此

---

[18]《皇朝经世文编》卷二十二。

官场中，幕友风气也同步趋向腐败。生于雍正八年（1730年）、卒于嘉庆十二年（1807年）的乾隆朝著名幕友汪辉祖说，"从前十个幕友中可以挑出四到五个诚实的人"[19]，然后到了晚年"端方之操，古无二三"[20]，幕友的诚实品质大大衰退了，十个人当中也很难找出两三个诚实的人，甚至只有1‰到2‰的幕友才是诚实而有能力的人。[21] 这个时候，严守正直的幕友已被视为迂腐的代名词，"江河日下""砥柱难为"，幕友自己腐化日甚，与官员则是相互传染。一些官员往往是"任听刑幕指挥，命盗案件，含糊审断"[22]。到了嘉庆、道光年间，幕友"劣幕化"的趋势日渐明显。时人曾比较说，康熙、雍正时期的幕友"皆负才不遇，出其所学，以济于时"，而此时幕友已普遍被人当做反面角色。李慈铭在其《越缦堂日记》中作如是评价：为幕宾者，"往往营狡兔之穴，凭狐虎之威，天下以为巨蠹"。清末思想家郑观应在《盛世危言》中说："其刑名幕友中，劣多佳少，往往亦把持公事，串通差役，挟制居停，作威作福之处，不可胜言。"

（三）律例的庞杂与幕友的上下其手

清代法律体系十分复杂，正式法典《大清律》共436条，按名例律、吏律、户律、礼律、兵律、刑律、工律分成七篇。律之外有例，是由皇帝批准发布的单行刑事法规，大多一事一条，但也有一例包含十多个条文的。乾隆五年（1740年）定律时，将条例分别附于各有关律条之后，合作《大清律

---

[19] 汪辉祖：《学治续说》。
[20] 汪辉祖：《病榻梦痕录》卷下。
[21] 参见《牧令书》卷四。
[22] 朱寿朋：《光绪朝东华录》，中华书局1958年版，第5037页。

例》，共1009条。例是陆续编订发布的，以适应政治与社会需要，或因例而破律，或一事设一例，或一省一地专一例，甚至因此例而生彼例。其结果往往造成例与律、例与例的抵触和冲突。截至同治九年（1870年）为止，例已达1892条之多，以致"律易遵而例难尽悉"[23]，律例已是如此复杂，而实际执行中，又有卷帙浩繁的成案，这是由清政府"人治"传统发展到极致，定罪量刑并不严格按照法律条文所形成的。这类成案虽然不是正式法律文件，但往往作用很大。

  法律是如此的浩繁复杂，知晓法律又是一个州县官的基本要求，否则他便无法作出合法的判决。可是通过八股制艺选出的官员们，所学既非所用，上任后他们又极少读过《大清律例》，熟悉法典。嘉庆年间，治河有功的程含章升任浙江巡抚后，所见地方官颟顸无能，不知律例为何物，曾通令要求各官"于办公之暇，将《大清律例》及《洗冤录》二书，每日反复披阅"[24]。可惜程含章只做了一年多的浙江巡抚，来不及验收他这道通令成效如何。况且督抚大员如程含章者也实在太少，绝大多数官员依然是"溺于声色之娱"，任凭两本必读之书尘封虫蠹。即使勤勉有能，愿意研习法律的地方官员，要想获得一些法律知识也需花费相当多的时间。《明刑管见录》的作者穆翰称，仅获得关于名例（总则）的应用知识就要花大约半年时间。刘衡是一位勤勉有能的县官，他的经验也证明了一点。在他居家等候任命时，他的祖父就向

---

[23] 赵尔巽等：《清史稿》卷一百四十四，中华书局1977年版，第4205页。

[24]《皇朝经世文编》卷二十二。

他传授了法律知识,但他在广东做了 7 年的知县,仍不熟悉法典。绝大多数州县官不可能有这样的时间和精力投入。[25] 法律可以不读,但司法毕竟是第一要务,于是地方官几乎不得不完全依赖幕友,所谓生死刑名,一点儿不假。

问题还在于法律是死的,法律条文的解释与援引又是活的,而幕友往往视会规避、会灵活适用、会使法条遂我所需为看家本领。如汪辉祖在《佐治药言·读律》中所言:"神明律意者,在于避律,而不仅在引律。如能引律而已,则悬律一条以比附人罪一刑,胥足矣,何借幕为?"作为法官,领会法律的精髓,不死搬硬套,无疑是正确的。所谓一头放进事实和法律,另一头自动产出判决,从来是不存在的。但如法官以规避法律、裁剪事实为能事,这就与法官的职责相去万里了。应该说汪辉祖尚是一个正直的幕友,无论生前死后人们对其的评价都是正面的,但恰恰是汪辉祖推崇的一案例,使我们看到了幕友适用法律中的任性与随意,所谓"失出""失入"都仗幕友一支笔。

汪辉祖初习刑名时,邻县破了一个私铸铜钱案,按《大清律例》,私铸铜钱应处斩监候。但数人共同犯罪,应按情节区分首犯、从犯,首犯一般为造意犯,应按律处刑,从犯可减刑一等。此案被捕的嫌犯都供称一个在逃犯是主谋,于是被捕案犯被视为从犯减刑一等,发遣新疆。两年后,在逃犯被缉获归案,但该犯始终不肯供认为该案主谋,照理应提审已发落从犯对质,可新疆迢迢,无法押回重审,更性命攸关

---

[25] 参见瞿同祖:《清代地方政府》,范忠信、晏锋译,法律出版社 2003 年版,第 209、210 页。

的是如果重审翻案，原审官员即被参劾，将危及宦途前程，众位幕友一筹莫展而讨教于附近几县，最后，松江县刑名老夫子韩升庸出了一个主意：劝告那个被捕的在逃犯承认是主谋，同时把原来"捕获"的事实改为"闻拿自首"，按《大清律例·名例律》，自首可减刑一等，斩监候自然可改处发遣。案件依此了结，最后可谓皆大欢喜。[26] 这个资深幕友的办案功力让人不得不佩服，只是如此办案，裁剪了事实，也戏弄了法律。

所以，刑名幕友的"四救先生"之谓，绝非"浪得虚名"。所谓"四救"，即"救生不救死，救官不救民，救大不救小，救旧不救新。"《阅微草堂笔记》载：

> 救生不救死者，死者已死，断无可救；生者尚生，又杀抵命是多死一人也，故宁委曲以出之。而死者衔冤与否，则非所计也。救官不救民者，上控之案，使冤得申，则官之祸福不可测；使不得申，即反坐不过军流耳。而官之枉断与否，则非所计也。救大不救小者，罪归上官，则权位重者遣愈重，且牵连必多；罪归微官，则责任轻者罚可轻，且归结较易。而小官之当罪与否，则非所计也。救旧不救新者，旧官已去，有所未了，羁留之恐不能偿；新官方来，有所委卸，强抑之尚可以办。其新官之能堪与否，则非所计也。[27]

---

[26] 参见汪辉祖：《学治说赘》。
[27] 纪晓岚：《阅微草堂笔记·姑妄听之（四）》，上海古籍出版社 2001 年版，第 399 页。

按幕友们的说法，这样的"四救四不救"甚至"都是出于君子之心，行忠厚长者之事"，既不是有所求取，巧为舞文，也不是有所恩仇，私相报复。可是我们分明看到，正是在这一宗旨下，幕友们才会对案件情节大加剪裁嫁接，化死为生，化生为死；对援用律例任意曲解肢割，以彼适此，以此适彼。以至于在"锻炼"得天衣无缝的司法档案中，很难发现案件真相。张集馨在《道咸宦海见闻录》中对此就直斥为"劣幕邪说，最足造孽"。而且正是在"救官不救民"的宗旨下，所谓的昭雪冤案，平反错案根本是不存在的。在幕友们看来，处理老百姓的上控，如果真的有冤而给予平反，那原审的官员将因此获祸；如果不准翻案，定上控人诬告反坐，也不过是个军流罪。因此，原审是否枉法裁判，错案能否平反纠正，根本无须计较。冤沉大海，水面依然波澜不兴；官升公堂，衙门仍是明镜高悬。地方政府在如此以"四救四不救"为圭臬的幕友们的操纵下，必然错案冤案丛生，更可怕的是以冤错为平常，"官之枉断与否非所计"！

二、暗中把持程序进展：冤错案件的内在因素

按照案件的审理流程，幕友实际上把持着案件审理中的全部关键职能：

一是对案件的受理提出意见。州县官接受呈控后，将诉状交幕友，由其提出对呈控是受理还是驳回，亦即决定听审是否开始的意见，幕友审阅诉状后即在诉状副本的末尾拟就批词意见。通常情况下，为使批词内容在公布前保密，经密封后由一名长随呈送州县官本人，经州县官认可并签名后，

由书吏抄录并张贴于公告栏。许多案件只要幕友一开始弄清控诉是否正当,仅通过这样的批词即可解决,无需开庭审理。

有时,批词不仅仅停留于准予立案,它甚至相当于判决。乾隆二十五年(1760年)汪辉祖首次受聘江苏长州县(今吴县)作幕时遇一案,寡妇周张氏想为尚未婚娶的已故儿子继郎立嗣,遭周氏宗族反对,主张应为其丈夫立嗣。此案已经前几任知县批由房族公议,但久未议决,一拖竟十八年。汪辉祖针对周氏宗族"继郎无娶,嗣子无母,天下无无母之礼"的说法,批词认为儒家经典从无此说,相反倒有"为殇(未成年而亡称殇)后者,以其服服之"的说法,因此,无需以嗣子是否有母为前提,确认批准周张氏的请求。后由本县一秀才为此案上诉苏州巡抚衙门,巡抚陈立谋调阅全部卷宗后大加赞赏"此批得体"。十八年争讼一批了断。

二是安排开庭日期并决定谁必须被传唤到庭。幕友在考虑诸如案情缓急、诉讼参与人往返路程及预计听审此案所需的时间等多种因素后,决定安排开庭。在开庭前,幕友还要浏览案卷并准备一个案情提要,以便长官了解争讼的是什么以及审理的步骤如何。在进行开庭安排的同时,幕友还要决定谁应被传唤到庭。而按汪辉祖的建议,签发传票又是一项需要格外谨慎的工作,仅仅传唤绝对需要出庭听讯的人即可。[28] 因为传唤对于衙役而言是一个极好的勒索贪赃机会,他们往往千方百计谋求这类差事,有时甚至要通过行贿获取传票。而一旦取得传票,衙役就可横行乡里,向被传人索要种种好处,至少有"转钱""跑腿费""到案费"。如果是拘

---

[28] 参见汪辉祖:《佐治药言》。

票,那就更值钱了。可勒索"上锁钱""开锁钱"。衙役们往往故意在传唤时百般刁难勒索,被传人稍有不顺,就乘机大打出手,或者自毁传票,回衙门禀告被传人拒捕。在挑动发出拘票,甚至发出堂签后,他们更是如狼似虎,一路打将过去,见物就抢,被传人常于到公堂前已经倾家荡产。所以这类传票、拘票简直是衙役们的衣食之所在,是否需要开具是幕友必须谨慎确定的,如果幕友与衙役沆瀣一气,必然百弊丛生。

三是拟律,即引用律例条款,对案件进行决断,提出定罪量刑意见。由于所有的判决必须依据法律或成例作出,而这些法律或成例为绝大多数地方官员所不熟悉,离开了刑名幕友,他们根本无从下手。因此,只能端赖幕友的意见下判。官府的生杀大权实际上由刑名幕友操纵,而幕友也依仗这一点,有时根本不把地方官的意见当回事,这也是所谓"审判之名在官,审判之实在幕"的缘由。乾隆年间,浙江归安县发生一起与杨乃武案类似的情杀案,一男子被控为了能与一相好的有夫之妇结婚,杀死了该女子的丈夫。审理中,知县裘鲁青认为该女子对于凶犯谋杀自己丈夫一事并不知情,可以仅按"有夫各奸"罪处罚,这一罪名应处徒刑两年。但幕友张希仲却不予理会,说,"孔子写《春秋》,以晋国赵盾在国君被杀时没有讨伐叛逆,因此记录为'赵盾弑其君';许国世子在父亲生病时,没有先尝药就给父亲服药,致使父亲中毒身亡,故记录为'许上弑父',所以孔子《春秋》有'诛意之法'",该有夫之妇不可轻纵,仍应按"同谋杀夫"罪处罚。

最终,该女子被凌迟处死。[29]

四是起草并"锻炼"向上级官府报告案情的"详文",并在遭上司驳诘时作出解释说明。州县衙门对于那些自己没有终审权的案件,如涉及徒刑、流刑、死刑的案件,在初审后将人犯、干证、卷宗移送上级,即"审转"。审转时必须将案件处理结果,拟定的判决意见等制成一种专门的司法公文,即"申详",递送上级衙门。这时,准备申详就是幕友的职责。在一般情况下,"招供"由被告画押后,所有与该案有关的材料都被送到幕友处,然后由其起草、"锻炼"申详。申详一般分为"据报"(简单回顾报案经过)、"勘验"(勘验现场与检验尸伤的情况,有的还要求画出现场位置图)、"叙供"(剪裁拼凑供词证言)、"审勘"(也称"看语""勘词",即指出此案应引用何条律例,作出何种判决的意见)。申详最重要的是"叙供"和"看语",必须注意"供""看"相符,没有矛盾,以免上司驳诘。而一旦遭驳,回答所有被上司质疑之处以便结案又是幕友的任务。同样,批评、驳回或接受呈报的也是上司的幕友,可以说无论衙门大小、官职高低,实际上都由这些法律专家来履行司法职责。

幕友履行了司法审判过程中所有关键性的程序,但其履行职责的方式全部是暗箱操作的。在纠问式的审判方式中,面对既是警察又是追诉人,更是裁判者的州县官,被诉人已经丧失了法庭裁审中立、平等、不自证有罪等现代司法最起码的审判原则;而端坐大堂的官老爷实际上还是一个"傀儡"。案件的处理是由并不在堂上开审的幕友在幕后决定的。

---

[29] 参见汪辉祖:《续佐治药言》。

这样的体制真是想不产生错案也难！

(一) 听者不判，判者不听

中国古代对于司法审判有"五听"之说，一曰辞听，二曰色听，三曰气听，四曰耳听，五曰目听，审判者以五听所获印象加以定案。五听之道虽然不科学，但强调了审判者直面观察被诉人对于听讼的意义，这也是现代司法强调亲历性的原因所在。在清代，衙门正式审讯的地点，可以是大堂，也可以是二堂，若有关奸情暧昧或涉及地方士绅的案件，则可在二堂两侧的花厅或内衙审讯。一般大堂、二堂审案允许百姓入衙旁听。由于幕友不具有官方身份，因此他不能出庭干预审讯。幕友至多只能在大堂后面旁听审讯，不过绝大多数幕友对这样的堂后听审都不屑为之。很多涉及古代审案情节的戏剧、小说里，常出现官员坐在公案后审案，幕友站在一旁出谋划策的情景。这实际上是一种误会。"幕友不参加庭审"，这当然妨碍了幕友更好地掌握案情，使幕友不可能知悉所有案件细节。而且，幕友据以定案的最重要的口供、证词并不总是可靠的，因为书吏们也许在笔录中故意加以歪曲篡改，或无意遗漏。前面已经提到，作为一种制度设计，刑讯逼供又是合法的。如此前提下，主要依据口供，口供又在幕友并不参与的庭审中获取，由此所作判决是很难符合案件真相的。有为的幕友也看到了这一点，并试图打破这种常规。汪辉祖即常常站在公堂屏风后面，聆听重大案件，至少涉及徒刑判决案件的审讯。他在《病榻梦痕录》里记载了这样一起案件：

> 有同籍逃军口盛大者，以纠匪抢夺被获，讯为劫案

正盗。(知县)刘君迓余至馆,检阅草供,凡起意、纠伙、上盗、伤主、劫赃、表分各条,无不毕俱,居然盗也。且已有蓝布棉袄经事主认确矣。当晚,属刘君覆勘,余从堂后听之,一一输供,无惧色。顾供出犯口熟滑如诵书,且首伙八人无一语参差者,窃疑之。次晚,复属刘君故为增减案情,隔别研究,则或认或不认,八者各各歧异,至有号呼诉枉者遂上不讯。而令县书依事主所认布被颜色新旧借购二十余条,余私为记,别杂以事主原认之被。刘君当堂再给覆认,竟懵懂无辨识。于是各犯佥不招承。细诘之故,盖盛大到官之初,自意逃军犯抢,更无生理,故讯及劫案,信口诬服实,而其徒皆附和之。实则被为已物,裁制者有人。即其本案,罪亦不至于死也。遂脱之。[30]

一起"起意、纠伙、上盗、伤主、劫赃、表分各条,无不毕俱",且赃物已经事主确认的劫案,真可谓事实清楚,证据确凿,未经如汪辉祖者堂后听审,无论如何都不会认为这是一起错案。但当时的"正当程序"恰恰是握有实际判决权的幕友仅凭审讯后的口供定案。盛大等八人被开释,其幸运在于他们遇上了汪辉祖这样喜欢打破常规的幕友。可是这样的幸运又有多少被追诉的犯人能够碰上呢?这一案件可以说最为典型地反映了幕友未经听审就对案件作出处理,其间潜伏着极大的错案隐患。

---

[30] 汪辉祖:《病榻梦痕录》卷上。

（二）裁剪词证，拼凑事实

口供是定案的关键，"鞫狱官详别讯问，务得输服供词"，案件最终结案必须要有案犯认罪的"服供"。为了防止作弊，真实反映案件事实经过，清代法律禁止删改供词。《大清律例》及《六部处分则例》规定：如果卷宗记录的改变引起了刑罚轻重的改变，该官员将罚夺常俸或降级，轻重依案件严重性而定。[31] 但如万枫江在《幕学举要》中所言："删改供词久有例禁，然闲冗处不必多叙，令人阅之烦闷；并意到而词不达者，必须改定；土语难懂者，亦须换出，但不可太文耳。"清代幕学专著《刑幕要略》更称："办案全要晓得剪裁，某处应实叙，某处应点叙，某处应并叙，详略得宜，位置不乱，方为妥当。"但在整理叙供，不可避免地要删改供词，所以有关严格禁止删改供词的法律，在幕友眼里无非具文。

按照当时幕友的普遍看法，办案并不在于强调法律适用于事实，而是以"事实"去凑合法律。律不可改，但事实证据可以为我所用地随意剪裁。只要叙供本身完整，能自圆其说，就可定案。故言"案犹龙也，律犹珠也，左盘右旋，总不离珠"。幕友剪裁证据的要点，根据王又槐在《刑钱必览·案略》中的说法：一是口供要确，所谓"确"，并不完全指事实，而是口供需符合情理，没有破绽。二是情形要合，"情者，彼此之情事也；形者，当日之形象也"。三是情节要明，所谓"情者，两造起衅之由也；节者，此事先后之层次也"。四是针线要清，即"一人如此供，他人亦如此供，如针线之缝衣，任其横直，路数碧清，无不贯串"。五是来路要明，指

---

[31] 参见《大清律例》卷三十七，《六部处分则例》卷四十八。

以上的情节来龙去脉交代清楚。六是过桥要清,过桥是指"凡事先是如此,后则如彼",彼此之间要有自然过渡,使读者不致迷失方向。七是叙次要明,即层次分明,结构完整。

从叙述案情的角度,王又槐的"过桥"无疑是清楚的,但为了让事实凑合法律,或者说为了行文的方便并免遭驳斥,只能通过牺牲案件的真实性来达到剪裁的目的。清朝人亦早已看到了这一弊端,称:"命案止两套,一索久理曲,哗起还殴;一哗起调奸,殴由义愤。笑者谓可刊两板,但填姓名可耳。且死者万分强暴,凶手一味温柔。凶器无不金刃,皆受刃者自备资斧,从无有操刀而来者也!"[32]

除了口供、证词之类要经剪裁,物证、书证、勘验结果也要剪裁,比如,"贼以赃定",盗案中的赃物是定案要件,民间也称"捉贼捉赃"。但除被盗贼挥霍外,清时捕快将赃物据为己有的现象十分突出。王又槐云:"捕役若不克留盗赃,何以养家用度?何以承值衙门?何以交结朋友?何以贿求免比(比,亦称"比较",捕快限期未获盗贼应受的处罚)?而贼犯到官,全仗捕役照应,亦不敢供捕役于没。"[33] 由此幕友对盗赃也多加剪裁,常用"已被挥霍殆尽""卖与过路行人"等含糊的词句予以掩饰,即使有盗犯供称捕役私吞,也一笔裁去。留下的为仅可定案的"正赃"。

对于人命案件中的验尸结果,也要设法剪裁,总的以模糊"浑括"为原则,例如"共谋共殴,伤多人众,伤痕未能一一分认明晰者,不如问'乱殴不知先后',则受伤虽多,不

---

[32] 《折狱奇闻》卷一。
[33] 王又槐:《刑钱必览·案略》。

必分点，有原谋坐原谋，无原谋坐初斗，其余均问余人"。[34]"浑括"的好处当然给案件的处理留下了回旋余地，既可以重罪轻判，也可以轻罪重判。而有的幕友更是伪造"尸格"以出入人罪。如道光二十八年（1848年）张集馨任四川按察使时，遇遂宁县上报胡氏与其姑蒋氏谋死亲夫一案，经审查发现死者遍体并无任何伤痕，实系久患痨病身体极度虚弱，夜遇盗贼入室跌落床前而死。但为免使县令徐钧因辑盗不力而遭参，张姓幕友竟令仵作伪造尸格：上腭红晕，肾囊有伤，系捏伤肾囊致死；同时在严刑下由书吏教令胡氏与蒋氏作如此具供，据此陷胡、蒋二良家妇女凌迟重罪。[35]

经过幕友们的剪裁，案件的口供、证词、物证之类都已高度统一，天衣无缝，"铁案如山"，不可翻覆。所谓错案的真相当然也难于浮出水面了。

（三）依样画葫芦，套用成案

光绪九年（1883年）三月，刑部奏称："臣部核复各省案件，每年不下数千起，而情节相似者比比皆是，不特参观一省之案前与后如出一辙，即合核各省之案，波与此亦多雷同，其所叙供内只寥寥数语，驳之无隙，实移情就案，悉属故套。"[36]

"移情就案，悉属故套"，导致刑部驳无可驳。奏折反映的正是晚清幕友办案中，不惜以牺牲事实真相、扭曲是非为代价，依样画葫芦，套用成案。正如做过刑名幕友的吴炽昌

---

[34] 佚名：《刑幕要略·人命》。
[35] 参见张集馨：《道咸宦海见闻录》，中华书局1981年版，第98—100页。
[36] 《刑部案卷》九十一号。

在笔记小说《客窗闲话·鸾仙》中借一位老师爷之口所说："办案无不叙套,一切留心套熟,则不犯驳伤。"

清代成案与律例具有同等法律效力。朝廷允许使用成案作为判案依据,目的是在"断罪引律令"的前提下,有限制地比附类推,弥补律例的不足。但在司法实践中,幕友们为了使自己所办案件能够一路绿灯,免遭上级衙门驳诘,往往处处参照成案,结果是削足适履,移情就案,牵强附会,千案一面。汪辉祖曾说:办案仅以成案为准,"刻舟求剑,鲜有当者",即使同为盗贼、斗殴,案情也各有一别,正所谓"人情万变,总无合辙之事。小有参差,即大费推敲"。如果案情已明,"自有一律一例适当其罪,何必取成案,而依样画葫芦耶?苟必成案是循,不免将就,增减毫厘,千里误事匪轻"[37]。

依样画葫芦,套用成案所带来的后果主要体现在两个方面:

一是千案一面,造成办案的程式化。如以盗案为例,《刑案汇钞》例举了盗案叙供中这样一份"程式":其法必先将一前后知情之人首先问起……纠约及上盗情形,俱于一人口内,从头至尾,弯弯曲曲,详细供明,则此一案,情节全在目前矣;其余各盗不必如此细叙,只须照依前盗供内摘出本身是何人,于何年月日,至何处齐聚共盗,某某几人……无论多少,尽皆如此,总要跟着第一说,不令繁文之处稍加减省。如此则各盗口供自然一气呵成,再无舛错。幕友们还总结了其他各种案件的办案程式,如此标准模式确实可以使"秉笔

---

[37] 汪辉祖:《佐治药言》。

者省无数之力,复核者一目了然",但其结果是千案一面。正所谓"增减毫厘,千里误事匪轻",刻意使上司衙门不能驳诘,刑案审理程序上的"审转复核"也就失去意义,案件结果只能是一错再错。

二是扭曲是非,掩盖真相,"生死关头如同儿戏"。晚清曾入张之洞幕府的许同莘曾说,幕友"其最究心者,刑名惟命盗两端。然于斗殴杀人,必甲先下手而乙格杀之,为乙罪可以未诚也。于城厢盗劫之案,必县令先期以公事下乡,而倒填年月,呈报备案,为可以稍宽吏议。如此之类,千篇一律"[38]。对于杀人斗殴案,当时的幕友"总说死者先骂,凶手回殴,死者先行扑殴或用刀戳,凶手回殴回扎回戳,并夺刀吓扎等语——百案如同一辙"[39]。时人葛士达曾以为"每见官幕二者或方其时似若无甚关系,不及数年而死因相继,身罹惨报,备诸若毒,宛转呼虎,活现地狱,变相甚且殃及子孙,虽不必指其姓名而所阅者不止一二人。天道昭昭,近在咫尺,膺牧民之任与夫幕中人可不加之意哉"[40]。葛士达尽管是从为免遭报应的角度要求官幕二者应多加思量,费心推敲,务期罪罚得当,但其所反映的官幕二者"或以糊涂瞻徇而误入人罪,或以深刻曲笔而枉滥杀人",确实非常深刻。

---

[38] 许同莘:《公牍诠义》。转引自高浣月:《清代刑名幕友研究》,中国政法大学出版社 2000 年版,第 89 页。

[39] 葛士达:《审看论略》。转引自高浣月:《清代刑名幕友研究》,中国政法大学出版社 2000 年版,第 88 页。

[40] 同上书,第 90—91 页。

三、幕帮之间上下串通，相互回护，把持衙门司法大权

前文曾提到的官官回护问题，其中一个非常重要的因素还是幕友。可以说幕友之间的招聚徒从、盘根错节是官场相互回护的一个非常重要的原因。

一般认为，绍兴府是清朝出幕友最多的地方，因此，民间俗语往往直接以"绍兴师爷"作为幕友的称呼。作为古越国腹心之地的绍兴府，自东晋开始即成为全国著名的文化中心。道光《会稽县志稿·风俗志》称："晋迁江左、中原衣冠之盛咸萃于越，为六朝文化中心之薮。高人文士云合悬从，遂为江左之冠。唐时文雅不替，风流翰墨昭炳相接。"清代王先谦任浙江学政时，称："天下通才，浙省最盛。"由于这一地区教育普及程度高，读书人多，而政治上朝廷又刻意压制包括绍兴府在内的江南士大夫集团势力，因此，科举高官者众多，相对被淘汰者比例更高。[41] 既然入仕做官的机会很少，很多读书人只得放弃或暂停举业转而学幕，走替人佐治的道路。早在明代，科举落第的绍兴读书人，已盛行做衙门书吏。[42] 到清代，此一地方优势自然而然地成为造就大批"师爷"的基础。不能完成功名举业的读书人，许多改从幕

---

[41] 清朝官方规定全国总生员数额与总人口比为1.8‰，但江苏为1.4‰，浙江1.7‰，江西1.5‰，安徽1‰，与各省相比，不仅低于京畿之下直隶的2.3‰，也低于全国其他富庶地区如广东1.9‰、四川1.9‰，更比不上边远省份的云南6.3‰、广西3.7‰、贵州4.7‰。参见张仲礼：《中国绅士——关于其在19世纪中国社会中作用的研究》，李荣昌译，上海社会科学院出版社1991年版。

[42] 明人王士性在其所著《广志绎》中说："山阴、会稽、余姚，生齿繁多，本处室庐田土半不足供，其儇巧敏捷者，入都为胥办，自九卿至闲曹细局，无非越人。"

学，从而形成"绍兴师爷"遍及全国的局面。当然，近人也有认为关于绍兴幕友的流行观念似乎夸大了，除了少数个案外，关于幕友籍贯的实际地理分布我们很少知道。[43] 据19世纪的一项调查报告说，在广东省大约有一半幕友是本省居民。[44] 而清代的山东、四川、江西、江苏、安徽等省也都出过不少"名幕"，清代幕学著作的作者有绍兴人，也有江苏人、山东人、四川人。[45] 但不管怎么说，吴越之地是全国各衙门师爷最主要的供给地应为不争的史实。

　　幕友如此鲜明的地域特色，使得他们在同乡关系之外，往往还是同年、师生、亲戚、好友。由此基于强烈的乡情意识往往互相提携，互为党援，互通声气，形成一个个地域性的师爷帮。李鸿章曾说，"吾庐英俊，多从游者"，从游者即游幕者、幕友。淮军幕府多聘皖籍入幕，皖籍比例最高。李伯元在《文明小史》中曾写道："原来那绍兴府人有一种世袭的产业，叫做作幕。什么叫做作幕？就是各省的那些衙门，无论大小，总有一位刑名老夫子、一位钱谷老夫子。说也奇怪，那刑钱老夫子，没有一个不是绍兴人。因此他们结成个帮，要不是绍兴人就站不住。"在清朝，由于刑名幕友和钱谷幕友关系着地方行政职能的最关键部分，一个即将被任命的官员，往往会在候任期间或到任前积极寻找称职的人选。于是，上级官员的幕友往往会向新的州县官推荐自己的同乡、

---

　　[43] 参见瞿同祖：《清代地方政府》，范忠信、晏锋译，法律出版社2003年版，第183页。

　　[44] 参见邓承修：《语冰阁奏议》卷五，第5页。转引自瞿同祖：《清代地方政府》，范忠信、晏锋译，法律出版社2003年版，第184页。

　　[45] 参见郭建：《师爷当家》，中国言实出版社2004年版，第40页。

学生、朋友担任幕友，一些州县官也乐意接受这一推荐，希望通过这个途径与上级衙门建立密切联系，以防止呈公文被拒收。[46] 还有，虽然被清律禁止，但上级官员也会向下属推荐幕友，对此，下级官员是不会也很难拒绝的。[47] 某御史曾提到广东的一个事例：广东巡抚的一位幕友，安排其亲属和弟子在其他府县担任幕友，而类似情况在江西、贵州等都有发现。同省的各个衙门担任幕友的都沾亲带故，《宣宗·清实录》就有不少这方面的记载。[48]

  幕友之间这种盘根错节的关系，为他们互相回护、把持衙门结成了一张网。瞿同祖先生在《清代地方政府》一书中写道：常常有幕友被指控与本省其他衙门的幕友拉帮结派以确立自己的地位，抬高自己的声望，扩大自己的影响。光绪初年，江西一个叫高隆谦的幕友盘踞江西府署十有余年，凡府州县署中刑钱两席，非高隆谦所荐，未敢有延请者，该省劣员多半交通该幕，以为夤缘。如"素善钻谋"的总兵江宗良，曾以重金贿该幕关说，得派陆军统领差事。高隆谦的胞弟高隆谦改换父名捐指江西知县，甫一到省，就屡获优差。知县孟庆云，系高隆谦的至戚，曾经在丰城任内亏空银两万余两，经该幕上下其手，巧移填抵，并派令知县王懋宝"帮缴交代银八千两，方行接署斯缺"[49]。另一广西劣幕朱文炜，盘踞臬司、首府两席，专擅近二十年，其"把持阴险，权重

---

  [46] 参见瞿同祖：《清代地方政府》，范忠信、晏锋译，法律出版社2003年版，第179、180页。
  [47] 同上书，第179页。
  [48] 同上书，第188页。
  [49] 朱寿朋：《光绪朝东华录》，中华书局1958年版，第1403页。

势归，广通声气，四布党徒"，每遇府厅州县莅事之初，必经过该幕荐引，所引荐者非其门生，即其亲友。且无论胜任与否，一经关说，地方官都不敢稍违。以致常有身受重聘，而即使寻常案件，亦不能办者。在当时官场上，竟然出现了不畏上司而畏幕友的现象，原因是上司未必久任，幕友则永无更也。此外，地方官甚且恃朱文炜为奥援，赖其弥缝，上下相蒙，讳命讳盗。[50]

道光十五年（1835年）进士，曾长期在地方衙门担任刑名幕友，又于六十四岁时任江西新余知县的包世臣言：

> 近日外省院司幕友甚至有盘踞数十年，接连七八任者。其弊由于督抚两司首府同在省城，官虽互相监辖，幕则连为一气，一处换官，则三处之友并力引援，偶有生手参错其间，则三处并力倾轧，必使之仍延旧友而后止。该幕友皆住家省内，年深月久，院司书吏奔走其门，通书递息，曾无间隔，且每遇案件，援意书吏先查成案，且禀请示，幕友即于该书禀上批"唯更"，迭加批驳，俟该书再三援案禀辨，仍复准其原禀。在本官见幕友批驳该书，以为秉公，不知该书实先受幕指以为腾挪日期，外间议增贿赂之地……该幕等根深蒂固，招聚徒从，荐与府县，管理刑钱重务。府县知延其徒从则公事顺手，并可借为关通。外省吏治之坏，多由于此。[51]

---

[50] 参见朱寿朋：《光绪朝东华录》，中华书局1958年版，第2730页。
[51] 包世臣：《安吴四种》卷二。

第五章　幕友的"锻炼"与幕帮的回护

幕友的上下串通、互相勾结，朝廷并非不知。《大清会典事例》即指出："上司幕宾往往借端出入，与各官往来款洽，串通信息。又或荐引幕友入于下司之幕，讲求年规，遇事则彼此关照，作弊营私，高下其手。"[52] 基于这种现状，清代几乎历朝统治者亦都下令严查。《六部处分则例》"稽查幕友"条规定："道府州县官幕友现成藩臬两司严加察访，一有互相勾结，徇私舞弊情事，即行揭报题参，将该道府州县分别纵容、失察照例议处"；"上司勒荐幕友、长随，许属员据实揭报，亦革职私罪"。[53] 但是在腐败的吏治之下，这样的规章和申饬徒具雷声而难见雨点。

---

[52]《大清会典事例》卷九十七。
[53]《六朝处分则例》卷十五。

第六章　衙蠹的贪婪与衙门的放纵

　　杨乃武与葛毕氏一案之所以形成冤案，始因在于验尸结论的错误，刘锡彤当然是始作俑者，但此中仵作沈祥与门丁沈彩泉所起的作用则是十分明显的。我们来看当时尸检的经过：刘锡彤"午刻带领门丁、仵作亲诣尸场相验。彼时尸身胖胀已有发变情形，上身作淡青黑色，肚腹液积起有浮皮疹泡数个，按之即破，肉色红紫。仵作沈祥辨验不真，因口鼻内有血水流入眼耳，认作七窍流血。十指十趾甲灰黯色，认作青黑色。用银针探入咽喉作淡青黑色，致将发变颜色误作服毒。因尸身软而不僵，称似烟毒。门丁沈彩泉惑于陈竹山之说，谓烟毒多系自行吞服，显有不符。因肚腹青黑起泡，称系砒毒，互相争论。未将银针用皂角水擦拭。沈祥不能执定何毒，含糊报服毒身死"。

　　刑名之重，莫若人命。一次本应十分慎重、"经心"的尸检，在门丁的瞎掺和下最终被仵作含糊报验。正常的因病致死变成了服毒身亡，杨案正是在这一十分荒唐的尸检结论下与事实真相渐行渐远。虽然葛品连中砒毒而死的结论最后是由刘锡彤作出的，但显然可以看到仵作和门丁所起的作用。清代司法弊案、冤案丛生，包括仵作、门丁在内被称为"衙蠹"的书吏、衙役和长随可以说是"功不可没",杨乃武案仅仅是缩影而已。

一、清代衙门中的衙役及长随书吏们

在清代,仵作是一个十分令人费解的角色。作为相当于现代司法意义上的法医,他们应是具有高度专业化的技术及丰富实践知识的专家,其检验结论决定着案件的性质和审理(侦破)方向。即使在审理程序中,仵作扮演的仅仅是一个职业验尸员的角色,但按要求他也必须具备某些基本的技术素养,至少必须能阅读和援引作为仵作指南的《洗冤录》。《大清会典》和《大清通考》均规定,作为仵作的备选人,见习仵作应当人手一册《洗冤录》,跟随刑房书吏学习,每年由知府或直隶州知州进行考试。[1] 有奏折亦明确指出,仵作必须经过一段时间的训练,才能掌握必要的技能。可以说仵作应是专业技术人员,其工作性质在当时亦十分重要。但奇怪的是他只是一个社会地位非常低的衙役。他与皂隶、马快、捕快、捕役、禁卒、门子等其他衙役均被法律贬入贱籍,列为"贱民",其地位仅相当于妓女、奴婢或戏子。他们是"负权利"阶层,被禁止参加科举考试及进入官场。法律规定如该阶层任何人参加科举考试或谋求官衔都将受到斥退并杖一百的惩罚。他们的子孙也同样被剥夺权利,如有"交易姓名""侥幸出身""冒考冒捐"的,"照违制律杖一百斥革"。[2] 清历朝对此法都执之甚严,直至光绪二年(1876年)仍然规

---

[1] 参见《大清会典》卷五十五,《大清通考》卷二十三。
[2] 《大清律例》卷八,《学政全书》卷四十三。

定:曾为衙役养子的民人,即使其归宗之后也仍不得捐考,"如本实系身家清白,其子孙准其报捐考试"[3]。

不仅社会地位低,而且仵作从官府所获得的收入也微薄到令人难以置信的程度。据瞿同祖先生考证,仵作的薪水与其他衙役一样,在大多数地区大约为年薪6两银子,仵作学徒得到的年薪又少于正规仵作,仅有2—3两银子。唯一例外的是山东,该省仵作可获取的年薪是11.21两银子,系其他衙役的一倍。[4] 山东仵作的报酬也许体现了仵作不同于一般衙役的专业技术特性。但这点薪酬对于仵作及其家庭生活意味着什么呢?按照当时的生活水平是"应领工食皆不足以敷口"[5]。平均起来仵作每天的薪酬为2—3文钱,这点钱仅可供夫妻两人每天吃一顿饭;如果是独身一人,尚不能满足一日三餐的最低需求。因此方大湜评论道,这样的收入几乎不足以糊自己的口,更不必说养家了。[6]

以如此低的社会地位和如此少的工食薪酬,显然难以吸引有才智的人选择这一职业。[7] 晚清担任仵作者多素质低劣,其验尸技术也鲜有精湛者:"斗殴事件验报伤痕,尚恐未能了了,一遇相验尸躯,欲于伤痕上之圆长阔狭颜色分寸间,辨为何械所殴,因何处致命,类皆游移无吉,设有检骨重案,更鲜把握。"[8] 从光绪二年十二月十六日(公元1877年1月

---

[3]《大清会典事例》卷三百八十六。
[4] 参见瞿同祖:《清代地方政府》,范忠信、晏锋译,法律出版社2003年版,第107、108页。
[5] 裕谦:《勉益斋续存稿》卷五。
[6] 参见方大湜:《平平言》卷二。
[7] 参见姚德豫:《洗冤录解》。
[8] 徐栋辑:《牧令书》卷十九。

29日)刑部尚书皂保等因葛品连尸检事给皇帝的奏折中可以看到,当年葛品连的尸棺提到京城后,为复验尸因,刑部选调仵作,直隶省竟"并无素谙检验之人"。[9]

面对这样的既非医科专家,又缺乏验尸知识和技术,而且还经常收受贿赂的仵作,按理州县官不可能依靠他们,而是必须严密监视他们的工作。一些有经验的官员就警告州县官们不要躲避尸体发出的可恶气味,而应该亲自动手查验,还应将被指认的凶器与伤处对照,以确保仵作的报告是正确的。清律还要求在填写验尸表单前,州县官必须亲自查验仵作报告的所有现场发现。[10] 对于仵作的不全面、不正确甚至虚假的验尸报告失察不纠的州县官,将罚俸一年或降职一二级,并杖六十。如果错误的勘验结果导致对杀人嫌犯判刑的加重或减轻,州县官将与仵作一起按失出或失入之律处罚。[11] 然而,绝大多数记述反映,州县官都力图避免接触尸体,他们只是坐在远远的地方,而将验尸之事完全交给仵作。他们仅仅根据仵作所报称的检验发现逐一登记在表格上,然后要求仵作签押,具结保证没有疏漏和虚伪之事。[12]

在杨乃武案中,仵作沈祥可能确实因为缺乏验尸的知识和技术而错误地认定葛品连系服毒身死。因为我们并没有看到仵作有受贿的记录。可是,这与因贿而造成错误的结论又有何区别呢?一项需要有高度专业化的技术知识及丰富实践

---

[9] 参见王策来编著:《杨乃武与小白菜案真情披露》,中国检察出版社2002年版,第92页。
[10] 参见《大清律例》卷三十七,《大清会典》卷五十五。
[11] 参见《大清律例》卷三十七。
[12] 参见《福惠全书》卷十七。

经验的工作，在地方官员本身缺乏法律训练和经验积累，又疏于监督检查的情况下，或是因为仵作的才短智缺，或是因为仵作的收受贿赂，得到正确勘验结论的希望是渺茫的。对于刘锡彤来说，刀劈火烧、绳勒水溺致死的尸身检验可能并无多大困难，但葛品连给他出的难题，使得查清案件的事实真相开始就成为一个很难完成的任务。也许这样的任务，只有在谕旨亲下后于刑部、在海会寺才能完成。但又有多少人能经受如此多的折磨，又能如此幸运呢？

再说门丁。门丁又叫司阍，他与稿案、用印、值堂、书启、管厨、跟班等都是官员私人雇用的仆役，统称"长随"。除了管厨、跟班等以外，其他所有长随与官衙公务都有这样或那样的联系。所谓"非在官之人，而所司皆在官之事"[13]，他们所涉事务一般服务于三个目的：一是协助日常公务处理以减轻官员负担；二是协调衙门里书吏与衙役之间、幕友与书吏之间、幕友书吏衙役与官员之间的活动；三是监督衙门里的各类雇员。这是由于长随或原系家仆，或来自亲戚、朋友、同事乃至上级官员的举荐，因此官员通常将他们视做可信赖的人。特别是州县官，当他初来乍到任职之地时，对于当地情况知之甚少，不可能相信作为本地人的书吏和衙役，但又不得不信赖他们履行日常的行政职责。而且他也意识到自己无法真正控制和监督本地书吏和衙役，这种情形从制度层面上显然对官员的威胁极大：或者使辖地百姓成为书吏衙役们奸贪不法的受害者，或者使州县官本人自食对下属失察的苦果。在此情况下，以长随来督察书吏和衙役无疑是最佳

---

[13] 徐栋辑：《牧令书》卷四。

的选择。于是，长随不仅仅是可信赖的助手，而且成为耳目和心腹，他们自己似乎也清醒地认识到了自身的这一亲信地位，而将书吏们视为低人一等的"奸胥"。

蠹役成群

门丁的职责主要在于：传宣长官命令、传递进出公文、接待来访宾客、稽查家人出入等；在诉讼程序中，则负责案前的准备工作和案后的善后事宜。如在州县衙门，由门丁接受诉状，并交幕友拟写是否受案的"批词"，如果有人在衙门大门口击鼓申告要求问审，门丁就要负责询问原由，查看是否有诉状，对案情严重的，州县官就要被请出来升堂审理该案，并签发拘捕凶嫌的捕票。假如有杀人案的举报，门丁就要在确认之后迅速呈报州县官,并通知刑房书吏、仵作和其他衙役升堂,并在确定的勘验日期做好一切必要的准备。在每一个审案日的清晨,门丁负责查点当天应当听审的案件名目,召集书吏和衙役,并检查证人和其他须出庭受审的人员是否已经带到衙门,以确保审判正常进行。在确认所有须出庭受审人员到齐后,列明"到单",表明原、被告两造和证人均已到堂,将案卷交值堂。等值堂请示长官确定升堂时间和审案顺序后,通知书吏、衙役升堂,在衙役依令将自己看管的人犯(证)带齐后,启请长官升堂。门丁还要与稿案负责记录原、被告姓名、主办案件的书吏和衙役姓名,以及与审判相关的情况,他们还有责任提醒州县官签发捕票,提示刑房书吏给承办命盗案件的衙役立下限期结案令状。结案后,案卷亦由门丁交书吏归档。他还负有监管在押人犯的职责。

可以看出,门丁在衙门中的地位是非常特殊的,放在现代法院,简直就是兼立案庭长、审管处处长、法警总队长于一身。因此有学者称门丁为"官员的心腹、耳目,是官衙、官宅的咽喉"[14]。但也正是门丁,对于清代的吏治起过极坏的作用。汪龙庄说:"官声之玷,尤在司阍";又有人论道:"吏治之坏,半由于此"。[15] 他们常常倚势弄权,贪婪营私,或索要门包,刁难来客,或沟通用印,伺机舞弊,或于内外之间作梗,延滞公文往来,有的还蒙骗长官,无所不为。

由于所有文件和报告都必须通过门丁传递,所以他在应付各种情况及滥用职权上就有着得天独厚的便利条件。门丁

---

[14] 李乔:《清代官场图记》,中华书局2005年版,第44页。
[15] 转引自李乔:《清代官场图记》,中华书局2005年版,第44页。

常常由于未得到陋规钱而故意拖延分发文书和捕票。另一方面，书吏和衙役也常抱怨，由于门丁从中作梗，他们上交的报告没有交到州县官的手中。衙役带被告和证人到衙门候审时，若向门丁交纳的陋规钱数不能令他满意，门丁就常常借故证人不全，拒绝向州县官禀报。曾在广东任知府的刘衡记述了这么一则实例：

> 本府前在广东，曾见一县奉文缉一要犯。选差（役）勒限悬一千圆，差于限内获犯解县。门丁李某令差且押犯私馆，语官云："犯已远扬，增三千圆则可。"官不得已，许二千圆，仍不得犯。欲比差，则门丁匿差，且为缓颊。竟如数予三千圆始将所获之犯交出。[16]

长随们最常用的伎俩就是博取官员的好感，用高明的手段蒙骗他，假意忠诚以取得信任。精明能干如汪辉祖者，乾隆五十一年（1786年）获任湖南宁远县知县，翌年赴任后，任用他的一个老资历的长随做门丁。这个门丁给他的印象是为人敦朴，在行政事务上谨小慎微，所以当有人控告这名门丁行为不轨时，汪辉祖根本不相信，不理睬。直到一年后，该门丁的罪行败露时，他才知道真相。[17] 刘衡坦承自己不能管束门丁，他曾尝试取消门丁处理公文及向书吏衙役传达命令的职能，但被视为例外和不方便，极少有官员仿效。相反，官场中流行的是新进入官宦生涯的州县官必须有一个称心的

---

[16] 刘衡：《庸吏庸言》。
[17] 参见汪辉祖：《学治臆说》上。

门丁。但由于控制门丁困难，如果官员倚信自己的门丁，再想通过门丁来控制书吏衙役几乎不可能。[18]

当然，由于官场本身的腐败，官员不依律令办事，并被人捏住违法把柄的事司空见惯。因此，一个贪狡的门丁可以利用这一点与官员保持亲密关系，使他们容忍其不法的行为，假如某个州县官本身就是个贪官，特别是如果因为指派某项差事而从门丁那里收受了贿赂，两者就更容易接近了。在这种场合，门丁很容易贪赃枉法。实际上官员与长随之间为了共同利益往往相互勾结，狼狈为奸。正如方大湜所说，长随是官员不可或缺的贿赂中介人。[19]

如果说衙役、长随对于清代司法弊案、冤案丛生"功不可没"，与衙役、长随相比，书吏更可说有过之而无不及。所谓"胥吏与清朝共天下"，书吏在清朝官场上是非常活跃的。清代史学家、乾隆时人邵晋涵说："今之吏治，三种人为之，官拥虚声而已。三种人者，幕宾、书吏、长随。"[20] 可见书吏在清朝官场中的作用之重要。他虽然不是官，只是官员手下的办事人员，但他起的作用远比长随、衙役大，有的甚至操纵权柄，挟制官员，横行官场。在讨论书吏的实际权力时，鲁一同曾作过如下评论："胥吏犹未可遽减者，何也？官不亲事，事不在官也……催科问胥吏，刑狱问胥吏，盗贼问胥吏，今且仓监驿递皆问胥吏。"[21] 有些场合，书吏的话比官员的

---

[18] 参见刘衡：《庸吏庸言》。
[19] 参见方大湜：《平平言》卷二。
[20] 李乔：《清代官场图记》，中华书局2005年版，第37页。
[21] 《通甫类稿》卷一。转引自瞿同祖：《清代地方政府》，范忠信、晏锋译，法律出版社2003年版，第75页。

话甚至更有权威。冯桂芬曾说:"州县(官)曰可,吏曰不可,斯不可也。"[22]

对于清代政治,包括司法审判而言,书吏的影响是恶劣的,其执例弄权,舞文作伪,敲诈索贿,由此而被称为"蠹吏""衙蠹""书蠹"。清沈起凤《谐铎·祭蠹文》讽刺道:"胥吏舞文,谓之衙蠹","借文字为护符,托词章以猎食,皆可谓之书蠹"。"彼,刀笔小吏,案牍穷年。窃尔生平之字,辄舞文而弄权。"书吏们都极为狡猾,此所谓"随你官清如水,难免吏滑如油","清官难逃滑吏手"。正如有的地方官所言,他们仅为求利而来,不会被仁慈感动。因而有人说应把他们视为"奸吏"严加提防。[23]《钦颁州县审宜》为此特别忠告,州县官不应让自己的外在言行显露出自己的真实态度;不应对书吏有笑脸,因为那可能会被书吏们理解为鼓励的信号。

二、当差服役的共同目标:贪赃枉法

无论书吏、长随还是衙役,对于他们的评价总体是否定的。清李伯元小说《活地狱》开门见山即称:尽管不能说没有诚实的官员,但却可以说很少有善良的书吏和衙役。由于逐利的共同性,书吏、衙役与长随经常相互勾结。例如在书吏与衙役之间,一方面,因为书吏负责检查监督衙役,负责报告其未在规定期限内完成差事的情形,所以衙役们很显然

---

[22] 《校邠庐抗议》上。转引自瞿同祖:《清代地方政府》,范忠信、晏锋译,法律出版社 2003 年版,第 75 页。

[23] 参见徐栋辑:《牧令书》卷一。

需要书吏的合作以躲避责罚。尤为重要的是，由于书吏们掌管着文书案牍，特别是传票、税据，所以他们的入伙在绝大多数贪赃枉法中是必不可少的。另一方面，由于衙役有机会与老百姓直接接触，所以他们经常为书吏们做中介。例如被派差出去为现场勘验提前做准备的衙役通常会与刑房书吏进行私下交易。广泛的贪赃只有在掌管文书案牍的人与执行传唤逮捕的人密切合作的前提下才有可能。对于长随来说，他需要依靠书吏和衙役才能办理公务。也要从书吏、衙役那里捞取外快。作为回报，长随对书吏、衙役的贪赃枉法坐视不管。换言之，长随将书吏、衙役视为自己的代理人，而书吏、衙役则将长随视为自己的庇护者。[24] 例如在诉讼中长随和书吏、衙役常常狼狈为奸，偷窃供词、证词并替换或参改其中部分内容。官员视为心腹的助手实际变为书吏、衙役的同谋。由此，有位县官在一本叫《署规》的条规中规定，禁止长随与书吏衙役交游、饮酒和赌博，并进一步警告他的长随，不要在任何事件中与书吏和衙役勾结企求不法利益。[25]

前面已经提到，衙役、长随地位极低，在法律上均被归入"贱民"，而且他们的合法收入都少得令人难以置信，"应领工食皆不足以敷一口"。而书吏尽管"身家清白"，非出身于"贱民"，具有正常的法律地位，但据《清朝文献通考》，直隶省《赋役全书》等史料记载，在清初书吏们尚可以"饭食银"名义获得的薪金，自1662年始因军事征伐耗尽国库后，这一点薪金也被取消了，全国各地的情况大致相同。也

---

[24] 参见刘衡：《庸吏庸言》。
[25] 参见汪辉祖：《学治一得编》。

就是说书吏为衙门服务也是没有报酬的，更有甚者，他们还不得不自备办公用具——毛笔、墨汁和纸张等。因此，无论从书吏、衙役的社会地位还是经济收入来看，这种职业皆应是为人所不屑的。但实际情况恰好相反，整个清代，各地衙门书吏、衙役的名额常常爆满。晚清以降，各地书吏与衙役的数量更是超过了历朝。

下面让我们看看四川巴县衙役人数的有关状况[26]：

晚清四川巴县衙役人数表 （单位：人）

时间	民壮帮役	快班帮役	捕班帮役	裁汰白役＊	合计
道光二十九年（1849年）	—	—	—	—	43
咸丰五年（1855年）	4	38	42	56	140
光绪二十七年（1901年）	20	260	120	249	649

＊白役：衙役私自雇佣的助手。

上表的数字实际上仍大大低于实有数。光绪元年（1875年），据四川按察司访闻"著名繁剧之缺，差役多至数千名，即事简缺分亦皆有数百名之多"。天津县县署家丁、书吏、差役之众，"所用不下三千人"[27]。从全国的状况来看，据经君健先生的考察，到光绪年间，全国府、厅、州、县共计1519处，如以大中小平均每处衙役、白役600人计算，全国共计

---

[26] 参见李荣忠：《清代巴县衙门书吏与差役》，载《历史档案》1989年第1期。

[27] 朱寿朋：《光绪朝东华录》，中华书局1958年版，第5004—5005页。

近1000万人。督抚衙门以及中央机构所属尚不在内。[28] 衙役队伍之庞大，可谓前所未有。

书吏、衙役人数增长率之高，虽然有政府机构庞大臃肿与办事效率低的一面，但另一方面，也说明其作为一种职业有着巨大的诱人之处。有些殷实之家的成员为保护家财、逃避徭役等目的而占据一个挂名书吏或挂名衙役的名额。[29] 而且大多数人是自愿甚至多方钻营成为衙役，"由良入贱"的。这看起来似乎有点奇怪，实际上却一点也不难理解，因为借胥役的实权可以从中牟取巨额的经济利益。英国学者S.斯普林克尔就说："虽然这些杂役的报酬不算高，但这些职位却打开了别的生财门道，尽管每个人都不免瞧不起他们，但穷人都争抢着这些差事。"[30] 有位知县曾经说过："至若书差本皆无禄之人，亦有家室之累，其供奔走而甘鞭朴者，皆以利来。以家口待哺之身，处本无利禄之地，受不齿辱贱之刑，而甘如荠者，固明明以弊为活也。"[31]

书吏、衙役与长随的主要收入来源首先是类似于州县官的"陋规费"，即"例费"。诉讼程序中的陋规费名目繁多，种类庞杂。有些是各自独享，但大多数是由书吏、衙役与长随共享的。事实上，他们收取陋规费的整个模式，不过是在

---

[28] 参见经君健：《清代社会的贱民等级》，浙江人民出版社1993年版，第127页。

[29] 参见瞿同祖：《清代地方政府》，范忠信、晏锋译，法律出版社2003年版，第105页。

[30] 〔英〕S.斯普林克尔：《清代法制导论——从社会学角度加以分析》，张守东译，中国政法大学出版社2000年版，第55页。

[31] 《不慊斋漫存》卷五。转引自瞿同祖：《清代地方政府》，范忠信、晏锋译，法律出版社2003年版，第113页。

较低级标准上重复着各级官员的所作所为。陋规费在各级官府——从京师到地方——都是不可动摇的惯例，人们已经接受其作为行政制度的一个必要特征。政府不可能指望书吏、衙役和长随们只做事不拿钱。[32]

首先是"挂号费"和递交诉状费（"传呈费"）。然后，原告必须交费以求得一个"批"（即州县官就受理或拒驳该案诉讼所作的批示），此费称为"买批费"。因为通常诉讼程序要求在诉状的末尾有官员批示作为案件受理标志，而且，在诉状呈递上去后，写批语要花很长时间，所以书吏、衙役们可以向原告索取催作批语的酬金。此外，书吏们开列涉案人名单要收取"送稿纸笔费"或"开单费"；衙役向被拘捕或被传唤的人索要"转钱"或"鞋袜钱"、酒钱、饭钱、车船驴马费。无论原告还是被告都要收取的陋规费，包括以引带到庭听审为由而收取的"到案费"或"带案费"，以及在州县官升堂问案时书吏、衙役们的出庭费（"铺堂费"或"铺班费"）等。两造还必须承担进行现场勘验所需的费用（在涉及田土疆界争议的讼案中，称为"踏勘费"，在命案中杀人嫌犯承担的"命案检验费"），诉讼终结费（"结案费"），以及两造间达成和解协议时的撤案费（"和息费"）。初审定罪的囚犯还须支付"招解费"，以求被带往上一级衙门重审。[33]

陋规费仅仅是书吏、衙役与长随们收入来源的一部分，各种形式的贪赃才是他们的目标所在。他们往往"串通一气，

---

[32] 如书吏自备的办公用具，捕役自己支付告密报信者的酬金，自己的差旅费以及案件审结后的囚犯押解费用等。

[33] 参见李荣忠：《清代巴县衙门书吏与差役》，载《历史档案》1989年第1期。

贿嘱门丁，欺瞒本官，勾连讼棍，力能把持颠倒"[34]，通过操纵诉讼过程，欺上瞒下，非法榨取更多财产。衙蠹们"偶遇乡人涉讼，不论是非曲直，先揣其肥瘠，量其身家，自初词以及完案，刻刻要钱，务厌其欲而后已，否则事难了结"[35]。1736年乾隆在一份诏书中感叹：

> 故有狱讼尚未审结，而财耗于若辈之手，两造已经坐困矣。[36]

可以看出，诉讼的每个环节涉案者都难以逃脱书吏差役的盘剥。如告状首先要去官代书处写状纸，按照地方官的规定，"代书戳费，量立限制听取一二百文"[37]，但实际上，官代书于每张呈词，有索取"至千余文者"[38]。状纸写毕，要由差役传递至官，这时又需交传呈费。如在清末浙江嘉兴地区，"民间遇有控案，无论原告、被告，概须先交内费洋元，必议至数十元之多，方能将呈词递上。迨至出签提讯，外而差役，内而家丁，亦非交费不行。家丁藉差役为钓饵，差役恃家丁为护符。不满所欲，朋比威吓，百计作祟。两造曲直未分，而原、被告已不堪其扰"；书吏则依据收贿多少而决定办案难易，只要送给了足够的贿赂，他们就立即"暗中传递

---

[34]　丁日昌：《抚吴公牍》卷三十六。
[35]　《申报》1886年9月28日。
[36]　《清实录·高宗》卷二十一。
[37]　丁日昌：《抚吴公牍》卷二十九。
[38]　丁日昌：《抚吴公牍》卷三十六。

呈词,批示无有不准,签差无有不速"[39]。同治年间,江苏沭阳县一耿姓人家被劫,因为耿家家资尚且充裕,衙役即多方勒索,事主耗费巨大。而该县每"下乡相验,向系犯事家出钱,或多或少,视其家之肥瘠,同庄如有殷实,无不牵做干证,乡曲小康之户,颇不聊生"[40]。汪辉祖说,他在乡居为百姓时,曾亲见许多家庭因衙役而亡破。他说持堂签的衙役凶恶如虎狼,被传唤者常于到公堂前已经倾家荡产[41]。甚至有两造自愿息讼和好,公同递呈,谓之"和息"的,有"不肖州县,一味调剂门丁,不准当堂面递和息,间或拦舆哀求,辄将和息呈掷之于地,而门丁之权从此愈重,和息之费则必取盈,两造畏其拖累,有破产倾家而求其息事者"[42]。

书吏、差役狼狈为奸的状况不独州县如此。丁日昌曾说:"州县不了之案,或经上司委员提省提府,或经委员会审,则此案更不得了,何者?委员未到之前,原被告又经兼受委员门丁差役之需索矣。"[43]这种情况是极为常见的。如光绪初年在贵州,"发审局承问各案,人证投到","往往被差役等搁压需索费资至百余两、一二百两不等,甚有到省数月不得投到者,以致局中委员无从得知,愚民莫由申诉,拖累贻害,日久相沿,殊堪悯恻"[44]。这样,诉讼者每"多经一道衙门,即多一层转折,更多一番需索"[45]。最高至刑部者也莫不如

---

[39] 《嘉兴县严行察办命盗案晓谕碑》(光绪十三年)。
[40] 丁日昌:《抚吴公牍》卷三十六。
[41] 参见汪辉祖:《学治说赘》。
[42] 朱寿朋:《光绪朝东华录》,中华书局1958年版,第840、841页。
[43] 丁日昌:《抚吴公牍》卷八。
[44] 黎培敬:《黎文肃公遗书》卷五。
[45] 丁日昌:《抚吴公牍》卷二十八。

此，刑部书吏总是盼着外省发生大案，到时定有贿银可捞。《二十年目睹之怪现状》就有描写刑部书吏受贿枉法的情形。

命盗案件，历来为朝廷眼中的大案要案，可是为了索取钱财，书吏、衙役不惜制造假案冤案。如在有的盗窃案件中，捕役甚至指使被捕的盗贼诬指无辜者，或诬指他们收受或购买盗赃，或诬指他们是盗案的同谋。这是一种将更多的人扯进案子的伎俩，曾被称之为"贼开花"，意为一家遭贼，四邻遭殃，捕役以此寻找更多的勒索钱财的机会。即使有的被诬者后来被释，他们的钱财也已经要不回了。[46] 在一些人命案件中，据记载，不仅凶手或嫌犯之家常被弄得倾家荡产，甚至居住在现场二三十里以内的富户都成了敲诈目标。如果这些人家不愿出钱，那么就会被诬告扯进该命案。[47] 当一桩杀人案件告到官府后，提前到达现场搭草棚、为现场勘验做准备的衙役们，除了为自己向嫌疑人索要苦力、马匹、饭食等种种陋规费以外，也常常为仵作介绍或索取贿赂。他们"或问尸亲需索船饭钱文，或向保邻讹诈尸场使费……稍不遂欲，即窜名其中，任意拖累，几至倾家荡产"[48]；有的书吏为索取贿赂，竟至放手作奸，或偷换死囚，或放纵凶犯。嘉庆年间，某罪犯被处斩立决，但某书吏向其索贿千金后，暗换文书，竟以另一犯人代其受了极刑。[49]

---

[46] 参见汪辉祖：《佐治药言》。
[47] 参见刘衡：《庸吏庸言》。
[48] 《申报》1886 年 7 月 7 日。
[49] 参见李乔：《清代官场图记》，中华书局 2005 年版，第 39、40 页。

三、操纵官衙，挟例弄权

晚清州县官不仅大都科举出身，不习法令世务，而且换任频繁。比如四川巴县道光二十年（1840年）以后平均一年零三个月换一任知县，其中有12年还是一年两任。另外据张仲礼先生对河南鹿邑、湖南常宁的统计，较之清前期，晚清时两县官吏换任更为频繁。

河南鹿邑、湖南常宁两县知县的实际任期[50]

	河南鹿邑		湖南常宁	
	知县任数	平均任期（年）	知县任数	平均任期（年）
顺治朝（1644—1661年）	7	2.6	4	4.5
康熙朝（1662—1722年）	11	5.5	14	4.3
雍正朝（1723—1735年）	5	2.6	5	2.6
乾隆朝（1736—1795年）	17	3.5	15	4.0
嘉庆朝（1796—1820年）	18	1.4	15	1.7
道光朝（1821—1850年）	19	1.6	32	1.0
咸丰朝（1851—1861年）	9	1.2	13	0.9
同治朝（1862—1874年）	10	1.3	12	1.1
光绪朝[51]	23	9	18	1.5

清代任官同时实行回避制，州县官皆不得在本省范围内任职。也因此，所任地方官多不熟悉当地政情民情，有些初到任时甚至言语不通。而州县书吏差役多为本地人，其情形

---

[50] 表据张仲礼：《中国绅士——关于其在19世纪中国社会中作用的研究》，李荣昌译，上海社会科学院出版社1991年版，第51页。

[51] 鹿邑县的数字只包括光绪元年（1875年）至光绪二十三年（1897年）；常宁县的数字只包括光绪元年（1875年）至光绪二十七年（1901年）。

与官员正好相反,此所谓"官有迁调而吏无变更"。由此,州县地方政府形成了一种特殊格局:不断更替且缺乏经验的州县官们"领导"着一帮久据其职、久操其事且老于世故的当地书吏衙役们。

> 官之去乡国常数千里,簿书钱谷或非所长,风俗好尚或多未习,而吏则习熟而谙练者也。他如通行之案例,与夫缮写文移,稽查勾摄之务,有非官所能为,而不能不资之于吏者,则凡国计民生,系于官即系于吏。[52]

这种情形,对于地方政府有着两方面的重要影响:一方面,缺乏经验不谙世情的地方官员不得不信赖书吏执行公务,到他任职一定时期有了经验后他又该调离了;另一方面,对于书吏而言,任职时间越长,对于行政事务越是熟练,但他应付差事和滥用权力也变得更为熟练。如顺天府宝坻县档案中有一名叫张润堂的书吏,其任职从道光至光绪年间,时间长约四十年,经历了四个皇帝,换了二十一任县官,查阅当时的刑房档案,许多文稿都是他草拟的,且都有他的签名。[53] 书吏在司法审判中举足轻重的作用由此可见一斑。

州县官们因此处于一种不幸的困境之中:他们不得不依赖书吏们的知识和经验,但同时也不得不吞下书吏贪赃枉法的苦果。即使有地方官意欲对书吏差役进行整顿,也"势不

---

[52] 梁章钜:《退庵随笔》卷五。
[53] 参见吕伯涛、孟向荣:《中国古代的告状与判案》,商务印书馆国际有限公司1995年版,第113页。

能锄而去之"[54]，他们极难有效地监督控制。所谓"缓之则百计营私，急之则一纸告退"[55]。这固然由于他们缺少行政经验、易受精通各种伎俩的书吏欺骗，而且州县官也确实不可能有时间和精力监督在衙门里进行的所有例行公事。另一方面，由于任期短暂，地方官对于政务多"求敷衍塞责，不复为久远之谋"，认为多一事不如少一事，不顾其事之曲直，冤之轻重，苟可以箝制之，使就此了结，则何乐如之。[56]因此，官员们放纵书吏、衙役贪赃枉法的现象十分普遍。州县官在监督书吏问题上的不力，背后还有一个更大的问题——朝廷本身在控制从省到中央各种高级衙门的书吏问题上的无能。接触文档及熟悉公务使书吏们有能力操纵衙门事务，由此而来的书吏挟例弄权更成为清代的一大弊政。时人即指出，问题的根子在于先例太多且包含极琐碎的细节，互不关联甚至互相矛盾，这使得书吏们有机会为谋求私利而玩弄规章先例。[57]嘉庆帝曾在一次谕旨中说到堂司官因不熟悉例而受制于吏的情况：

> 自大学士、尚书、侍郎，以至百司，皆唯诺成风，而听命于书吏，举一例则牢不可破，出一言则惟命是从，一任书吏颠倒是非，变幻例案，堂官受其愚弄，冥然不

---

[54] 朱寿朋：《光绪朝东华录》，中华书局1958年版，第4742页。
[55] 《图民录》卷二。转引自瞿同祖：《清代地方政府》，范忠信、晏锋译，法律出版社2003年版，第94页。
[56] 参见《申报》1886年8月19日。
[57] 参见《校邠庐抗议》（上）。转引自瞿同祖：《清代地方政府》，范忠信、晏锋译，法律出版社2003年版，第67页。

知所争之情节。[58]

有书吏自己也得意地说：凡属事者如客，部署如车，我辈如御，堂司官如骡，鞭之左右而已。

从清制来看，州县官亲自坐堂收呈审案的时间已属非常有限，而晚清以来，在整个国家吏治极为腐败的状况下，各级官吏只知道顾及自己的仕途，对于听讼理案很少关心，就连法定的每月九天的坐堂收呈也难以保证。光绪二年（1876年）四川巴县的一本《堂讯簿》中记载，知县亲审案件每月只有三四天，十一月坐堂 4 天审理 28 件，十二月 3 天也是 28 件，绝大多数案件都积压不审或委之于书吏、衙役，这便给书吏、衙役借案索贿提供了可乘之机。而且，地方官每遇命案，常有"官不相验，听件作上下其手，盗案层见叠出，拒捕伤人，多不获犯，竟有连出七八案而地方官毫不为怪者"[59]。

不仅放任书吏、差役贪赃索贿，有些官员甚至以出卖书吏、衙役之缺作为敛钱方式。光绪年间，四川省"每遇书吏出缺，顶补者谓之顶参，行贿者谓之参费。因之侵挪公帑，肆无顾忌，是贿入私室，而于公家求所偿。言之实堪痛恨"。其中四川布政史陈璚在任署理藩司时，听任其子陈大诰对顶参书吏黄智周敛收巨额钱财，以致黄智周因负重债，愁急自刎，其妻黄李氏也因债逼服毒殒命。[60] 实际上，官差之间，

---

[58] 转引自李乔：《清代官场图记》，中华书局 2005 年版，第 37 页。
[59] 黎培敬：《黎文肃公遗书》卷二十八。
[60] 参见朱寿朋：《光绪朝东华录》，中华书局 1958 版，第 5098 页。

第六章　衙蠹的贪婪与衙门的放纵

有着一种密切的利害关系。一方面，地方官不关心民瘼使得"州县差役每倚本官为护符，视乡民为鱼肉，州县官始则悚于查察，及至因案告发，则又恐干严议，多方消弭，惮于惩办，差役因以有恃不恐"[61]。另一方面，"官与差有朋比为奸之处，官之劣迹为差所挟持，故不敢吐气耶"[62]。对于差役扰民之事，"其报官而惩办者，不过什之五"[63]，许多官吏多是极力包庇遮盖，"一经差役有犯则必预存成见，多方回护，动辄改装案情，化大为小，删减人数，以少讳多，又其甚者，犯者本有伤而验为磕擦，或者本无罪而污以奸邪，推其极力铺张凭空结撰，不过欲办成擅杀，贷差役之死耳"[64]。晚清小说家李伯元对此有着很辛辣的讽刺：

> 照例差役的公食都是皇上家发的，发到县里，更为有限。而地方官也明晓得这几个钱，就是如数发出亦不能养活他们，他们还是要到外头借端生发的，因此也乐得将这钱吃起，任凭他们胡作非为，只要事情不穿，官亦不来过问。倘或被人告发，此时官在堂上，要光自己的面孔，却不能不秉公讯办。好在差役们平时受过官的恩惠，亦断不肯将这吞没公食的原因当堂说出，使官置身无地的，任凭挨打受骂，可辩者辩上两句，不好辩者

---

[61]　高廷瑶：《宦游记略》卷五。
[62]　《申报》1893年6月28日。
[63]　朱寿朋：《光绪朝东华录》，中华书局1958年版，第4742页。
[64]　李星沅：《李星沅日记》，袁英光、童浩整理，中华书局1987年版，第496页。

甘心忍受,这总是上下相蒙,心心相印呢。[65]

官体何在

四、衙役控制下的待质与冤案

在杨乃武案中,杨乃武与葛毕氏可以说刀架脖子,一脚已进鬼门关,但最后却很侥幸的活了下来。而药店老板钱坦,葛品连继父沈体仁,监生吴玉琨及生员陈竹山却都在此案审理期间,作为干连证人在待质过程中死了。没有这个案件,他们都应能好好地活着,其死可以说是冤屈莫名。而作为待

---

[65] 李伯元:《活地狱》,上海古籍出版社 1987 年版,第 77 页。

质证人对待质的恐惧又足以影响他们的言词进而决定案件的走向，许多冤案就是这样产生的。

待质即候审，有以下几种类型：一是被告人及涉及命盗案件的嫌疑人在未经判决确定为有罪的情况下，必须羁押待质；二是命盗案件在主犯抓获之前，从犯无从定罪，需要在监待质；三是依据清制，任何案件的审讯不仅包括原告、被告两造，还包括相关被称做"干连人证"的中证邻里等，这些证人也成为待质的对象。对于待质人证在待质期间的待遇，清律曾规定："凡内外大小问刑衙门，设有监狱，除监禁重犯外，其余干连并一应轻罪人犯，即令地保保候审理。"[66]但事实上，为了防止这些待质人证逃逸，地方官多派差役将其拘传在案，一直等到案件最后审定。

晚清时期人犯及证人的待质状况，道光十六年（1836年）有上奏说："近来外省州县，竟有设立班馆，羁押人证，甚至经年累月，随意拖延，以致胥役勒索，民冤难伸。"[67]光绪初年贵州巡抚黎培敬曾经写道："国家每岁大辟不过数百起，且都经朝审覆复至再至三者，皆经御笔勾到，然后行刑，何等矜慎，而待质之人今各省计之，每岁拖毙者何止万人，而无罪而死较伏罪而死者数且十倍。"[68]以上所言确实反映了当时的真实情形，对于待质之人，"年年监候，岁岁待质，有监候十四五年至二十四五年三十年者，其年岁有六十至七十以外者，昔年之逃犯久已无踪，或已物故，地方已数易其

---

[66]《大清律例》卷三十六。
[67]《大清会典事例》卷八百三十九。
[68]《黎文肃公遗书》奏议三。

官，例无处分，不过循行旧章照案缉逃而已，而此等衰老待质之犯，久淹囹圄"[69]的现象非常普遍。清政府也看到此间"胥役藉端虚诈，弊窦丛滋"[70]，只是在一个近于崩溃的社会里，看起来条规强硬严峻，但实行起来往往软弱松怠。

上述待质现象的形成与书吏、衙役们的贪赃枉法、索贿擅权有着直接的联系。兹举二三：

一是书吏差役私设班房，人犯及证人"或提到而匿不禀明，或讯释而私押索费"[71]。

监狱是清代法定的囚禁羁押待质人员的场所，从清律来看，无论是班房、卡房，还是私押，都属非法应取缔的场所。所谓"管押之名，律所不著"。《大清律例》规定："如有不肖官员擅设仓、铺、所、店等名，私禁轻罪人犯，及致淹毙者，该督抚即行指参，照律拟断。"对于滥禁证人清律规定的处罚也不能说不严厉，比如《钦定吏部处分则例》规定："差役私设班馆，押禁轻罪、干连人犯在官署内者，将该管官照故禁平人杖八十私罪律降三级调用，因而致死者革职治罪，失察之府州降一级留任，道员罚俸一年，臬司罚俸九个月。在官署外者将该管官照不应禁而禁杖六十公罪律罚俸一年，因而致死者照误禁致死杖八十公罪律降二级留任，失察之府州罚俸九个月，道员罚俸六个月，臬司罚俸三个月。"[72]对于私押者更是予以严惩。《续增刑案汇览》卷十六曾记载了这样一

---

[69]《朱批奏折》卷十八。
[70] 赵尔巽等：《清史稿》卷一百四十四，中华书局1977年版，第4217页。
[71] 曾国藩：《曾文正公全集》，杂著，卷四。
[72]《钦定吏部处分则例》卷四十九。

个案例：

> 安徽一县役王怀因奉差传王加言查讯，与伙役汪杰商同吓诈，将王加言两手大指缚吊梁上，用木棒槌殴，打其左脚踝，复用火煤烟薰其鼻孔，令王加言给钱三十千方许释放，王加言许给钱十四千，王怀等嫌少不要，经县访拿，将王加言取保，王加言旋在保因病身死。王怀应比照押解人役擅加杻镣，非法乱打，逼至死伤徒罪以上枷号充军例，枷号两个月，发烟瘴充军。[73]

但实际上，由于清代各地的监狱多狭小拥挤，仅靠监狱来容放待质证犯根本不可能。晚清以来又加之积案累累，司法秩序常因战争、吏治腐败、胥吏擅权而运转缓滞，由此便出现了一个十分具体的问题：如何安置待质期间的人犯，尤其是待质人证？显然，解决问题的唯一办法只能在法定的羁留场所外寻找，于是由原来三班衙役的值房发展而成的羁押轻微未决人犯及干连佐证的班房，又称班馆、便民房、自新所、卡房等，便成为安置待质人证的主要场所。而私押更是在隐瞒或受地方官的纵容下蔓延开来，即由差役将待质者私自管押起来，"或提到而匿不禀明，或讯释而私押索费"等现象可谓比比皆是。《活地狱》中一个名叫刘老大的人，因被地保诬告，由县官发落先至班房候审，而实际情况则是被差役私押起来：

---

[73] 祝庆祺等编：《刑案汇览（四）》，北京古籍出版社2004年版，第498—499页。

原来押他的所在,并不是什么班房,乃是一个皂头的家里。其实皂头尚未回家,由皂头家小开门接了进去。刘老大举目观看,从大门进来,却也有小小两进房子,当时众人就将刘老大关在后进一间空屋里面。这房并无灯火,刘老大进得房来,已先有一个人蹲在地上一声不响。众人把刘老大推了进去,就辞别皂头的家小,一径出门。[74]

《活地狱》的描绘是现实的真实映照。各地州县曾普遍"私设班馆,羁押多人,名为听审所,每词讼牵累殷富,则胥差先为拘禁",然后以家产之厚薄作为勒索钱数之多寡的标准。[75]有些州县官甚至将管押人中直接"交与原差带押,并无一定地方"[76],从而给差役任意勒索肆虐待质者提供了方便。

二是牵涉无辜,"一案之拘系要证少而干证多,而百姓之牵连良民多而奸民少"。

清律对于待质对象有明确规定,特别对于人证待质要求更为严格。但差役多以牵连无辜扩大待质对象为能事,"借传讯邻证之名,扰及同村居民以邀原贿,若有殷实之家,但在数里内者,必百计株连,指为邻右,名曰飞邻",甚至只要没有"满其欲而给其求,则诬赖多方,滥行拖累,以倾其家"[77]。

---

[74] 李伯元:《活地狱》,上海古籍出版社1987年版,第85页。
[75] 参见朱寿朋:《光绪朝东华录》,中华书局1958版,第1035页。
[76] 丁日昌:《抚吴公牍》卷三十一。
[77] 朱寿朋:《光绪朝东华录》,中华书局1958版,第1588页。

同治年间,"江北捕役,往往讹诈不遂,辄将良民指为盗窃,或管押,或私押,牧令自坐痴床,任听差役指挥,百姓有资者尚能生还,无资者必至瘐毙而后已"[78]。有的差役甚至随便拘传无辜之人在押待质。不仅州县如此,省城也是如此。如在贵州,"发审局承问各案,人证投到,本司访闻,往往被差役等搁压需索费贽至百余两、一二百两不等,甚有到省数月不得投到者,以致局中委员无从得知,愚民莫有申诉,拖累贻害日久相沿"[79]。当时还有人奏:"各省因案提省待质平民,往往拖累致死,每岁每省均不下百余人,且有多至数百人者。"[80]

美国传教士何天爵(Holcombe Chester)描述光绪三年(1877年),在他参与审理的一起福建省的案件中,犯罪者因为"按照自己的如意算盘打通了各个关节,与官员们勾搭成奸,配合默契",在审理此案时竟然能够"神气活现地出现在法庭上",而受此案牵连的无辜干证多达三十名,他们"被毒打、遭受各种折磨,还要忍饥挨饿。就这样过了几个月之后,他们才被带上法庭"。至此时,三十人中已死去七名,"只有二十三名还剩下一口气,能够活着在审判中作证"。何天爵这样描述这些待质人证所遭遇的惨状:"其中有一名是被四名狱卒就像木头一样抬进了法庭。进来后那人试图努力支撑自己跪在那里,但他已经是奄奄一息,结果一头倒在了地上。最后,不得不让他四肢着地,仰面朝天完全躺在那里接受了审

---

[78] 丁日昌:《抚吴公牍》卷十。
[79] 《黎文肃公遗书》公牍,五。
[80] 朱寿朋:《光绪朝东华录》,中华书局1958版,第164页。

问。他一次只能说出一两句话，声音极其微弱，几乎不能听清楚他讲的是什么。"[81]

三是待质者遭遇非人，按需具结，抑或酷刑取证极为普遍。

清代待质场所的暗黑污秽不亚于地狱，李伯元在《活地狱》中通过一个叫黄升的管家的遭遇，对此有具体的描述。[82] 文学作品中的场景绝非虚构，其情形在许多史料中均能证实。即使是处于天子脚下的京师步军统领衙门，也是"传案无论轻重，书吏先坐小堂叙供，然后上呈"，班房内"湿热污秽，上下熏蒸，真有朝不保夕之苦"[83]。杨乃武案中的沈体仁和陈竹山都在待质期间死于刑部大牢，陈竹山的名字还赫然出现在《新增刑案汇览》监毙者名录中。京师尚且如此，外省情况更自不待言。

对于待质之人的非人遭遇，《道咸宦海见闻录》曾有一段对四川卡房的描述："卡房最为惨酷，大县卡房恒羁禁数百人，小邑亦不下数十人及十余人不等；甚至将户婚、田土、钱债、细故、被证人等亦拘禁其中，每日给稀糜一砚，终年不见天日，苦楚百倍于囹圄……通省废毙者，每年不下一二千人。"[84] 光绪元年十二月，贵州巡抚黎培敬针对来省待质平民的悲惨遭遇曾写道：

---

[81]〔美〕何天爵：《真正的中国佬》，光明日报出版社1998年版，第156页。
[82] 参见李伯元：《活地狱》，上海古籍出版社1987年版，第17页。
[83]《皇朝经世文编续编》。
[84] 张集馨：《道咸宦海见闻录》，中华书局1981年版，第95—96页。

臬司为一省刑名总汇，凡案关疑难重大者，不亲提省研鞫，既无以申冤屈而服人心，一经提审则一案之干连人证不能不与俱来，此辈或由牵涉，或被诬指，或属尸亲，或系词讼，皆非有罪之人，一经牵入，其在本州县已受胥役之追呼，里保之抑勒，不免破产倾家。迨至随同批解到省，远者千余里，近亦数百里，废时失业，皮骨仅存，一奉羁押公廨，即与囚犯无殊，既不能食力营生，又无人顾远衣食，所持每月官捐之数十文藉以度命，而此数十文尚听典守者恣情扣剋，任意凌辱，夏则人多秽污，疫疠熏蒸，冬则严寒裂肤，冻馁交迫，此死之相继，骈肩连首，所以冤苦难伸也。[85]

这样的状况使待质人证与关押重犯实无相异，甚至比囚犯更差。如"罪因入狱例有衣粮，病则医药"，而待质人员在待质期间的口粮、医用均无正项开销，殷实者固然可以自己的财力勉强自保，贫寒者则惟有寄希望于官府贴补，"独听地方官捐办养活，事等具文，坐冷饥困至死，无伤可验，无冤可鸣，或交家属领回，或就地埋葬，从无控诉之事，亦从无查覆之人，无怪首府县及委审诸员皆习而忘之，而大吏更无从知觉矣"[86]。即如光绪三年（1877年）清政府应黎培敬所奏，为取缔班馆而设待质所，不久也即成"虐政"。所谓"近年各州县多设待质公所，一切干连人证及轻罪人犯，悉拘押此中，问官不即审结，弥月经年，饥寒交迫，疫疠频生。家

---

[85]《黎文肃公遗书》奏议，三。
[86]《黎文肃公遗书》，奏议，三。

人不许通问，差役横加需索，稍不遂意，即加凌虐，或将辫发系于秽桶，引其两手怀抱，使秽气冲入口鼻；或置于木盆而系之梁上，另以绳索使捯簸，令其晕眩呕吐，或系两手大指于高处，令其两足离地，经数时之久，手指长至数寸；或以烟薰鼻，使之刻难忍受，其他凌虐尚多，皆属不可思议，被押者多至瘐毙"[87]。

《新增刑案汇览》卷二记载："周富生为沈淮江所控告，以钱升为人证，县丞胡恕令派罪之拘留，苦更加于监禁"，"无刑之凌辱，酷弥甚于施刑"[88]。无辜待质者竟然遭受如此非法的待遇，甚至因待质而死，以致有人竟因惧畏待质而宁取求死者。

回头我们再看杨乃武案中的一干证人，其中钱坦与沈体仁、陈竹山等都在杨案审理过程中死了。后人可能会指责钱坦不应在审理过程中作假，可是一旦了解作为人证在待质过程中可能遭受的境遇，我们大概不会再一味指责钱坦作假证，我们也完全能理解刘锡彤为什么会向钱坦承诺决不拖累。陈竹山可以说是顾炎武申斥的"出入公门以扰官府之政"的劣生[89]，只是劝令诬服罪不至死，但他竟然也在刑部大牢里死了。有这样的待质作证制度，冤案的产生不足为怪！

---

[87] 朱寿朋：《光绪朝东华录》，中华书局1958版，第3649—3650页。
[88] 夏东元编：《郑观应集》（上册），上海人民出版社1982年版，第500页。
[89] 参见顾炎武：《亭林文集》。

第六章 衙蠹的贪婪与衙门的放纵

受严刑良民负冤屈

落日残照——晚清杨乃武冤案昭雪

第七章　棰楚之下，何求而不得：
　　　　刑讯逼供与冤案

　　明话本小说《醒世恒言》中，"十五贯戏言成巧祸"的故事可谓家喻户晓，这一故事就是司法官员先入为主进而严刑逼供酿成冤案的典型。案情很简单：平民刘贵醉后回家，戏言以十五贯钱典卖妾陈二姐，次日送走。陈二姐信以为真，当晚借宿邻居家，次日清晨在回娘家的途中相遇青年崔宁，两人搭伴同行，不久，邻居追来将两人扭回。原来当晚陈二姐走后，刘贵被贼谋财而杀。恰好在崔宁身上搜出他卖丝帐赚的十五贯钱，刘妻断定是他诱妾谋财行凶，扭至官府。崔、陈二人屈打成招，被处以极刑。后来，刘妻巧遇静山大王，才知他才是真正的凶手。崔宁之所以蒙冤被杀，从表面上看，是因为该案存在太多的巧合：刘贵被杀当晚，陈二姐出了家门而不在命案现场，此一巧；二姐与崔宁搭伴同行，有男女奸情之嫌，此二巧；刘贵丢了十五贯钱，而崔宁身上也有十五贯钱，此三巧。有这三巧，承审法官先在心里认定刘贵必为崔、陈二人所杀。为了证明这个认定，对崔、陈二人严刑拷打，酷逼二人口供，直到与承审法官先前内心认定的"事实"一致，然后大笔一勾，处以死刑。

刑讯制度与中国古代司法制度相始终，到了晚清更是发挥到了极致。所谓棰楚之下，何求而不得！杨乃武与葛毕氏之冤也正是在严刑逼供中形成的。

一、未载刑部结案报告的屈打成招

杨乃武与葛毕氏所遭受的刑讯逼供，刑部的结案报告没有记载，只称两人受刑不过而诬服，显然刑部认为地方各级衙门在此并无过错。但我们看杨乃武妻杨詹氏京控呈状时所称：府署问官"屡将氏夫杖责，夹棍，踏杠，跪练天平架，诸刑无不用到，氏夫气绝复苏者，不下数十次"。而葛毕氏所受的酷刑，当年《申报》报道是"烧红铁丝刺乳，锡龙滚水浇背"。杨玉奎先生所著《古代刑具史话》记载的比较符合史实，她是在拶指拷讯下"胡乱招供"的。[1]

根据《大清会典事例》，清朝用于刑讯的法定刑具有三种：竹板、夹棍和拶指，另外，拧耳、跪链、压膝、掌嘴也被允许。从上述记载完全可以想见杨乃武、葛毕氏所受的刑讯程度，何况浙江地方衙门显然还存在法外用刑的情形。事实上，即使杨乃武、葛毕氏所承受的只是合法的刑讯手段，无论竹板、夹棍还是拶指，都能使刘锡彤、陈鲁们得到他们需要的口供。

先说竹板。这是一种击打犯人臀部的竹制刑具，始于汉景帝中元六年（公元前144年）。那一年景帝二次降低笞刑的笞打数目，丞相刘舍、御史大夫卫绾定笞刑刑具，请求当笞

---

[1] 参见杨玉奎：《古代刑具史话》，百花文艺出版社2002年版，第163页。

严刑下的诬服（摄于杨乃武与小白菜奇案展示馆）

者笞臀，获得汉皇恩准。臀部肌肉发达，又堆积了大量脂肪，其抗打性远胜于背、腿部，如按规定击打，至少受笞者的生命得以保全。[2] 历史上用于臀部的刑具曾有木棍、大棒、竹条、皮鞭、皮板、木板、竹板、荆条等。击打臀部虽然一般情况下无生命之虞，但其对受刑者的心理震慑是极强的。元代关汉卿笔下的窦娥，惨受笞杖时即哭诉道："挨千般拷打，万种凌逼，一杖下，一道血，一层皮，打得我血肉都飞，血淋漓，腹中冤枉有谁知！"[3]

清朝，将各种臀部刑具统统废除，只保留竹板，但规格明显比往代大出许多。《大清会典事例》规定：竹板"大头径

---

[2] 参见主客：《臀部的尊严——中国笞杖刑罚亚文化》，花城出版社 2002 年版，第 99、100 页。另可参见鲁嵩岳：《慎刑宪点评》，法律出版社 1998 年版，第 137 页。

[3] 《元明清戏曲选》，"感天动地窦娥冤"。

二寸,小头径一寸五分,长五尺五寸,重不过二斤"。挨板子几乎成为吃官司者必过的一道门槛,衙门将此作为逼供与惩罚的常规手段,频繁地使用。对此明清时期的笔记、小说有大量的记述。例如名教中人《好逑传》第十三回所记水运乡绅因诬告铁公子被冯按院痛责的情形:

> 众皂隶听了,吆喝一声,就将水运按下去,拖翻在地,剥去裤子,擎着头脚,只要竹杖,吓得水运魂都没了,满口乱叫道:"天官老爷,看乡绅体面饶了吧!"

清《李公案奇闻》第十一回"用严刑逼供招,设药笼巧施妙计"所记愈加详:

> 程公先传张富有跪倒案前,便大喝道:"张富有,你这狗才,害人客人性命,尚敢巧言乱说,先自出首,希图卸罪别人,不用大刑,想你必不肯招。来,拖下去打!"张富有听得魂飞天外,把头磕得山响,连连喊道:"大老爷,小的实在冤枉!小的实实不曾害客人的性命,青天爷爷明鉴。"左右不由分说,拖下去打了五十板。[4]

一声喝打,受刑者魂飞魄散,可见刑讯中的笞杖对受刑者有极大的心理威慑力,而笞杖的结果,必定是皮开肉绽,鲜血淋淋。有些违规笞杖,更使人生不如死,惨不忍睹。清

---

〔4〕 转引自主客:《臀部的尊严——中国笞杖刑罚亚文化》,花城出版社2002年版,第206页。

李伯元《活地狱》就记县官以铁板子打人：

> 打下十几板子，大腿上的肉都会一片片飞起来，连肉带血飞得满处都是。等到打至十几下，肉已飞尽，便露出骨头。他此时便吩咐掌刑的，不要拿板子平打，却用板子横在大腿上乱敲，砍的骨头壳壳的响。有的还将骨头打开，骨髓标出来好几尺远。

手持竹板的行刑衙役

据记载，凡为皂隶，以豆腐置于地上练习打人的法子。以小板子击打豆腐，只准有响声，不准打破。等到打完，里头的豆腐都烂了,外面的依旧是整整方方一块,丝毫不动,这才是第一把能手。是以大堂上有些被打之人,外观虽只皮肤红肿,但内里却受伤甚重。[5]

韧性而坚硬的竹板抽打在柔软的屁股上,轻则皮肉红肿青瘀,重则皮开肉绽,骨断筋折,经受这样的笞责,鲜有不被打得服服帖帖的。而对于女性来说,由于封建道德伦理的约束与影响,对杖臀的羞辱反应自然十分强烈。有些性变态的官吏除抽打女性赤裸臀部以外,还要用刑杖抵触阴道,致其红肿溃烂,以致有的受杖后或畏受刑杖而轻生自杀。我们完全可以想见,无论杨乃武还是葛毕氏,在这样的酷刑下,都很难承受,他们只能按着刘锡彤、陈鲁的意愿招供本不存在的犯罪"事实"。

再说夹棍。也称夹棒、脚棍、檀木靴等,是一种用木棍和绳索构成的夹压脚踝的刑具。使用这种刑具往往使受刑者腿部受重伤,甚至夹碎踝骨,造成残废,有的甚至被当堂夹死。因此,清褚人获《坚瓠集》卷三"刑戒"条记云:"百姓有犯,除强盗人命外,用二号竹板责之,勿用夹棍极刑。"[6]即使强盗人命可用夹棍,也应"众口咸证为实,即司谳者原情度理,亦信其真,而本犯坚不承招,不得不用此法者"[7]。

夹棍具体的构造与施用方式是:两根三尺多长的木棍,在离地五寸处贯穿铁条,每根中间各有帮拶三副,刑讯的时候,把棍直竖起来,然后把犯人的脚放在中间,束紧棍上的

---

[5] 参见主客:《臀部的尊严——中国笞杖刑罚亚文化》,花城出版社 2002 年版,第 193—194 页。
[6] 褚人获:《坚瓠集》,浙江人民出版社 1986 年版,第 3—4 页。
[7] 徐栋辑:《牧书令辑要》卷七。

三道绳子，再用一根棍贴紧脚的左面，使它不能移动，再用一根长六七尺、宽四寸的大杠，从脚的右面猛力敲足胫。敲不上二三百下，不但皮破血流，骨头也早已碎了。有的酷吏将石屑放于夹棍之内，未曾收紧，痛已异常，并美其名曰"美膝裤"。也有的以打屁股的竹板交叉压犯人的脚脖子代替夹棍，极易致犯人脚腕子碎裂夹断，为法外之刑。一位19世纪的观察者曾就其所见夹棍刑讯描述道：

> 主刑者渐渐地将一根锲子插入两者之间，交替地交换方位。通过对棍子上部不断扩张施压，使得棍子下部不断向中间那根固定在厚木凳上的笔直棍子靠去，于是，受刑者的踝骨便极痛苦地受到压迫，甚至被完全压碎。如果不幸的受害者坚信自己是无辜的，或者顽固地不肯认罪，因而使这一可怕的过程得以完成的话，到头来他的骨头就会变成一滩稀浆。[8]

这位观察家所见的为一种被其称之为"一种双料的木制夹具"的夹棍，有着三根直棍子，其中最外面的两根起杠杆作用。在《叫魂——1768年中国妖术大恐慌》一书中，美国哈佛大学教授孔飞力（Philip A. kuhn）对夹棍下的屈打成招作过形象的描述：1768年（乾隆三十三年），乾隆皇帝亲自发起了对所谓剪发辫衣角施以叫魂妖术的犯罪的追剿，四个倒霉的外出化缘和尚在浙江萧山被拘捕并戴着手铐脚镣押上

---

[8]〔美〕孔飞力：《叫魂——1768年中国妖术大恐慌》，陈兼、刘昶译，上海三联书店2002年版，第16页。

县衙大堂。其中一个叫巨成的和尚面对知县的审讯,已是饱受惊吓,他争辩道:自己并没有剪人发辫。"但他是一个已被预先设定为有罪的疑犯,他的招供当然不会令人满意,于是法庭上惯常使用的刑讯便开始了,衙役们将巨成拖过去上夹棍。""最后大概实在是熬痛不过,巨成招供道,所有对他的指控之事均属真实。然后,知县并未因此而感到满足,因为这痛苦不堪的和尚所讲的故事前后并不完全一致。夹棍又两次被收紧,但并未带来更令人满意的结果。""三天过去了,知县从四个和尚那里都得到了某种相当于认罪的东西。已身受重伤的囚犯们,大概是被装在通常用来运送犯人的带轮囚车里,送到了东面六十多里处的绍兴知府衙门亦即再上一级的官府,受到进一步的审问。"〔9〕

巨成在夹棍下屈服了。杨乃武也是血肉之躯,更是一介书生,我们找不出理由他在杭州知府陈鲁那儿愿意使自己的踝骨成为"一滩稀浆"。按照衙门所想象的事实招供应该是他的唯一选择。

还有拶指,也叫拶子或拶夹,是一种专门用来夹手指的刑具。《大清会典事例·刑部·名例律》载:妇人供词不实用拶指。刑具由五根圆木组成,各长七寸,径圆各四分五厘,以绳索串连。使用时,将手指套在小圆木之间,两边同时拉紧绳索,圆木夹紧手指,疼痛难忍,轻者皮肉残损,严重的夹断指骨。拶指产生于隋唐以后,在明清两代被广泛使用,用刑时给妇女带来的痛苦非常难熬,一般都会因忍受不了拶

---

〔9〕〔美〕孔飞力:《叫魂——1768年中国妖术大恐慌》,陈兼、刘昶译,上海三联书店2002年版,第15—17页。

指的折磨被迫屈招。

葛毕氏在余杭初审时曾遭受拶指逼供应是不争的事实，刑部报告记载葛毕氏受刑不过而诬认杨乃武授予砒毒谋毙本夫，此间拶指无疑是刘锡彤最佳的刑讯工具。我们完全可以想见，葛毕氏被带至县衙大堂听得惊堂木拍得山响，下面堂威一如虎啸，面对如此赫赫威势，一个平民女子早已被吓得哆哆嗦嗦。刘锡彤既已认定此事葛毕氏必定难脱干系，回答稍不如愿，衙役拿出拶指，将葛毕氏纤纤细指紧紧套上，只把绳索一收，十指就像断了一样。再连收几下，一个柔弱女子早已不堪忍受，只能按刘锡彤想象的胡乱招供了。

二、封建专制司法与刑讯逼供制度

刑讯制度的合法化并长盛不衰始于秦汉时期。如《睡虎地秦简》中《封诊式·治狱》记曰："毋治（笞）谅（掠）而得人清（情）为上；治笞谅（掠）为下。"意谓以不动笞刑而审讯出案件真相为上，反之为下。而《讯狱》篇又记曰："诘之极而数之也，更言不极，其律当治（笞）掠者，乃治（笞）掠。"该规定言对多处在审讯中改口，推翻供词的人要大行笞罚。这种法律制度的设定，给刑讯逼供以正当的权力，当然也为滥用刑讯开了口子。《史记·李斯列传》记"赵高治斯，榜掠千余，不胜痛，自诬服"。有史者称，李斯是历史上受刑最酷烈、刑具加身最多的人。[10]

刑讯制度是重口供的形式主义证据制度的必然产物。在

---

[10] 参见杨玉奎：《古代刑具史话》，百花文艺出版社2004年版，第184页。

"口供绝对主义"的指导思想下,刑讯的目的就是为了取得口供,秦律对此开制度先河。尽管法律对刑讯作出种种限制,例如《唐律》规定:"诸应讯囚者,必先以情,审察事理,反覆参验;犹未能决,事须讯问者,立案同判,然后拷讯。违者,杖六十。""诸拷囚不得过三度,数总不得过二百,杖罪以下不得过所犯之数。拷满不承,取保放之。"但既以口供为基本的定案依据,由于人的认识能力有限,加之当时的科技水平不高,因此,刑讯逼供便成为司法者常用的手段,他们常常弃法律对刑讯的限制性规定于不顾而法外用刑,刑具名目繁多,手法不断翻新,造成刑讯的泛滥。刻毒的刑讯手段使受刑人不胜其苦,"皆至诬服"[11]。

刑讯的危害,当时人们已经清醒地意识到。汉路温舒曾言:"夫人情安则乐生,痛则思死。棰楚之下,何求而不得?"[12] 如下案例更令人感到刑讯逼供的苛酷和人命微贱的悲凉!

> 麻城县人涂如松娶杨氏为妻,但夫妇不睦,杨氏借故离家出走。因误传杨氏为其夫所害,杨家投告官府。县令高仁杰酷刑相逼,及至涂如松皮开肉绽,踝骨外露,但坚不服供。于是又以烧红铁索铺地,将涂如松按跪在上,只见肉烟缕缕、焦灼声声,涂如松不胜其毒,遂诬服。但为了寻找所谓杨氏的尸骨,又是几番严刑交加。涂如松的母亲许氏,可怜儿子求死不得,于是剪下自己

---

[11]《隋书·刑法志》。
[12]《汉书·路温舒传》。

的头发，从中摘除白发，扎在一起，又刺破胳膊染红裙裤，打开已死女儿的棺材取出脚趾骨，几样东西凑在一起后埋于河滩，随后带公差前去挖掘。[13]

如此锻炼成狱，竟至被告之母"可怜儿子求死不得"主动制造罪证，这确如贝卡里亚所言："痛苦的影响可以增加到这种地步，它占据了人的整个感觉，给受折磨者留下的唯一自由只是选择眼前摆脱惩罚最短的捷径。"[14]

开庭时的用刑场景

可以说，刑讯逼供是封建专制司法制度的基本特点，是司法黑暗的显著标志。尤其到了王朝的中后期，随着封建政

---

[13] 袁枚：《小仓山房文集》，"书麻城狱"。
[14] 〔意〕贝卡里亚：《论犯罪与刑罚》，黄风译，中国大百科全书出版社1993年版，第32页。

权的腐败和国家控制力的式微，刑讯在审判中往往变得更加残酷，恶化成为普遍的滥刑。清朝也不例外，特别是在晚清，笞杖无度，夹拶滥施，法外之刑，举不胜举。许多人犯死在刑讯中，而严刑逼供之下，冤案错案也就频频发生。

三、失控的法内用刑与恣意的法外滥刑

清律对于刑讯制度的规定，主要有以下几个方面：

一是限定刑具的种类与制式。《大清会典事例》规定用于刑讯的法定刑具主要有三种，即板、夹棍和拶指。《钦定吏部处分则例》就刑具的制造和对"违例造用者"的处罚还有专门的规定。[15] 除法定的三种刑讯工具外，可以使用的刑讯手段还包括拧耳、跪链、压膝、掌刑等。

二是明确使用对象和条件及免受刑讯之人。笞杖为常刑，夹拶为重刑。一般夹棍用于男性，拶指用于女性。笞杖形式上虽有轻重，但在实际施用时，"薄责二十"，"重责四十"，全凭当堂立断。而夹拶行刑酷烈，往往使人犯昏死过去，甚至有的夹毙堂下，因此规定只有案情严重的命盗案件才可使用，违者以"故失入人罪论处"[16]。

三是限制刑讯手段的使用权限。只有各级正印官方可使用刑讯，而所有的佐杂、捕役均不得以刑讯取供。[17]《大清会典事例》规定："凡州县自理之案，不得擅用夹讯，其审报事件，将夹讯几次，或案内未曾夹讯之处，据实声明，该管

---

[15] 参见《钦定吏部处分则例》卷五十。
[16] 《大清会典事例》卷八百四十二。
[17] 参见《大清会典事例》卷七百八十三。

上司于解审时详加察验，如有朦胧隐匿等弊，即行题参。"

四是禁止私设刑具，法外用刑。"一切任意私设者，均属非刑，仍即严参，照违制律杖一百。"[18] 对于非刑逼供的官吏也根据情况分别予以惩罚："凡大小衙门问刑官员于命盗案件不能虚心研鞫，刑逼妄供，草率定案，证据无凭，以致枷坐凌迟斩绞者，革职。枷坐发遣军流者，降四级调用，俱无庸查级议抵。"[19]

以上所列看似清代对刑讯制度织就了一张严密的法网，但问题在于清律在这一法网上又开了一个大大的口子。其在《大清律例·刑律》"断狱·故禁故勘平人"条规定，"依法拷讯，邂逅（偶然原因）致死勿论"，并对"受刑之后因他病而死者，均照邂逅致死律，勿论"。这一条文便使以上所有规定成为具文，为滥刑提供了一个法律上的借口。而且，晚清以降，随着社会矛盾的激化和严重的吏治腐败，以非法拷问和逼供成为当时司法界一种司空见惯的现象，"各州县每遇审讯，不论何犯，酷用刑威"[20]。由此因刑讯而殒命者不计其数。

法内的滥刑与残酷在前文"刑讯下的诬服"中已有说明，各种残酷的刑讯目的就在于使受刑者感受到魂飞魄散的震慑，达到取供的目的，有酷烈者甚至以刑代罚直接将案犯杖毙于大堂之上。《道咸宦海见闻录》的作者张集馨于道光二十七年（1847年）授四川臬司，其到任后即发现前任刘燕庭"凡各

---

[18] 《大清会典事例》卷八百三十九。
[19] 《清代吏部处分则例》卷四十七。
[20] 朱寿朋：《光绪朝东华录》，中华书局1958年版，第3364—3365页。

第七章 棰楚之下，何求而不得：刑讯逼供与冤案

属解到啯匪，不问真伪，先责小板四百，然后讯供，其中供情不得，而罪名莫定，即于大堂杖毙"[21]。是否土匪不知，案件事实不明，罪名刑罚自然难定，但按察使在如此情形下竟然可以通过刑讯直接将案犯杖毙于大堂之上。

"千里为官只为财"，许多官员还以酷刑审讯为敛财搜刮手段，借刑讯索钱表现在审讯的各个环节。有的官员与差役狼狈为奸，沆瀣一气，暗中瓜分，使得差役肆意妄行。在当时的一些公堂之上，原告和被告两造如若事先不给一些好处，则一旦受到刑讯，必然会受到比行贿者更惨痛的皮肉之苦。《活地狱》中记载一位叫张进财的原告，只因为讨三吊钱的账，便被昏官刑讯，而张进财因为"决计不曾料到自己挨打"，所以在掌刑的皂隶面前，"竟丝毫未曾关照"，差役们于是"满肚皮的没好气，也要借此发泄"，张进财最后竟挨了一千板子，屁股被生生地打出几个窟窿。[22]《最近官场秘密史》卷十八记载："须知衙门里，只要有钱花，哪怕一二十板也不妨，反觉抓痒似的有味。忍冰（一位诉讼者）却一个小钱都没花过，贰佰板子非同儿戏，直打得两腿上开了五七处窟窿。"[23]

对于那些天性暴虐者，刑讯则成为发泄私欲的一种工具。《官场现形记》中的瞿耐庵，只因为上任接印时，被一个身穿重孝、名叫王七的乡下人拦轿喊冤，便认为犯了忌讳，不问喊冤人有何冤仇，就下令重责。[24]与瞿耐庵一样，有的官员

---

[21] 张集馨：《道咸宦海见闻录》，中华书局1981年版，第96页。
[22] 参见李伯元：《活地狱》，上海古籍出版社1987年版，第59页。
[23] 天公：《最近官场秘密史》，花山文艺出版社1996年版，第203页。
[24] 参见李宝嘉：《官场现形记》，齐鲁书社2002年版，第637页。

动辄以酷刑取供，实际上"无非故作威福，残虐为快，可谓蜂虿其心，豺狼成性也"[25]。光绪年间，常熟县知县汪地厚"平日笞人以一千为度，有汪一千之号"[26]；江西庐江县知县杨需霖"每逢杖责，必先在骸上限定长短阔狭分寸，定须照样打破为止"，一个叫张咸义的犯人在被打的差役都已"不忍下手"时，"因畏杨需霖严厉，不敢不从，以致张咸义受刑后，次日毙命"。有些官员的滥刑甚至到了心理变态的地步，《活地狱》中描述江苏桃源县一个叫威伯貌的县令，"一年三百六十日，每日总得坐堂理事，每坐堂定要打人，一天不打人他便觉得不快活"[27]。

与法内滥刑相对应的则是法外非刑。法外非刑可以说是合法刑讯的必然结果，到了晚清，各地创造出的法外之刑举不胜举，仅在《大清律例》及《大清会典事例》中例举的就有：小夹棍、大棒棰、连根带须竹板、木架撑执、悬吊、敲踝、针刺手指、数十斤大锁、并联枷、荆条击背、脑箍、匣床、站笼等。此外，还有奴汉架、魁夷斗、饿鬼吹箫、老虎凳等。

例如老虎凳，这是一种始于清代的刑具，起源虽晚，流传却广。它是将犯人绑缚于一条板凳上，胸部一道，小腿一道，头发也被束住，然后将双手反绑于凳下，把砖塞到受刑人腰下，渐次加码。塞进两块以上，这时的受刑人已只有告饶的份儿了。有的酷吏塞到四块仍不罢休，还在脚下垫砖，

---

[25] 《皇朝经世文编续编》。
[26] 朱寿朋：《光绪朝东华录》，中华书局1958年版，第73页。
[27] 李伯元：《活地狱》，上海古籍出版社1987年版，第72页。

往往使受刑人的脚骨断裂。

还如普通的竹板。法定刑具除要求符合尺寸外，还应削节去刺，光滑平直。可法外竹板，有的仅仅以剖开的大毛竹片做板子，几十上百板子下来，受刑者即使不死，已是满臀烂肉，竹刺丛生，只有先取出密密的竹刺，然后才能敷药医治，痛楚异常。

甚至还有所谓"剥皮""抽筋"之刑：以布纸粘人身，向日晒干，带肉揭起，片片血淋，名曰剥皮；有以荆藤缚置人背，使芒钻刺，逐条拔出，根根透骨，名曰抽筋。[28]

李伯元在《活地狱》一书中曾描述了一个叫姚明的山西阳高县知县，专以酷刑取供，任何重案疑案一到他手，"不上三天，无供的立时有供，有供的永远不翻"。姚明不久即因其"听断精明，案无留牍"而"官声大著，连着上司都知道他是个好官，便把他的名字记在心上"[29]，不久得以升迁。像姚明这样的官吏在当时不乏其人。四川按察使刘喜海荒唐暴虐，"凡州县解来罪犯，或先责四百小板，然后讯供，其中供情不得，而罪名莫定，即于大堂杖毙。后因'大堂'闹鬼，即将犯人带至城隍庙，令犯人跪于神前揲一笺，如系阳笺则免死，如系阴笺则在神前责毙，或头浆迸出，或肢体折断"[30]。

如果说，这样的场景只是那些为图自己贪欲而草菅人命、用刑酷烈的官吏所为，因而他们尚为清朝统治者所诘责摈斥外，到了鸦片战争以后，晚清政府内忧外患，日趋崩溃，整

---

[28] 参见《皇朝经世文编续编》。
[29] 李伯元：《活地狱》，上海古籍出版社1987年版，第54—55页。
[30] 张集馨：《道咸宦海见闻录》，中华书局1981年版，第96页。

活埋罪人

个国家已处于一个极为混乱的时代,面对民变不断、盗匪横行的社会,为了稳定失控的社会秩序,清政府也只能祭起乱世重典的旗帜。清律对于命盗大案及其他要案允许重刑逼供的规定,以及后期的"州县治盗,格杀勿论","就地正法,便宜行事"的政策,无疑又为他们提供了生存的土壤和施展的空间。特别是那些以维护统治秩序为正位、忠于职守但用刑酷烈无所不及的所谓能治之吏,此时更为政府所倚重。

实际上,在当时的清政府眼中,只要能够维持秩序稳定,所谓贪酷之吏与能治之吏实在没有什么区别。"州县能听讼摧科绅盗,即是第一等好牧令。"[31] 地方官只要能够使该地的社会秩序得以正常运转,便可被统治者列为循吏,甚至获得擢升。至于其治理手段是否酷烈则是次要的。

  针对当时酷吏当道、酷刑治民的社会现状,《申报》曾经指出:"纵用非刑之人均得高位,岂百姓反该受此惨刑乎?"[32] 法国启蒙思想家孟德斯鸠针对王朝末世的酷刑时说:"如果在一个国家里,有什么不便的事发生的话,一个暴戾的政府便立即加以消弭。它不想法执行旧有的法律,而是设立新的残酷的刑罚,以便马上制止弊害。"[33]

  当然,我们不是说为官审案用刑皆酷,看到刑讯的弊端,尚怀爱民之心的官吏也是有的。例如道光年间四川隆昌县叶允喜与胞嫂黄氏通奸案,叶、黄怀疑黄氏儿媳知悉奸情而将其殴勒致死,并伪装为自缢。原审妄疑叶允喜兄叶允寿知情,拧耳压杠,致使叶允寿毙于大堂。后经新任臬司张集馨提审黄氏与雇工对质,黄氏遂作招供。但每提审叶允喜总是闭目诵经,有问不答。后经委派老吏李象禺与叶允喜别室坐谈数日,并赏以素食,叶犯终于供出实情,并自书长供。[34] 只是这样的官员衙役不是晚清的主流。光绪帝自己也在一则上谕中提到:"颇宜各省州县,或严酷任性,率用刑求,或一案株连,传到不即审讯,任听丁差蒙蔽,择肥而噬,拖累羁押,

---

[31] 丁日昌:《抚吴公牍》卷十七。
[32]《申报》1893年4月18日。
[33] 〔法〕孟德斯鸠:《论法的精神》(上册),张雁深译,商务印书馆1982年版,第85页。
[34] 参见张集馨:《道咸宦海见闻录》,中华书局1981年版,第97—98页。

站笼酷刑

凌虐百端,种种情形,实勘痛恨。"[35]

四、刑讯逼供与冤案锻炼

合法刑讯的滥用和非法刑讯的酷逼直接导致了大量冤案

---

[35] 朱寿朋:《光绪朝东华录》,中华书局1958年版,第5332页。

的产生。同治年间,江苏巡抚丁日昌记载江苏"桃源、阜宁等县请就地正法之案,一经派府督审,皆系良民受刑诬服,计平反者不下十七八起"[36]。这个数字不能不让人惊叹。光绪年间,河南呼冤案平反,受害人王树文的冤情终于得以昭雪。有人却借此感慨道:"如王树文之案者岂止一人?……临行呼冤者有几人?即或有之,刑部能逐案提京而亲鞫乎?"[37]

《道咸宦海见闻录》载有四川遂宁一则冤案:

> 蒋某素患痨症,身体极度虚弱。道光十八年(1838年),夜因盗贼破墙入室行窃,受惊跌落床下倒地而死。天明,报知乡保,团长赴县呈报。当时缉捕令严,县令徐钧唯恐遭参劾处分,遂以蒋某妻胡氏欲谋夫,死后即可改嫁,蒋某妹蒋氏待胡氏改醮后即可独得百亩田地为由,以胡氏与姑蒋氏谋死亲夫立案,遮掩盗案。验尸后,徐县令妄指蒋尸背部旧痕为致死之伤,又以屋内篱壁上所挂篾匠用弯针为凶器,并由幕友授意仵作伪造验尸报告。为获取口供,徐县令将胡氏、蒋氏姑嫂锁至观音崖,先是掌责数十,两女坚不承认;继以律所禁止的压杠逼取口供,姑嫂不胜其痛,书吏又在旁教供,遂在严刑下诬服。

如此严刑逼供下炮制的冤案,堪比杨乃武案。时任按察史也惊悚道:"徐令不过因办盗案处分,忍心害理,陷人凌迟

---

[36] 朱寿朋:《光绪朝东华录》,中华书局1958年版,第1521页。
[37] 同上注。

重罪，存心尚可问乎？州县万不可靠，臬司真不易为也！"[38]为了免受因辑盗不力而可能遭受的处分，竟至不惜制造冤案，严刑逼供治人以凌迟重罪，其恶至此真可谓无以复加！

刑讯逼供与冤案如影相随。汉代路温舒所言"棰楚之下，何求而不得"可谓最为经典。晚清曾踏上中国土地的英国人麦高温在其所著《中国人生活的明与暗》一书中曾写道：

> 杖击并不是儿童的游戏，它撕裂并扯掉那些可怜的受害者的皮肉，使他们在很长一段时间内都无法康复。在现有体制下，一部分官员仍然没有废除这种游戏般的刑罚。因为它还替代着严密的盘问、辩护律师的恳求以及法官的精深评论；而后面的这种形式还没有在中国的法庭上出现过。中国人认为杖击能使审讯变得顺利。通过快速、简易的方法确保正义被伸张。在棍杖的刺激下，如果被告记不起自己的所作所为，他至少可以发挥想象力来为自己开拓罪责。[39]

可清代的有识之士早已剖析了这一刑讯制度的荒谬。郑观应指出，野蛮落后的刑讯制度事实上非但不会加速案件的审理，严刑逼供只会导致屈打成招，产生更多的冤案。

> 夫讼所以平民之冤抑，一有此打，则冤抑愈加；讼

---

[38] 张集馨：《道咸宦海见闻录》，中华书局1981年版，第98—100页。
[39] 〔英〕麦高温：《中国人生活的明与暗》，朱涛等译，时事出版社1998年版，第162页。

第七章　棰楚之下，何求而不得：刑讯逼供与冤案

所以剖民之是非，一有此打，则是非转昧。故打之一法，行之以便审官之私图则可；若行之以畏平民之志，则决乎不可。今夫言由心发者，情也；言多遁饰者，伪也。问官以忠恕待人，使其人之言情理可信，而无相反之证以起其疑，则谓之直可也。问官以公明断事，使其人之言情理可疑，而无相反之据以征其信，则谓之曲可也。果其有罪，自招者罪固在；即不自招，其罪仍在。果其无罪，用刑而招，其枉愈甚；用刑而不招，是谓刑非其罪。此理易明，人所共晓。中国则必使犯人自招者，由朝廷不信问官也。夫不信问官，岂独中国为然，即外国亦然。乃中国不信问官，而问官于是乎法外施刑，必求犯人之自招，以图塞责。而自此冤案多矣。[40]

光绪初年，《申报》借杨乃武与葛毕氏案也持续对刑讯制度提出尖锐的批驳，《申报》认为，"刑讯之理实为枉也"，其实质是为贪官酷吏提供了弄权枉法的机会。[41] 其实，刑讯逼供将会产生假供进而构成冤案，帝国的君主们不是不知道。可他们知道了也是无可奈何，无法控制。孔飞力对此曾作过描述：

> 刑讯若被滥用，则会导致错误的结果。如果审判官想"钓鱼"，也就是想看看备受折磨的案犯会吐出些什么

---

[40] 夏东元编：《郑观应集》（上册），上海人民出版社1982年版，第500页。
[41] 《申报》1874年11月2日。

的话，情况更会如此。这样的做法等于是还未对疑犯起诉便搜集原始证据（或者说，是在嫌犯尚未受到传讯时便对他进行拷问），而并非从一个已受到正式指控的罪犯口中得出真实的供词。这样的"刑求"虽然未被《大清律例》明文禁止，但也未被认为是一种可以接受的做法。弘历所担心的是，从这种钓鱼式刑讯中所获得的假供会扰乱案情。毕竟，审问这些无名小卒的目的是要挖出隐藏在他们后面的妖首。如果一个受酷刑逼供的囚犯为了逃避皮肉痛苦而编造名字地址，官府又能得到什么呢？因为有具体的细节，这种编造出来的供词看起来很可信，但这些细节或是像通界的案子那样是由囚犯根据牢里的道听途说而虚构出来的，或是来自审判官员的诱供。然后，官府需要的是可靠的信息。用弘历的话来说，就是"夹板所取之供，亦未必尽可皆信"。当案情开始露出破绽时，通过重刑逼供所得口供的虚假性也越来越清楚地暴露出来。[42]

可是皇上也控制不了，尽管他明知"一用夹杖，转于事无益，并严厉禁止教供"，可往往只能徒唤奈何，冤案于是大量出笼，杨乃武与葛毕氏案即是此例。

---

[42]〔美〕孔飞力：《叫魂——1768年中国妖术大恐慌》，陈兼、刘昶译，上海三联书店2002年版，第230—231页。

下部

第八章 朝廷的决心：恢复对死刑裁决权的控制

浙江巡抚杨昌濬籍贯湖南，曾"从罗泽南练乡勇，办理左宗棠军营务处"[1]。自1869年署浙江巡抚，直至1877年因杨案而被革职，在浙时间长达九年。民间对杨昌濬的被革经过有这么一个传说：当时朝廷决策疑案大计，最后都由军机大臣武英大学士文祥和恭亲王两人主持。翁同龢曾对恭亲王面授机宜：皇上冲龄之至，太后垂帘，是所谓"孤儿寡母"的局面，弱干强枝，尾大不掉，往往由此而起。征诸往史，斑斑可考。王爷身当重任，岂可不为朝廷立威？恭亲王恍然大悟，连声相谢。改天上朝，恭亲王一改与军机大臣体仁阁大学士宝鋆私交甚厚的态度，说：杨昌濬用心可恶，蓄意跟朝廷对抗。此人并无赫赫战功，且只是一省的长官尚且如此，曾建大功、节制数省的李鸿章、左宗棠又当如何？使心存回护杨昌濬和刘锡彤的宝鋆不敢进言了。恭亲王当天就奏明两宫皇太后。虽然宝鋆在两宫皇太后前替杨昌濬求情，希望能从宽处分，无奈两宫太后已经决定了。于是，宝鋆除了厚赠

---

[1] 刘伟：《晚清督抚政治》，湖北教育出版社2003年版，第56页。

川资外,对杨昌浚别无可援手之处。

恭亲王在杨乃武冤案昭雪过程中的作用我们暂且不提,但朝廷通过彻查该案,敲打地方督抚,重振自19世纪50年代始逐渐衰落的皇权,进而改变"内轻外重"权力格局的意图还是十分明显的。而这也正是杨乃武冤案能够得到纠正的一个首要原因。可以说,此案的最终判决,是同治、光绪时期朝廷与督抚权力博弈的结果。

一、清朝专制皇权对督抚权力包括司法权的控制

哈佛大学孔飞力教授针对中华帝国后期的政治制度曾经说过:"君主是帝国政治制度的一个组成部分,而并非一个既远离这一制度,又权力无限的专制者。但是我对于我们是否了解专制权力和官僚常规是如何在同一体制内长期互动的,仍然存有怀疑。我们仍然倾向于假定这两者之间的关系是相互消长排斥的:其中一种权力的增长意味着另一种权力的萎缩削弱。"[2] 考察太平天国运动开始,特别自19世纪50年代以后,自咸丰到宣统四朝君权与督抚权力的博弈,两者的"消长排斥"无疑印证了孔飞力教授的这一推断。

清袭明制,总督、巡抚作为省一级最高行政长官,是总掌地方军政、行政的封疆大吏。总督的职权,据《清朝通志》称是:"掌综治军民,统辖文武,考核官吏,修饬封疆。"[3]《清史稿》云:"总督掌厘治军民,综制文武,察举官吏,修

---

[2]〔美〕孔飞力:《叫魂——1768年中国妖术大恐慌》,陈兼、刘昶译,上海三联书店2002年版,第246—247页。

[3] 嵇璜等:《清朝通志》卷六十九,职官六。

饬封疆。三年大比充监临官，武科充主试官。"[4]对于巡抚的职权，《清朝通志》称："掌宣布德意，抚安齐民，修明政刑，兴革利弊。"[5]《清史稿》云："巡抚掌宣布德意，抚安齐民，修明政刑，兴革利弊，考核群吏，会总督以诏废置。""其三年大比充监临官，武科充主试官，督、抚同。"[6]总督、巡抚总掌地方军政、行政大权，主要包括监督任用官吏，节制、统领和调遣军队，监督财政，司法审判监督，对外交涉等诸方面，可谓无所不包。督抚在履行这些职权时，并不执操具体事务，而是居于节制各方，"正己率属，察吏安民"，统筹全局的地位。

为了防止督抚权力过大造成割据，重蹈历史覆辙，清朝又以"内外相维""大小相制"的制度来制约督抚权力，使督抚制度在中央与州县之间起到既有利于加强中央集权，又有利于控驭地方的折冲作用。内外相维，是指通过中央政府对督抚权力的制衡来达到彼此协调并收权于中央的目的。所谓"设官置吏，内外相维，是以万里之遥，若臂指之相使"[7]。制衡主要体现在两方面：一是督抚行事必须奉旨而行，即凡事要以奏折形式向皇帝报告，得到批准后方可执行；二是部院对督抚有一定制约之权，督抚以奏折请旨事权，其有关部院者，皇帝常常下旨交部核议或下部议处，部院有准驳核议之权。

对"大小相制"，罗尔纲先生说："就是用大的来监督小

---

[4] 赵尔巽等：《清史稿》卷一百十六，中华书局1977年版，第3336页。
[5] 嵇璜等：《清朝通志》卷六十九，职官六。
[6] 赵尔巽等：《清史稿》卷一百十六，中华书局1977年版，第3336页。
[7] 嵇璜等：《清朝文献通考》卷七十七，职官一。

第八章 朝廷的决心：恢复对死刑裁决权的控制

的，复用小的来分大的；小的给大的监督着了，便无法擅动，而大的事权却给小的分了，也有所牵制而不得妄为，于是中央政府始得收统驭之功。"[8] 从大制小的角度来看，首先是皇权对督抚的控驭，其武器就是直接操纵对督抚的任用黜陟奖惩之权。在一般情况下，督抚为了自己头上这顶乌纱帽，不敢任意妄为。同时，"上制下"还体现在六部对督抚的监督之中。各省督抚拥有军事、行政、财政等诸项权力，但是又必须以"咨部"形式向六部报告，六部对各省有关事件有权核准或提出驳议，甚至予以举劾。通过这种方式，使督抚权力处于中央政府的监督之下，以达到收督抚之权的目的。

至于"以小分大"，我们以督抚的司法权为例，来说明这个问题。督抚为地方流刑以上案件的最高审级，拥有相应的司法终审权。但一省中又有按察使"掌一省刑名按劾之事"[9]，为一省的"刑名总汇"[10]，雍正皇帝说："朕惟直省大小狱讼民命所关，国家各设按察司以专掌。"[11] 按察使办理司法案件"大者会藩司议，以听于部院"[12]。即重大案件须与布政使会同办理，并上报中央。这就是说，按察使司是一省司法管理的职能机关，督抚的职责是审勘与复审；按察使虽然是地方刑名总汇，但督抚拥有监控之权。这种设置，从督抚方面来看是以大制小，从按察使方面来看是以小分大。与此同时，自雍正以后的历代皇帝又特许按察使与布政司、

---

[8] 罗尔纲：《绿营兵志》，中华书局1984年版，第236页。
[9] 嵇璜等：《清朝文献通考》卷八十五，职官九。
[10] 《大清会典事例》卷八百四十八。
[11] 嵇璜等：《清朝文献通考》卷二百零七，刑十三。
[12] 赵尔巽等：《清史稿》卷一百十六，中华书局1977年版，第3348页。

提督等也拥有对皇帝的直接上奏权,这正体现了皇帝以小分大的同时又以小监大的用心。实际上,督抚对流罪以上案件虽有终审权,但必须报刑部备案查核,各省接到刑部咨文后,方可执行判决[13],其中死罪又须经皇帝批准后方可执行。所以,督抚的司法权力是受到很大制约的。

由上观之,督抚虽为封疆大吏,总掌一方军政大权,但朝廷又通过"大小相制""内外相维"的体制使其权力受到多方牵制。对于督抚与中央之间这种权力关系,罗尔纲先生指出,"清代国家统治是运用集权与分寄的原则。这一个原则,是用于国家行政系统上的职权方面的。集权便是将国家的事权集中于中央政府,分寄便是将国家一部分的职权分寄于地方最高长官的督、抚"[14]。因此,督抚在清朝中央集权的皇权体制中实际处于一个承上启下的中间地位。对此道光时期梅曾亮曾说:

> 国家炽昌熙洽,无鸡鸣狗吠之警,一百七十年于今。东西南北方制十余万里,手足动静视中国头目。大小省开府持节之吏,畏惧凛凛,殿陛若咫尺。其符檄下所属吏,递相役使,书吏一纸操制若子孙。非从中复者,虽小吏毫发事,无所奉行。事权之一,纲纪之肃,推校往古,无有比伦。[15]

---

[13] 参见郭松义、李新达、杨珍:《中国政治制度通史》(第10卷),人民出版社1996年版,第338页。
[14] 罗尔纲:《绿营兵志》,中华书局1984年版,第244页。
[15] 梅曾亮:《上方尚书》,载《柏枧山房文集》卷三十三。转引自罗尔纲:《绿营兵志》,中华书局1984年版,第244页。

可以看出,皇权集权统治威力巨大,地方督抚一切权力运行必须视皇帝这一"头目"为转移;而皇帝通过寄权督抚,得以借助这些"手足"将政令传达贯彻到全国各地。

二、晚清皇权衰落、"外重内轻"格局的形成: 以"就地正法"之制为例

从19世纪50年代开始,威风凛凛的皇权集权统治权威持续衰落。原因有内外两个方面:从外部看,西方列强势力的一次次侵略给清政府以沉重打击,一系列不平等条约的签署又造成了对中国国家主权和政治权力的分割和威胁;从内部看,在镇压太平天国运动的过程中,督抚逐渐取得了相对独立的财政、军事等权力,造成原来高度集中于中央的财权、军权下移。中央直接控制的财政收入减少,国家经制军队绿营的作用降低,这一切更造成了中央统治力量的下降。

随着督抚权力的扩大,晚清中央与地方的关系发生了很大的变化,即从一切权力握于中央的上下控驭结构演变为中央在相当程度上不得不依靠地方的平行结构。表现为:原有的中央控驭地方的一些制度,如军事上的兵部控制兵籍、户部控制兵饷,财政上的"奏销"和督抚不得动用藩库,人事上的不得率自更调属员等制度均已瓦解,督抚执行职权时要随时报中央各部并受其监督复议的制度也逐渐松懈。另一方面,伴随着督抚权力的扩大,一些新的制度也在形成,如军事上的勇营留防和练军制度,逐步形成了地方军事体系;财政上的厘金制度和"就地筹款"制度,也造就了地方的财政体系;南北洋通商大臣的设置和督抚交涉权力的扩大,使晚

清出现了双重外交体制；地方各种机构的设置，使省出现了与中央互不衔接的行政系统。由于督抚制度本来是一个"分寄"体制，督抚权力和中央权力是通过一系列上下制约来达到"内外相维"的。所以，这些新制度的产生实际是通过分割中央权力达到的，由此造成了晚清"外重内轻"局面的形成。

朝廷权力的下移，在代表最核心的司法审判权——死刑裁决权上体现得非常明显。我们以咸丰三年（1853年），即太平天国运动兴起两年后，"就地正法"之制的确立来说明这一问题。

清朝入关统一全国以后，在总结历史经验的基础上，建立起一套完备的司法审判制度。死刑案件的审理，必须遵循严格的法律程序，以保证朝廷对死刑案件的控制。按照《大清律例》，京师以外全国各地的死刑案件，都由案发地的州县进行初审，然后层层转解，申详到府、臬司，最后由巡抚总督以结案报告形式向皇帝专案具题，同时将具题副本"揭帖"咨送刑部。皇帝将巡抚总督的具题批交刑部，由三法司核拟。三法司（主要是刑部）对案件进行复核，检查有无冤滥，定罪量刑是否准确适当，会谳后提出共同意见，向皇帝回奏。最后，由皇帝作出终审裁决：或立决、或监候、或重审。立决者，由刑部咨文所在省，立即处死；监候者转入第二年秋审；重审则大部分发回所在省重新审理。个别案情复杂重大的案件，有派钦差大臣前往审理的，也有令所在省将人犯案卷解送京师，由刑部等三法司会同重新审理的。这种死刑复核制度，保证了皇帝握有对全国臣民的生杀大权，维护了皇帝的绝对权威。

第八章 朝廷的决心：恢复对死刑裁决权的控制

道光三十年十二月十日（公元 1851 年 1 月 11 日），洪秀全领导拜上帝会众在广西桂平县金田村起事，清朝自始开始陷入全国性的动乱，需要及时判决的大案要案剧增。高度集权，但同时也费时耗资，适于和平安定时期的死刑复核制度，已很难适用于这样的动乱年代。所谓"若得交部审核复核，恐事机延缓，贻误国事"[16]。于是地方大员和统兵首领纷纷要求"就地正法"。例如当时钦差大臣李星沅、两广总督徐广缙奏报，拿获广西庆沅一带恃众攻劫、叠抗官兵的"贼首张晚""巨盗邓立奇"，就近解赴行营"审明正法"；同年 9 月，太平军进入永安后，广西巡抚邹鸣鹤会同钦差大臣、大学士赛肖阿奏报，拿获"拜会未成要犯"廖五，"未便照寻常盗犯等候部复，致稽显戮，随于审明后恭请王明，即行正法。"[17]据这年十一月邹鸣鹤奏报："计自本年正月迄今，各处兵丁团练，陆续歼擒盗匪、游匪、会匪，除临阵杀毙及因伤身死不计外，凡讯明情罪重大即饬就地正法，已一千五百余名。"[18]四川、福建、广东、湖南等地也均实施就地正法。曾国藩 1852 年在给湖南各州县绅士的信中说：

　　　　望公正绅者，严立团规，力持风化。其有素行不法惯为猾贼造言惑众者，告知团总、族长，公同处罚；轻则治以家刑，重则置之死地。其有逃兵巡勇经过乡里，劫掠扰乱者，格杀勿论；其有匪徒痞棍，聚众持械抄抢

---

〔16〕 第一历史档案馆编：《清政府镇压太平天国档案史料》（第五册），科学文献出版社 1992 年版，第 100 页。

〔17〕 刘伟：《晚清督抚政治》，湖北教育出版社 2003 年版，第 115 页。

〔18〕 同上。

者，格杀勿论。[19]

咸丰三年（公元1853年），曾国藩奏请对"土匪""立行正法"。他所列的"土匪"，包括会匪、教匪、盗匪、痞匪、游匪。提出的理由是：当此有事之秋，"不敢不威猛救时"，所以应"不复拘泥成例"。他还设审案局，派委二人，"拿获匪徒，立予严讯"。咸丰帝的朱批是"知道了，办理土匪，必须从严，务期根株净尽"[20]。

是年三月十三日，皇帝发布谕旨：

> 前据四川、福建等省奏陈绯匪情形，并陈金绶等奏遣散广东各勇沿途骚扰，先后降旨谕令该督抚等认真拿办，于讯明后就地正法。并饬地方官及团练、绅民，如遇此等凶徒，随时拿获，格杀勿论。现当剿办逆匪之时，各处土匪难保不乘间纠伙抢劫滋扰。若不严行惩办，何以安戢闾阎。著各直省督抚，一体饬属随时查访，实力缉拿。如有土匪啸聚成群，肆行抢劫，该地方官于捕获讯明以后，即行就地正法，以昭炯戒。并饬各属团练、绅民，合力缉拿，格杀勿论。至寻常盗案，仍著照例讯办，毋枉毋纵。[21]

至此，"就地正法"正式提出，并将它以制度的形式正式

---

[19] 曾国藩：《与湖南各州县公正绅士书》，载《曾文正公全集书札》卷一。
[20] 曾国藩：《严办土匪以靖地方折》，载《曾文正公全集奏稿》卷二。
[21] 朱寿朋：《光绪朝东华录》，中华书局1958年，第1913页。

确定下来,成为地方督抚的重要事权。之后,"就地正法"又有所扩大:

一是在范围上,同治元年(1862年)上谕,允各省对"遣散兵勇""逗留滋事抢掳民物者",可按"军法立斩枭示"[22]。同治二年(1863年),两广总督毛鸿宾、巡抚郭嵩焘奏请获得对"逆匪盗犯"的就地正法权;同治五年(1866年),两广总督瑞麟、广东巡抚蒋益沣又奏请获得对"奸徒诱拐并非情甘出口民人贩卖出洋者以'斩决绞决',即行正法"[23]。"就地正法"还扩大到"马贼土匪、持械抢劫、游勇抢匪"等。

二是办案程序变通。同治二年(1863年)两广总督毛鸿宾、广东巡抚郭嵩焘奏请对"逆匪盗犯"就地正法时,确定的程序为,"广州府属逆匪盗犯仍行解省勘审",其距省较远之各个州县"解交该管道府覆讯明确,禀由督抚臣核明,饬就地正法"[24],即由地方官审讯,禀明督抚即可执行,无须事先奏报和复核。随着就地正法权的取得,地方办案机构也随之产生。除咸丰三年(1853年)曾国藩设立审案局外,其他省还有解质公所、发审局、候审所、清讼局等,且均由督抚亲自派员负责。

"就地正法"之制实施后,全国各地被"正法"的人数有多少,清政府没有统计,当然也无从统计。曾国藩曾言:"公馆设审案局,讯得不法重情,立予磔死,或加枭示邦

---

[22] 朱寿朋:《光绪朝东华录》,中华书局1958年,第1319页。
[23] 同上书,第57页。
[24] 同上书,第56页。

人。……实则三月以来,仅戮五十人,于古之猛烈者不足比。"[25] 这尚是湘乡一个县三个月所杀之数,而且还是通过审案局"审讯"之数。《清史稿》本传另称:曾国藩"奉旨办团练于长沙","四境土匪发,闻警即以湘勇往。立三等法,不以烦府县狱。旬月中,莠民猾胥,便宜捕斩二百余人"。而前述广西巡抚邹鸣鹤奏报,仅自正月至十一月,不到一年的时间,"凡讯明情罪重大即饬就地正法,已一千五百余名"。如扩大到全国,数字一定触目惊心。

清王朝高度集中的死刑裁决权到了中央这个层面,无论三法司会谳、秋审大典、皇帝勾决等,程序不可谓不严,仪式感不可谓不强。但到了这个时候,已是"无可奈何花落去"了!而从高度集中到高度分散,其必然的结果是滥杀和冤杀。所谓"刑部不知,按察不问"[26]。蒙冤者既不能申诉,更无从辩冤。同治三年(1864年),太平天国运动失败前夕,也就是"就地正法"执行十年之后,曾国藩在一份批件中曾十分明确地说:

> 当咸丰年间各省土匪蜂起之时,州县办理团练,拿获匪党,多系奉有格杀勿论之谕,或有准以军法从事之札。若事后纷纷翻案,则是非耩葛,治丝愈棼,有碍于政体。本部堂前在湖南办团,及在湖北两江等处,凡州县及团练所杀土匪来辕翻控者,概不准予申理,以翻之

---

[25] 《曾文正公全集·书札》卷二。
[26] 章太炎:《讨满洲檄》,载《章氏文丛·文录》卷二。

第八章 朝廷的决心:恢复对死刑裁决权的控制

不胜其翻也。[27]

可见，曾氏自己也知道错杀之人之多，但当时即便是杀错了、冤枉了，也只能被错被冤。"翻之不胜其翻"，也就无从翻案平反。

"就地正法"配合军事围剿，清王朝确实在短期内平定了动乱。但成功包藏着隐患，最严重的就是导致司法审判上皇权严重削弱。从全国只有皇帝才握有对所有臣民的死刑裁决权，总揽天下刑名的刑部也只有承旨核办拟定罪名的权力。到"就地正法"实施后，各级地方官甚至乡绅、团练都可随意就地处决"盗""匪"，这当然是一种权力的严重失控。所谓"生杀予夺惟予一人"的皇帝权威，与此情形下可谓丧失殆尽。即使到了光绪初年，仍有各省大吏持"就地正法"之权，草菅人命。对此，我们以与杨乃武案同时期，也曾震动朝野的江宁三牌楼案为例说明。

光绪初年，南京三牌楼发现一具无名尸体，按制该案应交地方官初审，但两江总督沈葆桢却将它批给营务处总办洪汝奎，交参将胡金传经办。沈葆桢是林则徐的女婿，在时任督抚中，不但颇负能名，而且颇负清名，福建籍官僚视之为"圣人"。但是，这个"圣人"当时就有论者视为"恣睢好杀"的人。[28] 胡金传罗织罪名，认定这是一桩（哥老）会匪内讧互相残杀案，凶手是僧人绍宗、平民曲学如、张克友，死者

---

[27]《曾文正公全集·书札》卷三。
[28] 李慈铭在《越缦堂日记》中如此评论沈葆桢："沈君为林文忠婿，素有贤声，其抚江西，政绩甚著，及闽中居里，为船政大臣，恣睢好杀，声望聚损。"

名叫薛春芳。沈葆桢据此不问真假，援引"就地正法"章程，将绍宗、曲学如处斩，割去张克友的耳朵并将他逐出江宁。沈葆桢死后，江宁地方官偶获真正凶手周五、沈鲍洪，审讯查证后，证实死者不叫薛春芳而是朱彪。由于继任两江总督刘坤一与洪汝奎私交甚密，福建籍官僚又企图维护沈葆桢名声而提出诸多质疑，案件迟迟不能审结。最后，通过朝廷派钦差大臣前往江宁秘密审讯，才予平反。

包括沈葆桢在内的地方官僚们如此草菅人命，在当时的官场中极为普遍。绍宗、曲学如无辜被斩，冤情尚有明白之日，不明不白被"正法"的冤魂几何已无从可知。《清史稿》载沈葆桢担任两江总督后，"治尚严肃"。"尤严治盗，莅任三月，诛戮近百人，莠民屏迹。"三月杀人近百，令人叹为观止。野史笔记对他在福建船政大臣任内的杀人事迹有一则具体记述，录之可补史稿之简："船厂有一小工窃洋匠汗衫，乃执而告之曰：'汝偷外国人汗衫，太不替中国人做脸。'遂喝令处斩。公余亦集僚属作诗钟，有一日，未终唱，忽告人曰：'我适有事。'少顷回来再唱。遣人民瞷之。则坐大堂又杀一人矣。"[29] 觥筹交错、丝竹绕梁之中，伴之以罪犯哀号、刀光血影的刑场决囚，令人难以置信。"素有贤声"的沈葆桢尚且如此，不难想象其他官僚们草菅人命的情形。

三、朝廷与地方在死刑裁决权上的博弈

督抚权力的不断扩张，带来了清廷中央集权的危机，也

---

[29] 何刚德：《客座偶谈》卷一。

引起了朝廷的不安。基于历史经验,朝廷担心会形成尾大不掉之势。所谓"今日之督抚,即前代之藩镇,责位固不可不专,事权亦不可过重"[30]。面临地方权力扩大、中央与地方关系失衡的局面,因此,自19世纪60年代初,特别是同治三年(1864年)太平天国运动失败后,朝廷力图收回督抚手中的权力。而地方督抚或推诿拖延,或明争暗抗,致使朝廷的收权成效不明显。当然地方督抚的明争暗抗与朝廷收权成效不大有着深刻的历史原因。正如有学者指出的:"正是这一时期,中国发生着翻天覆地的变化:一方面,资本主义列强通过一次次对华战争,迫使中国一步步走向半殖民地半边缘化地位;另一方面,中国内部政治、经济乃至思想文化结构都在发生变化,变革和近代化已成为不可遏制的潮流。在这种情况下,清政府又不得不依靠地方督抚来推动某些改革,从而导致督抚权力的进一步扩大。所以,19世纪后半期督抚与中央的关系,就是一个互相矛盾和不断调整的关系。"[31]

清朝中央政府的收权意图主要体现在财政、军事、行政和司法等方面。即:财政上恢复军需用款报销制度,整顿厘金;军事上整顿军制收军权,企图重振绿营遏制地方勇营;行政人事上,裁撤因督抚事权扩大而设的地方各局所,规范督抚用人权,力图恢复藩臬与督抚的制约体系;而在司法上,无疑就是就地正法权的处置。[32] 督抚就地正法权的取得,使

---

[30] 朱寿朋:《光绪朝东华录》,中华书局1958年,第4240页。

[31] 刘伟:《晚清督抚政治》,湖北教育出版社2003年版,第356—357页。

[32] 关于19世纪后半期朝廷与督抚的权力之争,可参见刘伟:《晚清督抚政治》,湖北教育出版社2003年版,第357—364页。

生杀操之君主的死刑裁决权下移。因此，在太平天国运动失败，捻军平息，全国性的大动荡结束后，是否停止就地正法，成为中央与地方争论的焦点。虽然就地正法之制最终还是历经咸丰、同治、光绪，直至宣统诸朝，始终存在，其间手握军政实权的地方督抚不愿放弃，总揽天下刑名的刑部不敢径停，处心积虑企图扭转外轻内重格局的朝廷亦不敢贸然下令废止。但朝廷仍欲重新控制因就地正法而严重削弱的死刑裁决权，重拾旧制威严，而通过典型案件敲打地方督抚，昭示朝廷的意图与决心，无疑是一个非常有用的途径。杨乃武案给朝廷提供的就是这样的机会。

同治八年（1869年），亦即捻军失败后的第二年，御史袁方城便上奏请求停止就地正法。袁氏的奏疏经刑部核议后，朝廷曾下达过一道谕旨：

> 前因军务方殷，各该地方官拿获匪徒，即行就地正法。原属一时权宜之计。除现有军务地方仍准照办外，其业经肃清省分，遇有获案要犯，著仍照旧章，详由该管上司复核办理，以重人命。[33]

这道谕旨定性"就地正法"是"一时权宜之计"，而非常法，但其仍网开一面并没有彻底取消的打算。或者说当时的朝廷有恢复旧制的意图，但并无真正"重整旧纲"的勇气。如此欲取还予以"军务"进行限制，试图缩小执行范围，实践中自难执行。同治十二年（1873年）御史邓庆麟又上奏，

---

[33]《穆宗实录》卷二百五十三。

请求"军务肃清省分，拿获盗贼土匪"照旧例办理，停止就地正法。朝廷将邓氏奏疏批交刑部核议，刑部十分为难："各省军务虽早肃清，盗劫之案尚未止息。若遽一律改归旧制，窃恐窒碍难行。"[34] 显然，刑部不同意以有无军务来确定是否停止就地正法，主张把邓氏奏疏咨行各省督抚，由他们根据实际情形，决定是否恢复旧制停止就地正法。各省督抚核议的结果当然可想而知，他们几乎一致反对停止"就地正法"，主张有保留地继续适用。

如广东巡抚兼署两广总督张兆栋就提出，"粤东盗风，甲于他省，动辄明火持械，肆行劫掠"，军务虽然停止，但"盗劫之风，尚未止息"；其他省军务肃清后，遣散兵勇回粤，打家劫舍，为害乡里。在这种情况下，"若拘泥成例，遽请规定复旧制，诚恐凶暴稽诛，妄思漏网；监狱拥挤，致有他虞，转贻地方隐患"。因此，对此类案件仍应由督抚核明，批饬就地正法。[35]

再如两江总督刘坤一、江苏巡抚吴元炳，在连衔复议奏折中说：江苏省在军务肃清以后，"游勇抢匪强劫之事，仍复不小。徐海各属地方伏莽，亦尚未能净绝"。对这些土匪游勇，若"一概照例解勘，则稽延时日，实不足以示惩创而儆效尤；并恐道路稍涉疏虞，转致酿成巨案"[36]。因此，他们指出，江苏省对聚众抢劫的土匪、游勇，必须继续适用"就地正法"。

---

[34] 朱寿朋：《光绪朝东华录》，中华书局1958年版，第56页。
[35] 参见同上书，第57页。
[36] 同上书，第141页。

如此到了光绪初年，又有御史胡隆洵、陈启泰、谢谦亨上奏要求停止就地正法，但很快遭到反对。江西巡抚李文敏称："目下盗风未能权息，旧章（就地正法）实难遽行停止。"两江总督左宗棠说："江苏滨海江防，口岸众多，华洋商贾辐辏云集，值此奸宄溷迹出没无常之时，非悬一重典以严为防。"几乎所有的地方督抚均以地方未靖为由反对停止"就地正法"之制。[37]

地方督抚反对，但朝廷亦不容生杀大权如此旁落。恰于此时，杨乃武案案发，其他如江宁三牌楼案和河南王树文案也相继曝光，朝野上下为之大哗。时势给了清朝中央政权抓住机会恢复旧制重新控制死刑裁决权的可能。

杨案部分谕旨（摄于杨乃武与小白菜奇案展示馆）

---

[37] 朱寿朋：《光绪朝东华录》，中华书局1958年版，第1319、1298、1231等页。

在"普天之下，莫非王土；率土之滨，莫非王臣"的君主专制王朝中，百姓的生命自如蚁蝼；特别到了王朝末期，冤案的产生可以说司空见惯。个案，哪怕人命关天，冤深似海，很难被皇帝亲自垂顾。同治也好，光绪也罢，乃至幕后的两宫太后，实在有太多的军国要事乃至家事需要他们处置。而一个案件即使事后查明为冤，皇帝大不了拿几个涉案的不称职官员的前程甚至人头一抵了事，何至杨乃武一案朝廷竟会如此倾注精力，以前后十三道谕旨来直接驱使案件的复审直至昭雪呢？我们完全可以说，为一民案下这么多谕旨，实为历朝历代所罕见。因此，这十三道谕旨实在值得我们按时序题录展列如下：

着杨昌濬同臬司亲提严讯。（同治十三年九月二十日）

着胡瑞澜提集人证秉公严讯并着杨昌濬妥为看管要证候审。（光绪元年四月二十四日）

着胡瑞澜提集人证秉公严讯毋得回护同官含糊结案。（光绪元年四月二十四日）

着胡瑞澜考遗事毕督同委员务将葛品连死因研讯明确。（光绪元年八月初一日）

着刑部将胡瑞澜审拟葛毕氏案折片速议具奏。（光绪元年十月十五日）

着毋庸将葛毕氏案提交刑部并着该部速行议奏。（光绪元年十月十八日）

着胡瑞澜将情节歧异处研讯明确并将供词声叙。（光

绪元年十月三十日）

着杨昌浚委员提解葛毕氏案犯证案卷交刑部秉公审讯。（光绪元年十二月十四日）

着杨昌浚遴派委员提解葛毕氏案人证送部。（光绪二年五月初十日）

着杨昌浚将刘锡彤并葛品连尸棺等解部复验审办。（光绪二年九月十七日）

着将相验不实之刘锡彤革职并着刑部提集案证讯明有无帮勘情弊。（光绪二年十二月十六日）

着刑部彻底根究葛品连身死案因何审办不实。（光绪二年十二月二十七日）

着将葛品连案审办不实各员分别革处。（光绪三年二月十六日）

可以说十三道谕旨将朝廷对该案审理干预到底的决心表露无遗。当御史们的清谈无法限制地方督抚已经用惯了的生杀大权，从皇帝到刑部也为没有"突破口"而踌躇犹豫时，无论时机还是影响，杨乃武案都理所当然地成为朝廷揪住不放的机会。确实，从杨乃武案中，朝廷真真切切感受到了权力下移、权威下降的结果。我们且看当日即予批复的给事中边宝泉于光绪元年（1875年）十月十八日的奏折：

> 此案杨乃武是否屈抑，原审官是否回护，非奴才所知。然近年来外省已经办成之案，虽经京控而发交原省

查办，平反者百不得一，久已相习成风。[38]

再看御史王昕光绪二年（1876年）十二月二十七日所呈"承审要案之大吏瞻徇欺罔请旨严惩由奏"，该奏折也于同日即予批复。

> 仰见我皇上钦恤用刑，慎重民命之至意，臣愚以为欺罔为人臣之极罪，纪纲乃驭下之大权，我皇上明罚此敕法，所以反复求详者，正欲伸大法于天下，垂炯戒于将来，不止为葛毕氏一案雪冤理枉已也。……臣惟近年各省京控从未见一案平反，该督抚明知其冤，犹以怀疑误控奏结。又见钦差查办事件，往往化大为小，化小为无，积习瞻徇，牢不可破。[39]

"积习瞻徇，牢不可破"！御史所言难免有些耸人听闻，但死刑终审权的下移给中央集权所带来的巨大冲击确系不争事实。由于督抚的专权，不仅司法审判权上的"外重内轻"格局同样存在，甚至对王朝的执政合法性也带来极大的冲击。个案的影响范围一般局限于个别的区域，可是，倘若冤案成为一个经常性的社会现象，非议和抱怨的矛头也许会突破个案，直指制度。在杨乃武案为越来越多的人关心之后，人们即开始转向对当时的司法制度的质疑和挑战，对此，从当时

---

[38] 中国第一历史档案馆编：《清宫御档——杨乃武小白菜奇案御档》，西泠印社出版社2007年版，第147—148页。

[39] 同上书，第316、320页。

《申报》所载的有关评论可见一斑，我们这里摘录同治十三年（1874）十一月二日《论余杭县案》及光绪元年（1875年）二月十四日《论复审余杭案》所言：

> 再者现在民人参冤，则上司每委原问官复审，该民既已被原官刑迫，而使之再经其刑迫，此事实如杜禁上控，而特立此法者，既于理不符，而未免有涉于忍矣。所谓回护者即为此也。
>
> 中国刑讯之枉民，于此而尽包括其中。在上者若能静思此言，其深有仁心并怀公道者，其肯仍令刑讯之弊其犹行于中国乎？……盖民为邦本，本固邦宁，岂有听人日残其邦而犹望其邦之兴旺乎？

"盖民为邦本，本固邦宁，岂有听人日残其邦而犹望其邦之兴旺乎？"一旦人们把冤案和制度联系在一块，除了蒙冤者，人们的潜意识里同样会把自己放在一个可能的受害者位置上。既然生活在同样的制度下，而这种制度使无辜者蒙冤，那么同样的厄运也许会在自己的生命中上演。此间，人们自觉不自觉地把自己视为一个相对弱势、容易受到制度不公正待遇的群体，像所有冤案受害人一样，集体敌视极有可能会给他们带来灾难的制度。一旦民众对政府的合法性提出质疑和挑战，政府就将失去民意基础，而失去民意基础的政府是不堪一击的。杨乃武案发生后不到五十年，清王朝即土崩瓦解。

清政府当然不知道此后不到五十年的时间它将土崩瓦解，但其应该能感受到督抚们的一手遮天，已不仅仅是对皇权的瓜分，更是对皇朝根基的侵蚀，直接影响到了清朝统治的基础。因此，在王昕的奏折中，他由胡瑞澜、杨昌濬推及所有地方军政大吏，指出"大臣倘有朋比之势，朝廷不无孤立之忧"，进而提出两项建议：第一，对胡瑞澜、杨昌濬不能像对待平常办错案件官员那样以"故入误入已决未决比例轻重"，而应"究出捏造真情"，"予以重惩"；第二，借平反此案之机，通过重惩杨昌濬、胡瑞澜，扭转疆臣藐法欺君的局面。[40] 王昕由一省一案推及全国所有案件，由深究杨昌濬、胡瑞澜推及所有督抚，已经非常明确地反映了清廷企图借平反冤案，缩小甚至收回"就地正法"权，削弱督抚权力的意向。正因如此，朝廷在谕旨中指出："各省似此案件甚多"，要求刑部"彻底根究"杨乃武案，由此向封疆大吏们发出了彻底追究、绝不妥协的信号。

如果说，王昕就杨乃武案所作奏劾还有那么一点拐弯抹角的话，河南王树文案结案后，三法司批驳河南巡抚李鹤年的奏折就是一针见血了。河南省镇平县张楼被劫，抓获劫犯之一"胡体安"。开刀问斩时，罪犯呼冤，声称自己不叫胡体安，真名乃王树文，系受差役蒙骗，冒名顶替胡体安。河南巡抚李鹤年、总督梅启照受命先后审理此案，已明知罪犯确为无辜之王树文，真犯胡体安早已逃走，但为庇护属员，坚持处斩王树文。几经周折，最后案提刑部，才予平反。李鹤年、梅启照等一大批官员，分别被降革流放。这种现象背后所隐藏的正是皇权对死刑案件的最终裁决权仍然严重失控，正常程序仍无法恢复。所以与杨昌濬一样，李鹤年在刑部审

---

[40] 参见朱寿朋：《光绪朝东华录》，中华书局1958年版，第346页。

王昕上奏：大臣若有朋比之势，朝廷不无孤立之忧（摄于杨乃武与小白菜奇案展示馆）

第八章 朝廷的决心：恢复对死刑裁决权的控制

结后,仍提出种种理由狡辩。而三法司则直接批驳:如是办案"长外省草菅人命之风,其失犹小;启疆臣欺罔朝廷之渐,其罪实大。现在诸事内轻外重,势已积成,尚未有如斯之明目张胆,护过饰非者"[41]。

"长外省草菅人命之风,其患犹浅;启疆臣欺罔朝廷之渐,其罪实大"。这几句与前面王昕奏折相较,内容相似,但提出的问题更直接、更尖锐。综观两折,都是针对冤案参劾督抚,但是参劾的重点不在冤案本身,他们所真正担心的是"内轻外重"继续发展,皇权继续削弱。因此,他们的真正目的是要扭转"疆臣藐视朝廷"的局面,加强皇权,维护中央集权的封建专制政权。

回头再看翁同龢的话:"冲龄之至,太后垂帘,是所谓'孤儿寡母'的局面,弱干强枝,尾大不掉,往往由此而起。征诸往史,斑斑可考。王爷身当重任,岂不可不为朝廷立威?"翁同龢当时是刑部代理右侍郎,此前自同治四年(1865年)至同治十一年(1872年)一直是同治帝的老师,对朝廷与地方"弱干强枝、尾大不掉"的格局应该是很清楚的。对于杨乃武案他当然了解朝廷需要什么样的"政治正确"。而据谢俊美教授研究,王昕的奏折也正是在翁同龢的授意下上奏的。[42] 正如王树文案中三法司的奏稿虽由刑部候补郎中赵舒翘起草,但其语实出自当时的清流首领、都察院左副都御史张佩纶之手。[43]

---

[41] 赵舒翘:《慎斋文集》卷五。
[42] 参见谢俊美:《翁同龢传》,中华书局2000年版,第146页。
[43] 参见李岳瑞:《春冰室野乘》。

当然，当时这样的"立威"也只能是初步的，甚至是难以持久的。为区区一个命案朝廷前后下如此多的谕旨，本身就说明了"立威"的艰难。事实上，"就地正法"之制历经咸丰、同治、光绪、宣统四朝，而与清朝共同寿终正寝，下放的权力要想全部收回非常艰难。所谓"青山遮不住，毕竟东流去"，气数将近的王朝，已回天乏术，只能随波逐流了。

杨昌濬、刘锡彤被革职（摄于杨乃武与小白菜奇案展示馆）

鸦片战争以后，中国社会开始发生根本性变化，它在造成传统政治体制危机的同时，同时带来对传统政治体制改革的新需求。这不仅表现在因内外战争带来的财政、军事等物质需求的扩大，而且也表现在因社会结构变化和转型要求而引起的对旧有体制变通需求的产生。在这种情况下，原来中央与督抚的权力分配关系以及由此所形成的制度难以适应新的社会条件和要求。由于清政府是一个内外相维的中央集权体制，在传统体制难以满足社会变化所带来的新需求时，可能有两种缓和危机的途径：一是从中央做起，首先进行体制

第八章 朝廷的决心：恢复对死刑裁决权的控制

调整，确立改革者在中央的领导地位，然后确定规划，一步一步地推进改革。它的前提条件是：最高领导人要有现代化意识，并能利用一批具有现代化意识的官僚和革新人士推进改革。日本明治维新就是这种从中央体制改革入手的典型。[44]但是它也触动了部分既得利益者，使改革遇到极大阻力。二是从地方做起，把各种改革化解为地方事权，但这必须以下放权力为前提。它的好处是可以避开中央内部矛盾，可以在不需要对体制进行大的调整的情况下进行，但是要冒扩大地方势力造就地方利益的风险。

19世纪60年代，清政府高层领导中还没有形成具有现代化意识的改革力量。即使1861年成立的总理各国事务衙门也难以独立承担起现代化领导机关的重任。清朝中央政府的无所作为使客观历史条件造成的政治、军事、经济等新需求必然会寻找新的突破点，从而造成权力的转移。从督抚这一层次看，有三个因素有利于其首先变通与改革：第一，由于督抚处于中央集权体系的中间层次，既是地方权力的集中代表，又是中央权力在地方的最高体现，所以当社会变化需要原有体制变通而中央体制又不愿变通之际，督抚就会成为中央的主要依靠对象。第二，督抚为一方之长，可以以奏折形式直接向皇帝打报告请示工作，这为督抚处理事务时的变通和扩张事权提供了机会与可能。第三，督抚衙门中没有庞大的行政机构，一般延请幕友协助处理公文案牍。这种设置，使督抚在行使权力时效率较高而所受内耗较小，使督抚衙门

---

[44] 参见高旺：《晚清中国的政治转型》，中国社会科学出版社2003年版，第37—46页。

能较灵活地根据新需求实行变通并设置新机构。

总之,从19世纪50年代开始,无论是督抚制度还是督抚在政治和社会中的角色,都较以前发生了很大的变化,而这些变化,又恰恰与近代中国社会转型的步伐同步。社会转型是社会政治经济文化诸结构的变迁历程,也是新旧结构互相纠葛的制约与转化历程。其中既有因"西风东渐"带来的新结构新因素的增长,也有旧结构旧因素在新的历史条件下的转化与变迁。两方面的互相影响,构成了中国近代历史的发展脉络。

《杨乃武与小白菜一案真情披露》一书中提到:"当年撤去杨昌浚和胡瑞澜职务的上谕中,其处置杨昌浚的理由是:'巡抚杨昌浚据详具题,既不能查出冤情,送京控复审又不能据实平反。且于奉旨交胡瑞澜提讯后,复以问官并无严刑逼供等词哓哓置辩,意存回护,尤属非是。'并无提到目无朝廷的问题。对胡瑞澜的处置理由是:'侍郎胡瑞澜于特旨交审要案,所讯情节与原题不符,未能究诘根由,详加复验,率行奏结,殊属大负委任。'也未说他有欺罔皇上的问题。看来的确是因未能发现并纠正这一冤案而对这两位大员给予严厉处置,属于错案追究。"[45] 应该说,朝廷的处理就个案而言,当然是错案追究。但就人而言,朝廷绝不想轻易拿杨昌浚、胡瑞澜们换杨乃武、葛毕氏。之所以仍拿他们开刀,错案追究仅仅是个幌子。谕旨戴上这个幌子,恰恰在于朝廷不能不对督抚们有所忌惮,换言之,在"外重内轻"的格局已经形

---

[45] 王策来编著:《杨乃武与小白菜一案真情披露》,中国检察出版社2002年版,第155页。

成后，朝廷之威不是想立就可任意立起。例如四川总督沈葆桢对朝廷"不冤杀匹夫匹妇而反黜抚臣学臣"公开表达不满，其时他由山东巡抚调任四川总督，正在北京，在听到验尸结果后，"大怒，扬言于朝，曰'葛品连死已逾三年，毒消骨白，此不足定虚实也'"[46]。认为刑部对此案不应平反，承办此案的地方官员并无过错，主张仍应按照原批罪名定罪。当他听说要参革杨昌浚及有关官员时，竟跑到刑部大堂，大发雷霆，面斥尚书桑春荣糊涂，并威胁：如果这个铁案要翻，将来没人敢做地方官了。[47] 左宗棠则在杨昌浚被革职后不久即于奏保，重予起用，以此表明他对杨案的态度。[48]

而最为典型的莫过于光绪三十一年（1905年）正月，两广总督岑春煊违反法定审判程序，应奏不奏，就地处斩李云甫、李松甫一案。南岑（春煊）北袁（世凯），是当时权势最大的两个总督。广西桂林府全州州同刘荫琛，不遵岑春煊就任署理两广总督时所发禁令，继续使用门丁。在他的纵容下，门丁李云甫、李松甫串通书办蒋吉安，对事主蒋志道等进行吓诈，得赃三起。审明这一事实后，岑春煊便将门丁李云甫、李松甫立即斩首正法，同时奏请朝廷，将该州州同刘荫琛革职，发配新疆。并请朝廷以此案为例，通令全国，禁止大小官署，继续使用门丁，革除门丁之弊。

刑部查阅岑折，认定岑春煊断罪系引律例，破坏法律，任意杀戮。并据此具稿参劾岑春煊，要求朝廷申明定律，慎

---

[46] 吴语亭编：《越缦堂国事日论》（第三册），第1336、1368、1372页。
[47] 参见谢俊美：《翁同龢传》，中华书局2000年版，第145页。
[48] 参见李贵连：《近代中国法制与法学》，北京大学出版社2002年版，第423、435页。

重刑章,予岑春煊应得之罚。但在曾历任陕、苏、川等地抚督的刑部尚书奎俊的压制下,事过三月,刑部最后不仅未参劾岑春煊,反而为其开脱:据该督事后据实奏明,自可毋庸置议。并泛泛论道:嗣后各省审办案件,除例应恭请王命,先行正法,及强盗重犯,仍照章就地惩办外,其余斩绞人犯,无论监候、立决,俱应按律议拟具奏,不得先行正法。倘有不先奏闻,竟行斩决者,即由臣部照例参处。[49]

旁落的司法审判权已经难以恢复旧制,煌煌天朝只能随波逐流直至被革命的汹涌大潮淹灭。

---

[49] 参见李贵连:《近代中国法制与法学》,北京大学出版社2002年版,第494—500页。

第九章　举人的力量：杨乃武自己拯救自己

在杨乃武案的演变过程中，内阁中书汪树屏等十八名浙籍京官光绪元年（1875年）十月的联名呈诉起了非常关键的作用。正是这份呈诉，使杨乃武案踏上柳暗花明之路。

光绪元年（1875年）十月十八日，因胡瑞澜拟维持原审判决并以此上奏，户科给事中边宝泉上奏朝廷，要求将杨乃武案提交刑部重新审理。但边宝泉的这一奏请未获允准，认为"外省案件纷纷提交刑部，向亦无此政体"。因此只是谕旨刑部"详细研求，速行核议具奏"。也就是要刑部再看看有哪些可疑之处，提出来由胡瑞澜进一步查究。这一谕旨对于杨乃武案的纠正极为被动，原因正如边宝泉上奏所言：第一，"此案传闻异词已非一日，近日外间议论佥谓该学政与抚臣杨昌濬素日相好，其办理此案，外示严厉，中存偏袒，于案中紧要关键并未虚公讯究，势必仍照原定罪名拟结"。"今恭读谕旨胡瑞澜所奏果与此前传闻无异，是物议必非无因。"[1]

---

[1] 中国第一历史档案馆编：《清宫御档——杨乃武小白菜奇案御档》，西泠印社出版社2007年版，第147、148页。

第二,"胡瑞澜以学政办理同省重案,所派承审之人不过府州县官,与钦派大臣随带司员者不同。外吏之升沉操之督抚,仰承意旨视为故常,一旦特发公论,以疑难大案引以为责,而致亲临上司干失入之重咎,虽愚者不肯出此"。[2] 第三,"胡瑞澜素本文臣,从未办理刑名事件,其受人牵制,不能平反,本在意料之中"。[3]

在这些浙籍京官看来,皇上谕旨由刑部"研求"并仍交胡瑞澜查究,对于刑部提出的诸多疑点,胡瑞澜终将为这些疑点弥缝,到时很可能在胡瑞澜再次上报的案件材料中已看不出破绽,这样,杨乃武案将只能冤沉海底。实际上,在胡瑞澜光绪元年(1875年)十月三日以"讯明民妇葛毕氏毒毙本夫案定拟由"的奏折中,已经认为原审无冤无滥,应处杨乃武、葛毕氏凌迟和斩立决。杨乃武彻底绝望,并在狱中自挽一联:"举人变犯人,斯文扫地;学台充刑台,乃武归天。"但皇上金口玉言,向无收回成命之理。于是,内阁中书汪树屏等十八位浙籍京官顶着冒渎圣上的风险,既已"窃思外省案件动辄请提刑部,诚如圣谕:无此政体",但仍"敢再为渎请"。他们的理由是:"惟此案出入甚重,疑窦甚多,若非究出实情,何以仰副圣朝明慎用刑之意?溯查道光四年,山西榆次县闫思虎失出一案。又,同治十二年浙江韩溥华所控犯书孙锦侵冒工款一案,均以案情重大,钦奉谕旨解部审办在案。"[4] 这一呈诉明里通过都察院于光绪元年十二月十四日

---

〔2〕 中国第一历史档案馆编:《清宫御档——杨乃武小白菜奇案御档》,西泠印社出版社2007年版,第148—149页。
〔3〕 同上书,第149页。
〔4〕 同上书,第204—205页。

第九章 举人的力量:杨乃武自己拯救自己

(公元1876年1月10日)上奏皇上,暗里由翁同龢、夏同善"游说"。次日谕旨下:

  前据给事中边宝泉奏称,浙江余杭县民妇葛毕氏毒毙本夫一案,胡瑞澜复讯未协,请解交刑部办理。当以提案解京,事涉纷扰,且恐案内人证往返拖累,是以未准所请,仍责成胡瑞澜悉心研究。兹据都察院奏称:浙江绅士汪树屏等遣抱联名呈控,恳请解交刑部审讯。据呈内所叙各情,必须彻底根究,方足以成信谳而释群疑。所有此案卷宗及要犯要证,即着提交刑部秉公审讯,务得确情,期于毋枉毋纵。至案内各犯,着杨昌浚派委妥员,沿途小心押解,毋得稍有疏忽,至于咎戾。[5]

  皇上的态度来了个一百八十度的大转弯,杨乃武案也就此走出了困境。
  笔者不吝笔墨详述了浙籍京官联名呈控的前后经过,想要说明的问题是京官,尤其是浙籍京官为何如此关注杨乃武,为该案的平反纠正花了那么大的力气,甚至不惜冒渎圣上联名呈控,为杨乃武鸣冤叫屈?《杨乃武与小白菜案真情披露》一书曾提到:"当年的人们普遍认为,是因为这些京官都是读书出身,科举入仕。而杨乃武也正好是刚中举人。如果坐实了杨乃武的罪名,则将严重影响读书人的声誉,尤其是浙江读书人的声誉。因此他们对杨乃武的平反纠正不遗

---

  [5] 中国第一历史档案馆编:《清宫御档——杨乃武小白菜奇案御档》,西泠印社出版社2007年版,第207页。

余力。"[6] 应该说，为后人所忽视的这一认识，触及了杨案得以平反的一个非常重要的因素：杨乃武是举人！是一个有功名的人！

我们先来看此间一个非常有意思的情况：联名呈控的内阁中书汪树屏等十八位浙籍京官都是在职官员，都察院奏折中也载明是浙江京官联名遭抱呈递，且将他们的官衔、大名列具呈上，但到了皇上谕旨中却成为"浙江绅士汪树屏等遭抱联名呈控"。有论者推测可能是因为皇上并不赞同以朝廷官员的名义呈控，而故意称他们为绅士。[7] 但实际上，在清代，绅士绝非普通老百姓，而是一个特权阶层。是指那些已经获取功名的人，包括已经为官或尚未为官但已经考取功名的读书人。著名学者、历史学家张仲礼先生即谓："绅士的地位是通过取得功名、学名、学衔和官职而获得的，凡属上述身份者自然成为绅士集团成员。"[8] "绅士是一个独特的社会集团。他们拥有人们所公认的政治、经济和社会特权以及各种权力，并有着特殊的生活方式。绅士们高踞于无数平民以及所谓'贱民'之上，支配着中国民间的社会和经济生活。政府官吏也均出自这一阶层。"[9] 而按照孔飞力先生的考证，绅士活动的黄金时期正是杨乃武案发生的前后。[10] 这与王朝

---

[6] 王策来编著：《杨乃武与小白菜案真情披露》，中国检察出版社2002年版，第14页。
[7] 参见同上书，第140页。
[8] 张仲礼：《中国绅士——关于其在19世纪中国社会中作用的研究》，李荣昌译，上海社会科学院出版社1991年版，第1页。
[9] 同上书，导言。
[10] 参见〔美〕孔飞力：《叫魂——1768年中国妖术大恐慌》，陈兼、刘昶译，上海三联书店2002年版，第303页。

第九章 举人的力量：杨乃武自己拯救自己

式微、皇权下降、政权机构无为无能密切相关。

按照绅士的划分标准，就一个地方而言，除了当地有功名者外，外出为官或者卸官回乡的人，均被视为本地绅士。换言之，浙江十八位京官与杨乃武是同一集团或曰同一阶层的。在某种程度上，他们是休戚与共的。夏同善曾言："此案如不究明实情，浙江将无一人读书上进。"可以说，杨乃武的举人身份，对于冤案的最终昭雪至关重要。杨乃武自己救了自己，也顺便救了葛毕氏！

一、绅士的社会地位与影响力

杨乃武二十岁即考上秀才，到了三十一岁，也就是同治十二年（1873年）九月十五日中了举人。据《余杭县志》载，余杭全县得中癸酉科举人仅杨乃武一人。三年一度的乡试，余杭全县仅杨乃武一人，可见取得这一身份的门槛之高。确实，明清时期，即使是在江南，在整个绅士阶层中，不说进士，举人人数也是绝对少数。[11] 据对清代苏州府长洲、元和、吴县三县统计，三县共有进士526人，举人1536人，生员10 388人，其中进士占举人的34.2%，举人占生员的14.8%，进士占生员的5.1%。[12] 自顺治元年（1644年）至光绪三十一年（1905年）宣布终止科举考试，先后二百六十

---

[11] 参见徐茂明：《江南绅士与江南社会（1368—1911年）》，商务印书馆2004年版，第310页。

[12] 参见钱国祥编：《国朝三邑诸生谱》光绪三十二年刻本；陆懋修、陆润痒编：《苏州府长、元、吴三邑科举榜》光绪三十二年刻本。转引自上引徐茂明：《江南绅士与江南社会（1368—1911年）》，商务印书馆2004年版，第311页。

余年，以盛产状元著称的苏州府[13]上述三县平均每县每次乡试举人也只寥寥几人。在绅士阶层中占绝对多数的还是获得初级功名的生员。也正因此，作为特权阶层的绅士阶层，实际包含了两个不同的集团，上层绅士由学衔较高的以及拥有官职的人员组成，包括进士、举人、贡生以及无论正途还是异途出身的官吏。所有生员以及异途的监生、例贡生构成了下层绅士集团。[14]

考中举人的荣耀与影响，张仲礼先生曾有一段生动的描述："考生员不过是聚本县的人一起竞争，而考举人则是聚本省各府的人一起竞争。中举者不过百分之一二，他们不仅为自己赢得荣耀，而且他们各自的村庄或市镇也大为光彩。他们中举并从此跻身上层绅士，使他们能够与巡抚和其他省级上层官员以及各地的上层绅士交往，从而为家乡带来各种物质利益。举人的功名的确是儒林中地位高的一种标志。"[15]

其实，我们耳熟能详的范进中举的故事，不就是更为鲜活的写照吗？杨乃武由秀才而举人，他已全身进入这一特殊社会集团，而且厕身上流社会阶层。这一身份的影响对他而言是非常重要的。瞿同祖先生指出："封建社会中贵贱的对立极为显著，为封建关系所必具之基础。""士大夫（君子）与庶人（小人）的分野自周代以迄清末的三千年间一直似为社

---

[13] 清初苏州人汪琬任翰林院编修时，就曾向同僚夸称状元是苏州"土产"，汪琬之后，清代114名状元中，苏州府（不含太仓）就有24名。参见徐茂明：《江南绅士与江南社会（1368—1911年）》，商务印书馆2004年版，第310页。

[14] 参见张仲礼：《中国绅士——关于其在19世纪中国社会中作用的研究》，李荣昌译，上海社会科学院出版社1991年版，第6页。

[15] 同上书，第24页。

会公认的、重要的，两种对立的阶级"，"习俗和法律一直承认他们之间优越与卑劣关系的对立，承认他们不同的社会地位，承认他们不同的生活方式，赋予士大夫以法律上、政治上、经济上种种特权。如果我们称之为特权阶级，而以非特权阶级为庶人的代名词或无不当"。[16] 下面我们看看杨乃武们中举后法律和习俗给予他们的地位和特权以及他们的社会影响。

绅士首先是一个法律上的特权阶层。

道光十五年（1835年）7月号的《澳门日报》曾有一篇西方人士撰写的文章称："吸引人去获取哪怕是最低一级功名的是，有功名者可不受刑罚。"[17] 人们可以发现，清代例律、谕旨和成例所规定的刑罚和法律程序，正是从法律上体现了绅士所享有的势力和威望。如果绅士中有人违法，知县要处置必须采取特定的程序。如知县不顾这些程序自作处置的话，他可能被参劾。例如颁布于顺治十年（1653年）的一道上谕规定了处置生员的程序：

> 生员犯小事者，府州县行教官责惩。犯大事者，申学黜革，然后定罪。如地方官擅责生员，该学政参劾。[18]

---

[16] 瞿同祖：《中国法律与中国社会》，中华书局1981年版，第136页。

[17] 转引自张仲礼：《中国绅士——关于其在19世纪中国社会中作用的研究》，李荣昌译，上海社会科学院出版社1991年版，第36页。

[18] 《学政》卷三十一，第2页。转引自张仲礼：《中国绅士——关于其在19世纪中国社会中作用的研究》，李荣昌译，上海社会科学院出版社1991年版，第37页。

康熙九年（1670年）的一道上谕重申这一程序：

  生员关系取士大典，若有司视同齐民挞责，殊非恤士之意。今后如果犯事情重，地方官先报学政。俟黜革后，治以应得之罪。若词讼小事，发学责惩。[19]

  地方官对这一规定是非常熟悉并尽力执行的。一本为知县的幕僚们必读的手册中说道，一个知县必须懂得，生员或其他绅士犯罪，必须先向上级报告："生员犯杖笞轻罪褫革者，只详学院与本府本州。徒罪以上，方用通详。若因重案牵连应褫革者，虽罪止杖笞，亦应通详。禀生并详藩司，以便开除禀粮。贡监生应褫革者，无论笞杖徒罪，均应通详，兼详学院。"[20]

  显而易见，绅士犯罪，不会上刑。如果他罪行很重而必须惩治，首先要先革去其绅士身份，然后才能处置。杨乃武也正是在被革去举人身份之后，屈打成招，最终被判处斩立决的。

  法律还特别保护绅士免受平民百姓的冒犯，对冒犯者予以严惩，以保护绅士的社会声望。如一个绅士受到辱骂或被殴伤，辱骂者所受处置将比他辱骂一个百姓严厉得多，"吏卒骂举人比照骂六品以下长官律杖七十"[21]。如果辱骂的是一个普通人，仅笞责十下。并且，在诉讼中，平民不得指名绅

---

[19]　转引自张仲礼：《中国绅士——关于其在19世纪中国社会中作用的研究》，李荣昌译，上海社会科学院出版社1991年版，第37页。
[20]　王又槐：《办案要略》。
[21]　《大清律例汇缉便览》卷二十九。

士出庭作证。如绅士本人直接涉讼,他们可不必亲自听审,可派其仆人到庭。现职官员涉讼也同此待遇。[22]

同时,绅士还享有一些十分重要的经济特权,对他们的赋税和徭役均有特殊规定。乾隆元年(1736年)的上谕示:"任土作贡,国有常经。无论士民,均应输纳。至于一切杂色差徭,则绅衿例应优免……嗣后举贡生人员等,著概免杂差,俾得专心肄业……"[23]

由于这一原则,绅士们被免去了所有的人头税,即丁税和劳役。丁税是清初推行的,即将男丁劳役的征用改为纳银,最初丁税是不按田产征收的。[24] 绅士优免丁税在官学学宫前卧碑上镌刻的朝廷告示上开宗明义就说明:"朝廷建立学校,选取生员,免其丁粮,厚其廪膳,设学院学道学官以教之。各衙门官以礼相待,全要养成贤才以供朝廷之用。"[25] 尽管雍正五年(1727年)丁税摊入田赋,但绅士仍享有免纳该税款的特权。而且,这种免服徭役或免纳税款的特权不仅适用于绅士本人,有时也适用于其他家族成员。[26] 在贵州黎平府

---

[22] 参见《清国行政法分论》第三编,第42页。关于官吏涉及诉讼案件的规定,参见《大清律例汇缉便览》卷三十,第102页,书中缉注说,这是为了保全官员的面子。

[23] 《学政》卷三十二。转引自张仲礼:《中国绅士——关于其在19世纪中国社会中作用的研究》,李荣昌译,上海社会科学院出版社1991年版,第39页。

[24] 人头税在中国称为"丁税",有时也称"丁役"。清朝男子"十六以上曰成丁,始当差徭。十五以下曰幼,六十以上曰老,及残废之疾者,俱免差役。"因此男子十六岁以上即视为成人,须纳人头税。

[25] 《清世祖实录》卷六十三。

[26] 参见张仲礼:《中国绅士——关于其在19世纪中国社会中作用的研究》,李荣昌译,上海社会科学院出版社1991年版,第40页。

学的碑文中就讲到:"凡生员之家,一应大小差徭概行永免。"[27]

绅士的特权地位还以某种标准的礼仪体现出来,同官吏一样,其特殊的称呼、饰物、顶戴、服装都不同于平民百姓,还有规定的某些特殊仪式和礼节以突出其地位的尊贵。

所以顾炎武在一篇关于生员的文章中说:"一得为此(指生员),则免于编氓之役,不受侵于里胥,齿于衣冠,得以礼见官长,而无笞棰之辱。故今之愿为生员者,非必其慕功名也,保身家而已。"[28]

如果说上述法律的、经济的、礼仪的特权还只是反映了绅士的地位及给予的保障,其所承担的社会职责更体现了他们的影响与威望。

在一本知县必读手册中,有一段话:"士为齐民之首,朝廷法纪尽喻于民,唯士与民亲,易于取信。如有读书敦品之人,正赖其转相劝诫,俾官之教化得行,自当爱之重之。偶值公事晋见,察其诚笃自重者,不妨以其乡之有无盗贼,民居作何生业,风俗是否浇漓,博采周谘,以广闻见。"[29] 有一广东巡抚在其发布的一份告示中,也表明了类似的态度:"士为齐民之首,乡民之望。汝等知晓,汝为民之绅衿、耆老。从今往后,尽心竭力,抖擞精神,以领人民,补吾之

---

[27]《黎平府志》卷五,上。转引自张仲礼:《中国绅士——关于其在19世纪中国社会中作用的研究》,李荣昌译,上海社会科学院出版社1991年版,第41页。

[28] 顾炎武:《亭林文集》卷一。

[29] 王凤生:《绅士》,载《牧令书》卷十六。

第九章 举人的力量:杨乃武自己拯救自己

不足。"[30] 以上所言都表明了绅士在行政官员眼中的重要性，以及他们所组成的居于领导地位的社会集团的影响力。

　　一般来说，官员中知县最接近民众生活。但官员必须回避原籍的规定，对其行政效率产生很大的阻碍。而且整个清代知县的任期都非常短暂，如河南鹿邑县，整个同治朝（1862—1874年）知县任数十个，平均任期1—3年；光绪元年（1875年）至光绪二十三年（1897年）任数23个，平均任期0.9年；湖南常宁县，同治朝任数12个，平均任期1.1年；光绪元年至光绪二十三年任数18个，平均任期1.5年。[31] 如此频繁的调动，如此短暂的任期，使任何一个地方官都难以熟悉本县，也让他失去了对任何计划的兴趣。因为他在任期内看不到结果。因此，官吏们所做的事，特别是县官，往往极为有限。而绅士视自己家乡福利增进和利益保护为己任，在政府官员面前，他们代表着本地的利益。绅士所干的事，往往取代了官府的政事，大量地方事务的实际管理权都由绅士操纵。他们承担了诸如赈灾济贫等公益活动，分家析产、邻里争端等纠纷排解，治河筑堤、开路造桥、兴修水利等公共工程，甚至还有组织团练和征税等许多事务。绅士在保障社会稳定、维持地方治安方面的作用往往举足轻重，而卫护传统的纲常纶纪上的职责，更是他们在中国社会中作用的主要方面，包括弘扬儒学社会所有的价值观念以及这些

---

　　〔30〕载《澳门月报》（第1卷），1833年第11期，第461页。转引自张仲礼：《中国绅士——关于其在19世纪中国社会中作用的研究》，李荣昌译，上海社会科学院出版社1991年版，第33页。

　　〔31〕参见张仲礼：《中国绅士——关于其在19世纪中国社会中作用的研究》，李荣昌译，上海社会科学院出版社1991年版，第56页。

观念的物质表现，诸如维护寺院、学校和贡院等。而在冠盖辐辏的江南之地，更可谓"无一事无绅衿孝廉把持，无一时无绅衿孝廉嘱托"[32]。

到了社会动乱期，特别是咸丰年间的太平天国运动，更为绅士的作用发挥创造了有利条件。[33] 湖州巡抚胡林翼曾说道："自寇乱以来，地方公事，官不能离绅士而有为。"[34] 冯贤亮在《明清江南地区的环境变动与社会控制》一书中说："在王朝衰微时期，江南地方官员们面临着治安、赋税、刑狱等问题，几乎是'无官不难'。许多绅士在地方上具有极大的影响力，其所进行有益于社会控制的各种活动，都是行政官员们很难周理或触及的事务。"许多资料表明，在整个社会濒临失控的边缘时期，绅士为维持传统的政治格局和社会秩序，起到了极大的作用。[35] 甚至由于政府军队的腐败，绅士们成为地方武装组织的军事首领。[36] 政府不得不坐视其势力的剧增，并设法利用他们去镇压太平军和当时的其他起义军。例

---

[32] 吴晗：《明代的新仕宦阶级、社会的政治的文化的关系及其生活》，载中国社会科学院历史研究所明史研究室主编：《明史研究论丛》（第五辑），江苏古籍出版社1991年版，第1—68页。转引自冯贤亮：《明清江南地区的环境变动与社会控制》，上海人民出版社2002年版，第492页。

[33] 参见冯贤亮：《明清江南地区的环境变动与社会控制》，上海人民出版社2002年版，第495页。

[34] 胡林翼：《麻城县禀陈各局绅筹办捐输情形批》，载《胡文公全集》（第四册），第1757页。

[35] 参见冯贤亮：《明清江南地区的环境变动与社会控制》，上海人民出版社2002年版。

[36] 这一问题在华盛顿大学费兰兹·迈克尔未出版的《十九世纪中国军事组织与权力结构》一书手稿中曾有详细讨论。参见张仲礼：《中国绅士——关于其在19世纪中国社会中作用的研究》，李荣昌译，上海社会科学院出版社1991年版，第71页。

如据《余姚县志》记载,当地的一个上层绅士系在籍官员,他积极发起了本省的团练组织,为军务甚至与浙江将军瑞昌和巡抚王有龄发生龃龉。[37]

上述情况表明,绅士在其本地区的各种事务中发挥了十分积极的作用。作为地方领袖,他们与政府结成联盟,承担许多职责,他们担任官员与当地百姓之间的中介,就地方事务为官员们出谋划策,同时在官吏面前又代表了地方利益。在正常情况下,政府和绅士的主要利益是一致的,并且为保持社会运转和维持现状,他们相互合作。但是当他们的利益相悖时,绅士则会批评甚至反对和抵制官府的行政,"地方官员如果与绅士们意见不合,或损及其利益,在施政方面必然会受到很大压力"[38]。在太平天国运动以及其后的非常时期,越来越多的政府职责和权威由绅士取而代之,乃至到了这样的地步:绅士可以选择究竟是支持政府还是向它的权威直接提出挑战。

我们了解了绅士的社会地位和社会职责,也就能理解杨乃武在余杭当地的地位和影响力。关于他的性格为人,余杭有很多传说,譬如说杨乃武生性耿直,恃才傲物,爱管闲事,好抱不平。他曾对刘锡彤与粮胥勾结盘剥农民,"斗淋尖"克扣农民交粮时溢出的粮食浮收舞弊,而为农民写过告粮胥的状子;他不媚权势,不把知县大人放在眼里,在文昌阁不避

---

[37] 《余姚县志》卷二十三。这位在籍官员邵灿原系工部侍郎,因丁忧而开缺回籍。转引自张仲礼:《中国绅士——关于其在19世纪中国社会中作用的研究》,李荣昌译,上海社会科学院出版社1991年版,第71页。

[38] 《明史》卷二百二十四,严清传。转引自冯贤亮:《明清江南地区的环境变动与社会控制》,上海人民出版社2002年版,第492页。

行错水路的刘锡彤的官船；他敢把抨击地方官吏的对联"大清双王法，浙省两抚台"贴到县衙壁照；等等。其实，作为一个当地的绅士，杨乃武很多方面的行为是应有之举。在余杭地方，相对于同为举人的县令刘锡彤，杨乃武恰恰是一种"能够与之抗衡的乡绅力量"[39]。尽管杨乃武并非豪富之户，据传其家道小康，有良田四十余亩，平日雇有一男仆和女佣，农忙时添雇帮工，耕读传家，融和度日。但如前揭所言，"他们的地位由来只有部分是财富，而极大部分是功名"[40]。在中国传统封建等级社会中，普通老百姓很难也不敢与官府叫板，除非他们想"揭竿而起"。只有士绅，才会使地方官员的施政"受到很大压力"，杨乃武的许多行为反映了他的地位以及他对自己所享有的地位的自觉不自觉的利用。刘锡彤当然能感受到杨乃武的这种影响力。作为同为士绅阶层的一员，他也当然知道如何接受这一影响力的内在规则。如果说，杨乃武的地位和影响力并不能阻止案件的发生，我们前面已经展开充分的论述，说明按照该案本身的逻辑杨乃武当时实难脱掉干系，但如果杨乃武确系冤枉，那么他的身份和士绅集团的力量，使得他最终被平反也就是情理之中了。这也正是我们所说的是杨乃武自己救了自己的原因所在。

---

[39] 邓之诚：《中华二千年史》卷五，上，第173—174页，转引自冯贤亮：《明清江南地区的环境变动与社会控制》，上海人民出版社2002年版，第492页。

[40] 顾鸣塘：《〈儒林外史〉与江南绅士生活》，商务印书馆2005年版，第211页。

二、另样的"官官相护"

官官相护，无疑是杨乃武蒙冤的一个重要原因，但它何尝不是杨乃武得以昭雪的一个关键因素呢？如果说前者更多的是"见好同官，代为回护，明知事有冤抑，仍照原题含混定案"的地方各级官员，那么后者主要就是为杨乃武鸣不平，力主撇开地方势力，由刑部直接提审的在朝官员。他们包括翁同龢、夏同善，当然也包括联名呈控的十八名浙籍官员。

朝廷官员并非都是"青天"，蒙冤者很难有机会得到他们的垂顾与关照。虽然清袭明制，自顺治初即建立了让老百姓申冤的京控制度，但根据赵小华博士的研究，同治、光绪年间，一件京控案件的审结，少则两三年，多则需要十几年甚至二十年，而审理的结果往往以"申诉不实""捏词具控"了结。到光绪年间，关于"近年各省京控，从未见一案平反"[41]，或"州县承审京控上控各案，往往逾限不结"的记载便是极为常见了。[42] 如林戴氏京控一案，发生于同治六年（1867年），起因为台湾彰化县林应时、洪和尚二人捏控林文明霸产，并勒索林文明洋银8 000两。林文明不依，被台郡委员候补凌定国杀死于县堂，且于事后将林文明冠之以谋反罪名。林母林戴氏为子鸣不平，四次京控，历经十二年，但直至光绪五年（1879年）仍未获平反。[43]

---

[41] 中国第一历史档案馆编：《清宫御档——杨乃武小白菜奇案御档》，西泠印社出版社2007年版，第320页。

[42] 参见朱寿朋：《光绪朝东华录》，中华书局1958年版，第45页。

[43] 参见赵晓华：《晚清讼狱制度的社会考察》，中国人民大学出版社2001年版，第207—208页。

杨乃武通过其姐杨菊贞和其妻詹彩凤走的也是京控这条路，为什么能如此幸运地得到朝廷眷顾呢？对于该案，当时两宫皇太后金口已开，"外省案件纷纷提交刑部，向亦无此政体"，旋又收回成命，"着所有此案卷宗及要犯要证，即着提交刑部秉公审讯"。

余杭当地一直流传着有关"红顶商人"胡雪岩与杨乃武案的关系的故事。同治十二年（1873年）杨乃武案案发时，胡雪岩正好在杭州筹办胡庆余堂药店。他有个西席（幕宾）吴以同与杨乃武是同学，熟知杨乃武为人正直，听说杨乃武案的曲折冤情后，吴以同把准备二次进京再告御状的杨菊贞引荐给了胡雪岩。不日恰逢余杭塘栖同乡翰林编修夏同善回京，胡雪岩为他饯行，吴以同作陪。席间，他们把杨乃武的冤情告诉了夏同善，希望他能在京设法帮助，夏同善答应将相机进言。这事成了杨乃武冤案平反的契机。当胡雪岩了解到杨家因杨乃武蒙冤经济拮据后，又慨承杨菊贞赴京的所有盘缠，甚至杨乃武平反出狱自京返回家乡的路费也是由胡雪岩资助的。夏同善回京后，将杨乃武蒙冤的曲折内幕告诉了翁同龢，得到了他的支持，最终将案情禀报与两宫皇太后。其实当时余杭籍京官为杨乃武奔走的并非仅夏同善一人，见于翁同龢日记的就包括朱敏生、吴仲愚等人，18名浙籍京官更是一股不容小觑的力量。

从杨乃武同学、胡雪岩幕宾吴以同开始，经由胡雪岩、夏同善及在京浙籍官员，直至翁同龢，可以看出，如果没有他们，恐怕杨菊贞京控五次、十次，冤案也很难水落石出。作为上层绅士，杨乃武有条件沟通这一人际脉络，而且有众多的京官愿意为他申冤鸣屈。而这恰恰是无数冤沉大海的老百

胡雪岩伸援手助杨家进京叩阍（摄于杨乃武与小白菜奇案展示馆）

姓极端稀缺的社会资源。正如美国学者约翰娜·麦斯基尔在对上述经过四次京控、历时 12 年而未获纠正的我国台湾地区林文明一案研究后认为：最近几个世纪的文学作品显示，如果不能通过某种个人关系接近法官，很少中国人诉诸法庭，在求助于法律的过程中，林家不得不估量他们自己以及对方在法庭之外的影响力。他是谁，他认识谁，能说服谁去代自己求情——这些将决定诉讼的结果，他们甚至比证据本身还重要。[44]

譬如夏同善，他是余杭塘栖人，咸丰六年（1856 年）的

---

[44] 参见〔美〕欧中坦：《千方百计上京城：清朝的京控》，载高道蕴等主编：《美国学者论中国法律传统》，中国政法大学出版社 2004 年版，第 535 页。

进士,授翰林院编修,历任兵部左侍郎、吏部右侍郎,曾兼刑部左侍郎、南书房行走。夏同善对于杨案的昭雪,其作用绝不仅仅体现在与翁同龢谈到此案的曲折内幕。光绪元年十二月十二日(公元 1876 年 1 月 8 日),夏同善接到一道懿旨,懿旨说:

> 皇帝冲龄践祚,亟宜乘时典学,日就月将,以裕养正之功,而端出治之本。著钦天监于明年四月内选择吉期,皇帝在毓庆宫入学读书。著派署侍郎、内阁学士翁同龢、侍郎夏同善授皇帝读。[45]

十二月十四日,夏同善与翁同龢一起被两宫皇太后召入养心殿,接受面谕。[46] 这一天也正是都察院将浙籍十八位京官的联名呈控上奏皇太后的这一天。翁同龢对于当天的情况在日记中是这样记载的:

> 是日叫起独迟,与醇邸、助贝勒、景额驸、夏侍郎同召对,东暖阁,垂帘。仍将前意一一陈说,皇太后挥涕不止,臣亦不禁感恸,语极多,不悉记,三刻许出。大略责成臣龢尽心竭力,济此艰难,并谕臣一人授书,夏同善承值写仿等事,亦问刑部事……[47]

---

[45]《中国第一历史档案馆奏档》,军机录副,光绪详二号 D;内政职官卷,转引自谢俊美:《翁同龢传》,中华书局 2000 年版,第 153 页。
[46] 参见谢俊美:《翁同龢传》,中华书局 2000 年版,第 154 页。
[47] 陈义杰整理:《翁同龢日记》(第三册),中华书局 1993 年版,第 1176 页。

翁同龢、夏同善向两宫太后面陈案情（摄于杨乃武与小白菜奇案展示馆）

也就在第二天，同意杨乃武案提交刑部复审的谕旨下：所有此案卷宗及要犯要证，即着提交刑部秉公审讯，务得确情，期于无枉无纵。

当天夏同善、翁同龢向皇太后禀报了什么未见日记记载，夏同善是否事先因知道皇太后的召见而刻意安排、疏通十八名浙籍京官的呈控、都察院的上奏更无从考证。但可以肯定，光绪元年十二月十四日（公元1876年1月10日）两宫皇太后"问刑部事"时，夏同善必向太后就杨案进言。不然很难解释何以两宫皇太后金口已开，但旋即收回成命，从"外省案件纷纷提交刑部，向亦无此政体"到"所有此案卷宗及要犯要证，即着提交刑部秉公审讯"，态度会有如此大的转变！我们也不能解释同一天都察院奏报后两宫太后即下谕旨，时间衔接得如此紧密。

落日残照——晚清杨乃武冤案昭雪

如果说包括夏同善在内的在京浙籍官员对杨乃武案提交刑部审理起了十分关键的作用,那么,翁同龢对于案件最终纠正的作用更是无可替代。他之所以对杨乃武案"情有独钟",直接原因有二:一是该案审理期间,刑部右侍郎钱宝廉(桂森)临时调任顺天学政,朝廷任命翁同龢代理他的职务,时间为光绪元年(1875年)八月十一日。[48] 此前的八月初一日,胡瑞澜已上奏杨乃武案的审理情况,而这一任命使翁同龢有权直接过问杨案的审理并提出处理意见。二是夏同善与翁同龢的关系密切。两人年岁相近,夏同善生于清道光十一年(1831年),翁同龢生于道光十年(1830年);作为江南士子又同年及第,两人分别为咸丰六年(1856年)的进士和状元,嗣后双双被选为帝师。从翁同龢的日记中可以看出,他们的关系十分密切,往来频繁。可以这么说,没有夏同善和翁同龢的鼎力相助,杨乃武重见天日的希望是十分渺茫的。谢俊美就认为,"翁同龢代理刑部右侍郎的四个月中,做了不少工作,但其中最有影响的是他为当时轰动全国、百余年来家喻户晓的杨乃武与小白菜这一冤案的平反昭雪"[49]。

下面我们看看为什么说翁同龢的作用无可替代,甚至是决定性的。

翁同龢开始直接过问杨案始于光绪元年(1875年)十月十八日,此前翁同龢因忙于办理同治帝丧礼,对于部务很少过问。[50] 但他一旦入手,即揪住不放,一竿到底。我们先看

---

[48] 参见谢俊美:《翁同龢传》,中华书局2000年版,第133页。
[49] 同上书,第138页。
[50] 同上书,第141页。

翁同龢从光绪元年（1875年）十月十八日至三十日的日记记载：

十八日（11月15日）……夜诣子松。[51]浙江葛毕氏谋毒本夫一案，经胡学使瑞澜拟结，奉旨交刑部速议。今日御史边宝泉劾奏案情未确，请提至刑部复鞫，旨以无此政体，仍饬部反复研求，作速核复。

十九日（11月16日）……饭后入署治事，索浙江司原奏不得，怒斥之，仅而得见。细核供招，历历如绘，虽皋陶听之无疑矣。然余意度之，葛品连聘娶葛毕氏，用洋钱八十元、折筵六十元，品连系豆腐店帮工，乌得有此巨款，此一可疑也。葛品连脚上患流火，葛毕氏买洋参、桂圆，用制钱一千付伊母家买药，夫以家贫患皮毛之疾，竟用千钱买药，亦属不伦，此二可疑也。且京控称该县之子曾与葛毕氏往来。再查原控无此语，但云少爷索钱而已。今结案仅据皂役供本官之子早经回籍，并未取由该县亲供，亦属疏漏。与白斋语，白斋以为此案外枝节也。夜访张子腾及绍彭皆晤。

二十日（11月17日）……张子腾来，以葛事见示。李小湘来长谈。饭后到署，细阅葛毕氏全案，供招与原揭贴异者四处，今供内情节互异者一条，可疑者二，疏漏者一，皆签出。绍秋皋到署，与商且缓日再上。浙江司林拱枢者，文忠公之第五子也，亦称狱有疑。退访子松，遇吴君仲愚于座，吴君余杭人也，为杨乃武称冤，

---

[51] 子松，即夏同善。

不期而遇，亦异矣哉。归检刑例，乏不可言。肝气发，竟夕不寐。

廿一日（11月18日）……午绍秋皋来，同到署，与桑老前辈商酌，殊不为然，浙江司林君拱枢、秋审总办余君撰皆以为是，辩论久之，仅拟飞咨问数条不符处而已。又与桑公约。廿六日断不能入奏，姑缓数日。又催抄杨乃武两次京控原呈，晚散。夜绍彭来，子刻去。

廿二日（11月19日）……晨出城拜客，晤程覃叔、朱敏生，敏生于葛氏事备知颠末，亟称杨乃武之冤，曰此覆盆矣……

廿三日（11月20日）……函致荣侍郎，托催提督衙门抄送杨詹氏京控原呈，荣君以所抄摺底原呈见示，则余所签与原呈数条适吻合，然则此次所陈不免弥缝之迹矣。长官如此，可叹可叹！

廿四日（11月21日）……早晨夏子松来谈。……饭后到署，桑、绍两公皆来，与桑公略言葛毕氏一案办法……

廿六日（11月23日）……饭后入署，与桑公同看秋审处所拟葛毕氏一案，奏稿用余说驳令再审，特措词委婉而，更定数字。

三十日（11月27日）……是日葛毕氏一案，驳令该侍郎再行详鞫……[52]

---

[52] 陈义杰整理：《翁同龢日记》（第三册），中华书局1993年版，第1165—1167页。

可以看出，自十月十八日接手帝务后，翁同龢每天操心的几乎都是杨乃武案。据日记和当时相关笔记档案材料记载，翁同龢为杨案的纠正做了以下几项非常重要的事情：

一是找出原案的关键性疑点。翁同龢着手此案时，边宝泉要求将此案提交刑部审理的上奏被谕旨"向无此政体"而否定。但谕旨还是要求刑部"反复研求，尽速核复"。当时刑部六堂官中，崇实、恩承生病在家，贺寿慈正被人弹劾，无法任事。实际管事的只有桑春荣、绍祺、翁同龢。桑春荣新任刑部尚书胆小怕事；绍祺办事向无主见，于是任务便落到了翁同龢身上。翁同龢接到谕旨后，便从刑部浙江司索取浙抚原奏，胡瑞澜复奏，又细核了杨乃武、葛毕氏"招供"与"翻供"，发现案中疑窦甚多。如浙抚原奏"称杨乃武与葛毕氏八月二十四日通奸被本夫葛品连撞破奸情"，而嘉兴知县罗子森在复查材料中则说："杨乃武此日并未进葛毕氏家"，前后"情节互异，此诚可疑也"。再如，杨乃武原供：旧历十月初三日在仓前镇向钱宝生药铺购得砒霜，而胡瑞澜复审时，杨又改称系十月初二日，一事前后两说，胡"又不传药房老板到堂对质，尤为疏漏"，"此大可疑也"。[53] 翁同龢认为一个案子的几件材料，说法如此矛盾，此中"大有蹊跷"。于是，翁同龢与左侍郎绍祺商定，决定将案情彻底查个水落石出，暂不奏报。

二是多方交换意见寻求共识。为了彻底查明这一案件，翁同龢先后访问了一些浙江籍京官，亲自向他们"以葛事见示"，听取他们对此案的看法。余杭籍官员朱智（朱敏生）对

---

[53] 参见吴语亭编：《越缦堂国史日记》卷三。

杨乃武案案情了解极为详尽,认为此案纯系"覆盆之祸",是有人蓄意对杨进行陷害,力陈杨乃武冤枉。同为余杭人的吴仲愚公开为杨称冤,他对案情的分析与翁同龢的看法几乎一致,以至于此间与夏同善的往来更是频繁。另外,时任刑部浙江司主稿的林拱枢为林则徐的第三子,他在与翁同龢交换案情看法时,"亦称此狱有疑"。访问进一步扩大了翁同龢对案件真相的了解,也使他"此案有疑"的看法更加坚定。

三是力排众议"驳令再审"。在十月二十一日刑部就杨案举行的堂会上,翁同龢例举了案中许多疑点,提议案情一日不弄清楚,决不草率复奏。但桑春荣对翁同龢的看法"殊不为然"。实际上,他是害怕此事弄不好会得罪一部分大吏,丢掉自己的乌纱帽,所以力主"维持原奏"。翁同龢则坚持"驳议",为此,双方展开了一场激烈的争论。会议结果决定由翁同龢代为起草奏折,"请旨准敕浙江巡抚立即回复案中疑窦疏

据理力争(摄于杨乃武与小白菜奇案展示馆)

漏和情节互异"问题,"驳令再审"。[54] 这一决定为"杨案"的平反带来了希望。李慈敏在日记中说:"闻主此驳者全出翁侍郎同龢力,与尚书桑春荣争而得之……定议驳奏若侍郎者,可谓不负所职也。"[55] 由于奏折重要,兹将主要内容节录如下:

> 为核议重案现讯情节与原题尚多歧异,谨详细奏明请旨,饬令再行研讯明确,以诚信谳事。……查罪名并无出入,惟检查浙江巡抚原题与该学政复讯招供,逐一详核,尚有歧异之处。如原题杨乃武、葛毕氏供称:同治十二年八月二十四日,杨乃武在葛毕氏房内调笑,被本夫葛品连撞见,杨乃武走避,葛品连向葛毕氏盘出奸情,将葛毕氏责打,并称再与往来,定要一并杀害。邻人王心培供亦相同。今查阅复讯杨乃武供词,称八月二十四日听人传说,葛品连与葛毕氏争闹,葛毕氏把头发剪下,欲至葛毕氏家探问,走到门首,见他家有人,并未进去。葛毕氏、王心培供亦略同。查原题判断出入,称杨乃武与葛毕氏通奸,被本夫葛品连撞破奸情,案即系指八月二十四日之事而言,今复讯供称八月二十四日杨乃武并未进葛毕氏家,是杨乃武与葛毕氏奸情,本夫并未撞破,前后情节互异。
>
> 至杨乃武供称:十月初三日由杭州回到余杭,路过

---

[54] 参见中国第一历史档案馆藏奏档,光绪元年刑讼类《杨乃武案专卷》。此折联衔的还有桑春荣、皂保、崇实、绍祺。

[55] 吴语亭编:《越缦堂国史日记》(卷三)。

仓前镇地方,向钱宝生药铺买得红砒。及查复讯供称系十月初二日在钱宝生铺内购买。查买砒日期不容稍涉含混,何以原供与现审供词互相参差?!况钱宝生系卖砒要证,检阅现供,系初审仅在本县传讯一次,此后该府向以未经亲自复鞫,是否曾与杨乃武当场对质,案中亦未叙及。

且王心培供有葛毕氏白日常不在家,夜深时每闻其开户之语,究竟来往者系属何人,检阅葛毕氏等供招,于此节并未详讯。

又,杨乃武牵告该县刘锡彤之子刘子翰,令民壮阮德(金桂)传谕,令其出洋钱了结。刘子翰是否刘海升,仅凭民壮阮德供词谓刘海升早已回籍,并未取具该县亲供,亦属疏漏。

以上各节,系案中紧要关键。经臣等逐细详核,原审情节与亲供尚多歧异。在该学政就现讯供词定案,原不必与原审情节尽符,惟供词何因不符之处,亦应于复审供内详细声明,方成信谳,今复审供词既与原审情节互异,并未逐层剖析,臣部未便率复,应否请旨饬下该学政提集要犯,将复讯、原审情节因何歧异之处,再行讯取详细供词,声叙明晰,妥拟具奏,到日再由臣部核议。[56]

这道奏折系为"杨案"翻案的第一份官方文件,其重要性可想而知。经由翁同龢的多次面奏,十月三十日西太后批

---

[56] 转引自谢俊美:《翁同龢传》,中华书局2000年版,第143—144页。

准了刑部的奏请，谕旨对杨案"再行详鞫"。

第四，直接奏请"将棺犯人证解京听候复检"，促使案情水落石出并最终得以平反。正当杨乃武案的复审工作进入关键阶段，十一月初二日翁同龢奉旨与醇亲王奕譞等承办修建同治帝惠陵工程大差。不久又任命为毓庆宫书房行走，担任光绪帝授读师傅。尽管他身膺数任，事务繁冗，但对该案的复审仍给予了极大的关注。当时他的侄子翁曾桂（筱珊）在刑部任主稿，正好承办"杨案"的复审事宜，"司审极用力"[57]。这实际上使翁同龢依然可以掌握了解杨案的复审过程。翁同龢每每在两宫皇太后召见时陈奏，直言"事关逆伦，人命至重，应请饬下巡抚将棺犯人证解京听候复检，自然水落石出。上韪其言"[58]。由此直接促成两宫皇太后同意案件提交刑部审讯，并于光绪二年（1876年）九月十七日谕旨将葛品连尸棺提京交刑部复验死因。经在海会寺当众对葛品连进行"开棺验尸"，结果证明葛品连并非中毒身亡。到此，杨乃武、葛毕氏的冤诬大白。然而事实虽清，但案件未必就能平反。当时刑部尚书桑春荣"耄而庸鄙，欲见好于外官，觊杨昌浚之书帕，必欲从轻。比属司官研讯杨乃武、葛毕氏，强其自伏通奸罪"。尚书皂保"轻而妄，以刘锡彤为大学士宝鋆乡榜同年，亦欲右之"[59]。四川总督丁宝桢在听到验尸结果后，大怒，扬言于朝，"葛品连死已逾三年，毒消骨白，此

---

[57] 陈义杰整理：《翁同龢日记》（第十三册），中华书局1993年，第1258页。

[58] 吴语亭编：《越缦堂国事日记》卷三。

[59] 同上书。

不足定虚实也"[60]。认为刑部对此案不应平反，承办此案各级地方官员并无不是，主张仍应按照原拟罪名。当他听说刑部要参革杨昌濬及有关官员时，竟跑到刑部大堂，大发雷霆，面斥桑春荣糊涂，并威胁说：如果这个铁案要翻，将来没人敢做地方官了。湖南、湖北籍京官"以胡、杨同乡也，合而和之"。桑春荣本来胆小怕事，经丁宝桢这一威吓，更拿不定主张。而另一刑部尚书皂保，也不主张平反。在此关键时刻，翁同龢再次挺身而出。指出刑部提审勘验系奉旨承办，并无错误，现在案情既然大白，就应据实判断，给受害人平反；承审官既然违法办案，败坏朝纲，就得依律治罪。他还多次找桑春荣要他不必顾忌丁宝桢的压力，据实判决；甚至不顾皂保的"拂然大怒"仍委婉相商。在两宫皇太后召见时，一再"为此陈奏"，坚持必须平反。沈桐生在《光绪政要》一书中说："居中主持平反者确为翁叔平。……翁之背后或必有恭邸隐为之助。"[61] 在翁同龢的授意下，御史王昕上了一道奏折，弹劾杨昌濬、胡瑞澜等人藐法欺君，肆无忌惮，"若此端一开，以后更无顾忌，大臣尚有朋比之势，朝廷不无孤立之忧"[62]，请旨严加惩办，以肃纲纪而昭炯戒。西太后览奏"震怒"，最后接受翁同龢等人的意见。至此，长达三年之久的杨乃武冤案得以平反。

"如果这个铁案要翻，将来没人敢做地方官了！"丁宝桢在刑部大堂的咆哮之声我们似乎还能听到；"此案如不究明实

---

[60] 吴语亭编：《越缦堂国事日记》卷三。
[61] 《光绪政要》，光绪三年。
[62] 吴语亭编：《越缦堂国事日记》卷三。

第九章 举人的力量：杨乃武自己拯救自己

情,浙江将无一人读书上进",夏同善对两宫皇太后的娓娓而言仿佛也隐隐传来。回首历史,令人不免怅然而叹,冤案一路走来,从形成到平反,"官官相护"竟会如此奇妙地契合在这截然不同的过程中,它既是杨乃武的不幸,也是杨乃武的大幸。

三、杨乃武的申冤成功与葛毕氏的"顺风车"

我们说杨乃武自己拯救了自己,一个绝妙的对照就是同案犯葛毕氏。

包括杨乃武以及从浙江地方到朝廷的各级官员都以为本案就是一起"浙江余杭县民妇葛毕氏毒毙本夫葛品连诬攀举人杨乃武因奸同谋案"。葛毕氏是否下砒霜毒死了丈夫葛品连其内心最清楚,可本案从头至尾我们没有看见葛毕氏申冤,只是杨乃武的成功顺便搭救了她,这个现象非常令人关注。

葛品连究竟是否中毒而死的谜底,是在北京海会寺开棺重验后揭开的,此时离案发已三年有余。刑部之所以会想到重新验尸再查死因,当时的结案报告是这样说的:

> 钱宝生卖砒既系杨乃武在杭州府供出,自当提到钱宝生与杨乃武质审,何以仅在余杭县传讯取结即行开释?葛品连果系毒发身死,沈喻氏当时即应看出情形,何以事隔两日始行喊控?案情种种可疑虚实,亟应根究。随提集犯证,逐款详鞫。讯出银针颜色未经擦洗,仵作、门丁互执尸毒,则县官之相验未真,钱宝生出结系幕友函嘱,生员劝诱。则砒毒之来历未确。当经奏提葛品连

尸骨到京，复加检验骨殖黄白系属病死，并无青黑颜色，委非中毒。取具原验知县仵作甘结，声称从前相验时，尸已发变，致辨认未确。误将青黑起泡、口鼻流血认作服毒。讯据尸亲、邻佑人等，佥称尸身发变，由于天气晴暖。检查学政七月间讯取沈体仁供词，亦有天热之语。是原验官、仵作所称因发变错误等情尚可凭信。复经提犯环质，得悉全案颠末历历如绘。[63]

兜了一个大圈子，三年多的审理山重水复中又回到案件的起点——葛品连的死因问题，并通过重新验尸使真相大白于天下，杨乃武、葛毕氏的冤案终得昭雪。而刑部得以切入的两个理由恰恰又是杨乃武申诉状所及"八个不解"中的第一个和最后一个。这就引出一个非常简单又非常奇怪的问题：葛毕氏为何不申冤？如果说杨乃武不知葛品连是否被害而死当属正常，因此他也只能申诉与葛毕氏并无奸情，更未将砒霜交与葛毕氏毒死葛品连。那么葛毕氏最清楚自己并未下毒谋害丈夫，可她在余杭县衙屈打成招，并在杭州府被陈鲁以因奸谋杀亲夫罪处以凌迟之刑后，为什么不为自己鸣冤叫屈呢？我们完全可以想见，如果此案是因葛毕氏的奔走申冤而被复审，葛品连的死因问题也许早就能够浮出水面；杨乃武与葛毕氏的冤情也就能够更早昭雪。审理无需绕这么多的弯路，冤案的悲情程度和波及面也不会如此之深、如此之广。

但与杨乃武轰轰烈烈的申冤行动形成鲜明反差的是，葛

---

[63] 中国第一历史档案馆编：《清宫御档——杨乃武小白菜奇案御档》，西泠印社出版社 2007 年版，第 353—355 页。

第九章 举人的力量：杨乃武自己拯救自己

毕氏在整个冤案的申诉过程中几乎是无语！仿佛杨乃武的申冤与其毫不相干，仿佛葛品连被其下毒致死已是板上钉钉，有冤的只是杨乃武而不是她葛毕氏。由此也就造成本案在浙江地方各级审转复核以及刑部的审理中，客观上发展成两个支脉：一是"民妇葛毕氏因奸毒毙本夫葛品连"；二是"革举杨乃武因奸商同奸妇毒毙本夫"。历次复审都因游离主线而纠缠于细枝末节之中。譬如钦命承审的胡瑞澜，在他的数次奏章中，均未提及是否应对葛品连的死因进行重新检验，实际上他也根本没有想到通过重新勘验死因来审清本案。由此，他也不可能找到否定原县、府、按察司、巡抚等所认定事实的充分理由。相反，胡瑞澜的审理只是围绕杨乃武的申诉状，着眼于一些细枝末节的琐情碎事而展开。杨乃武在申诉状中，为脱己之罪，确有几处杜撰的事实，以及被胡瑞澜抓住把柄的做法。如杨乃武之姐叶杨氏赴京诉冤时，由两名娘家佣工王廷南、王和尚相随，去都察院衙门时，本拟由王廷南进衙递状，王廷南称自己目力不济，要王和尚代递。这王和尚便自称王廷南进衙递状，并被递解回浙。被胡瑞澜查得这起竟敢在都察院冒名顶替的事。又，杨乃武亲属曾多次上仓前爱仁堂药店，要求钱坦来省城呈递悔状，否认卖砒霜一事。胡瑞澜为此多次当堂对质，查明果有其事。结果，钱坦证词真实性的审查倒被忽略了。实际上，杨乃武亲属的这些行为，与本案的主要事实没有直接联系。他们没有这些不规行为，并不能说明杨乃武就确有冤枉。有这些不规行为，也不能证明杨乃武就不冤枉。胡瑞澜去追查这些事完全是多此一举。胡瑞澜不懂举证责任的道理，见杨乃武的申诉多处失实，更确信杨乃武纯属无理取闹，系因奸谋毒无疑。由此案件离真相也就越来越远。

无处申冤的葛毕氏（摄于杨乃武与小白菜奇案展示馆）

那么，葛毕氏为什么不申冤呢？

中国古代社会是个身份社会，一切都决定于人的身份。杨乃武正是凭借其所厕身的绅士阶层，利用一切可以利用的社会资源，最终洗刷了不白之冤。而葛毕氏是一介民妇，是一个地位卑微、生计贫寒的弱女，可以说是中国社会底层妇女的典型。几乎没什么社会地位。正如瞿同祖先生在《中国法律与中国社会》一书中指出："在古代男性中心的社会中，有一基本的支配一切男女关系的理论，那便是始终认为女卑于男的主观意识……女人始终是男人意志和权力之下的。在三从主义之下，自生至死可说皆处于从的地位，无独立意志可言。"[64]

---

[64] 瞿同祖：《中国法律与中国社会》，中华书局1981年版，第102页。

基于这种纲常伦理思想之上的法律对于妇女当然是极其不公平的,例如夫过失杀妻例得不问,但妻之于夫即可问斩。有此一案:

> 李二泮与妻李王氏感情素睦。某晚,李二泮外出闲逛,王氏因右膝患疮疼痛,身体疲倦,和衣横卧。二更时李二泮进房,黑暗中走至炕前,手摸王氏下体,王氏警醒,疑是他人,用脚踢李二泮小腹喝问是谁。李二泮一面答应,一面拉腿求欢。不意恰拉在患疮处,王氏负痛难忍,两脚猛伸,误踢伤李二泮小腹,倒地身死。王氏问拟斩决,声明并非有心干犯,改监斩候。[65]

再如:

> 监生何景星平日恃财强横乡里,见林阿梅之妻林王氏姿容可爱,蓄意图奸,与林阿梅相商,许给银钱,阿梅惧势应允,但又不敢对妻明说。嘱王氏陪何坐谈,已则出院烧茶。何即乘机向王氏出言调戏,王氏忿激,以柴块掷殴,何闪避,适林走来,被柴块掷中太阳穴殒命。有司依妻殴死夫律拟斩立决。[66]

这就是当时的纲常伦理与法律制度调整下的社会现状,

---

[65] 祝庆祺等编:《刑案汇览(二)》卷四十,北京古籍出版社2004年版,第1468页。
[66] 同上书,第1465页。

女性的命运并不掌握在自己手中,她们的人生历程一旦遇到波折,那就只能听天由命。这样的"天",既可能是无形的上苍,也可能是有形的男性统治者们。

自幼失父的葛毕氏从小过着寄人篱下的生活,长到十一岁,其母喻王氏便将她许与葛品连为妻。时人以为"鲜花插在牛粪上",但葛毕氏本就是一朵苦菜花。尽管"既嫁随夫"的婚姻同样是葛毕氏的宿命,但有一个托付终身的男人,有一处遮风避雨的栖身之地,毕竟生活有了寄托和依靠。可是,苦难的童年并未换来成年后的幸福婚姻,随着葛品连的暴病而亡,短暂的婚姻转瞬即逝。父亲早亡,丈夫暴死,未曾生育儿子,可怜的葛毕氏竟连"三从"也无一处可从。这样一个弱小无助的女子,当被刘锡彤以因奸毒死本夫之罪投入大牢之后,她能申冤吗?葛毕氏已经没有丈夫,也没有兄弟姐妹,要说婆、母尚在,可在她们眼里她正是一个毒夫的娼妇,先前"同食教经"也能仗义执言的举人杨乃武又被她诬攀,葛毕氏可谓是举目无亲!环望四周,这世上竟没有一个可替葛毕氏上下奔走的人。而杨乃武除了妻子、胞姐等为他奔走于杭州府和京城各衙门外,堂兄弟、干兄弟、同学、富商、浙籍京官,甚至位高权重如夏同善、翁同龢,一支蔚为壮观的申冤队伍。他的举人身份给他带来如此多的人脉资源,大多是由中举而来的绅士阶层,包括官吏阶层,有意无意地为了绅士的身份、名誉而力主为杨乃武平反。而一个从未读过书、上过学堂,也从未与官府打过交道的弱女子,根本不知道如何为自己辩诬:她是否知道验尸的银针要用皂角水擦洗三次才能看出死者是否因毒而亡,我们无从知道,因为民间亦有以银针测毒的习俗。但在那种随时大刑伺候的纠问式的审判方式下,对于刘锡彤草率、主观的判断,葛毕氏当然无从置喙。她曾经翻供,但让她肝胆俱裂、魂飞魄散的种种刑讯手段,使她感到了挣扎的徒劳和生不如死,于是枉供后的缄默直至求死只能是她必然的选择,所有的冤屈只能深埋心底。

杨乃武当然也惧怕刑讯,他也知道好汉不吃眼前亏。但堂堂举人,非几次大刑就能为刘锡彤、陈鲁乃至杨昌浚们成就"信谳"。他善于词讼,他懂得申冤,我们只要看过"浙江余杭杨氏二次扣阍原呈底稿"那一环紧扣一环的八个"不可解者",也就是杨乃武的八大申诉理由,就能看出杨乃武对于翻案的信心。

当年《申报》上说,胡瑞澜本来是想给杨乃武平反的,不想讯问中杨乃武径直顶撞,既对以前问官刑讯逼供大为不满,也对胡瑞澜动辄以刑相逼极表反感,由此冒犯了胡瑞澜,这位钦差才转念维持原判。胡瑞澜当时钦命承审杨案,内心是否认为杨乃武确遭诬攀想给杨平反已很难探究,但对葛毕氏,无论浙江各级地方衙门还是朝廷官员都认为她"因奸毒毙本夫葛品连",没有人认为这一事实需要昭雪、葛毕氏需要平反。相反,如给事中王书瑞在"请钦派大员,秉公查办以雪奇冤而成信谳"的上奏中将本案定性为"浙江余杭县民妇葛毕氏毒毙本夫葛品连诬攀举人杨乃武因奸同谋一案"。王这句臆断定性的言语在此后的上谕及其他官员的奏章中广为引用,流毒甚远。给事中边宝泉在"重案未惬众议,请提交刑部审办由"的奏折中也认为平反此案"于吏治民生具有裨益。非徒为杨乃武一人昭雪也",其言外之意一目了然:葛毕氏本是谋毒的淫妇,昭雪之事与她无干。而在杨乃武自己写的申冤诉状及浙籍十八名京官的呈词中，对葛毕氏更有诬蔑之词。杨乃武在二次叩阍的呈词中，先是一句"上年十月初九日，有葛毕氏毒死本夫葛品连身死一案"，继而诬告葛毕氏曾经赖婚、与他人有过奸情等。浙籍十八名京官在向都察院的呈词中说葛毕氏"迹近狭邪，丑声早著"。对此案采取跟踪式报道的《申报》也不例外。如1875年8月30日的一篇报道标题是"审余杭谋夫案出奏"，在1876年4月18日报道的"葛毕氏起解琐闻"中更把葛毕氏说成是"平生滥与人交，据其自或谓所私者，可坐四五席云"[67]的娼妇，并认为葛毕氏自己也早已承认毒死葛品连，杨乃武确属被累。这篇报道反映了当时民众的一般心态。照录如下，或可一看：

  昨得苏友函，谓近有一浙人至吴，谈及余杭葛毕氏，殊津津有味。据云，葛毕氏美而艳，虽以铁丝烧红刺入乳孔，以锡龙满贮滚水遍体浇灌，受诸极刑，而色未衰。且最善针黹，即在狱中，犹事十指作生活，以消永昼。或有问其奸夫名姓，则默不一言，惟称已死之矣。又问其用何物毒死本夫，则称系藤黄耳。问其何不买妾以自代，而必出此犯法事。则曰，此亦前生注定，今言之亦徒然矣。惟杨举人被累，殆亦凤世有渊源乎？当其起解时，谓差役曰，汝等不便与我言，当请汝老爷面见我。县令遂见之。曰：我葛毕氏已天下闻名，亦女中之杰出也。我跪汝前者非一次，汝肆我毒刑者亦非一次，试问古来妇女，上刑部堂能有几人哉？今日别离故土，断难

---

[67]《申报》1876年4月18日。

生回,请与尔商一事,须以亲坐之大轿借我一坐,若小轿则不行也。县令不得已,乃勉从之。又问葛毕氏,平生滥与人交,据其自或谓所私者,可坐四五席云。以上皆浙人所告苏友者,在苏友固不妄言,而浙人系目睹耳闻与否?本馆实未便臆测,姑就所述而录之,以符新闻之体例而已。

只是杨乃武的申冤,导致刑部在海会寺的开棺验尸,所谓葛毕氏因奸谋毒本夫葛品连也就不攻自破,笼罩在葛毕氏头上的一切不实之词均烟消云散。所以我们说杨乃武自己救了自己,顺便也救了葛毕氏。

第十章 《申报》的影响：舆论的造势与当局的压力

杨乃武与葛毕氏案最早公之于众，当属同治十二年十一月十八日（公元1874年1月6日）《申报》的一篇报道《记禹航（余杭）某生因奸谋命细情》。此时离杨乃武案案发仅一个月零七天。创刊于1872年4月30日的《申报》，虽然其办报目的不外乎营利[1]，对于容易吸引一般读者的社会新闻，诸如盗抢奸杀、奇闻怪事、里巷琐谈往往给予绘声绘色的报道，正因此，《申报》在中国民间社会，特别是江南乡间产生很大影响。[2] 当初的《申报》对于杨乃武一案就是从社会新闻的角度予以报道的。而且因为案情包含了才子佳人、奸情谋杀等很多吸引人们眼球的元素，所以更易引起公众的兴趣。但正是这篇文章，揭开了该报对杨乃武案长达三年多的全程

---

[1]《申报》创办人英国商人美查（Ernest Major）称：本报之开馆，余愿直言不讳焉，原因谋业所开者尔。他说报纸为商品，应把报馆作为企业来经营。参见陈玉申：《晚清报业史》，山东画报出版社2003年版，第39—40页。

[2] 在中国新闻史上，《申报》是最先深入到中国民间社会的近代化媒体。在江南乡间，从清末到民国的几十年间，人们把《申报》当做报纸的同义语，把所有的报纸都称做"申报纸"。参见陈玉申：《晚清报业史》，山东画报出版社2003年版，第41页。

跟踪式报道的序幕,随着案情的展开和深入,《申报》从最初猎奇式的报道,到开始揭露司法黑幕,仗义执言,为民请命,从而对杨乃武与葛毕氏一案的昭雪起到了独特的作用,也为它自己在中国的舆论监督史上留下了浓墨重彩的一笔,甚至可以说开创了舆论监督司法的先河。美国杜克大学法学院教授欧中坦在《千方百计上京城:清朝的京控》一文中曾说,杨乃武案得以广泛传播并被证实为冤,在很大程度上要感谢《申报》充满活力的记者们。[3]

一、近代媒体的出现以及对司法的监督

新闻媒体与司法审判之间的监督与被监督的关系已是现代社会的常识,舆论对于司法公开和公正所起的作用也为人们所了解。但是,监督角色的定位与监督作用的产生,必须以相应的历史条件和社会环境为基础。尽管自唐代起,中国就有了《邸报》,但其作用仅限于传达朝政信息,所载内容也无非皇帝诏令、诸臣奏议与宫廷动态而已,且只供士大夫阅览,与近代意义上的媒体相去甚远。及至晚清,欧美传教士和商人来华办报,将西方报纸模式输入中国,开启了中国近代报业之端绪。而自1840年鸦片战争,英国用大炮轰开中国大门开始,西方列强的入侵,激起了中国数千年未有之剧变。先进的知识分子痛于外患之凭陵,政府之腐败,国亡之无日,知道非革新不足以图存。然手无权柄可操,遂致力于办报,

---

[3] 参见〔美〕欧中坦:《千方百计上京城:清朝的京控》,载高道蕴、高鸿钧、贺卫方主编:《美国学者论中国法律传统》(增订版),中国政法大学出版社2004年版,第534页。

借报纸传播其主张,以言论觉天下。对于媒体的作用,他们已经有了比较深刻的认识,特别是王韬、郑观应等,已经将兴办报业提高到中国社会进步的必然需求的高度。认为中国要富强,就必须进行改革;要改革,就必须兴办报业。概括他们的主张,认为媒体的先导作用主要有以下几个方面:

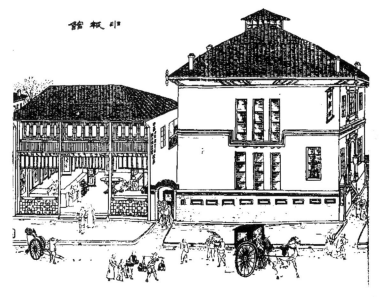

《申报》馆

一是增广见闻、通识时务。王韬指出,中国正处于"四千年来未有之创局","泰西诸国……尽舟航之利,历环瀛之远,视万里有如咫尺,经沧波有同衽席,国无远近,皆得与我为邻"。[4] 中国要闭关自守是不可能的,唯一的选择是因

---

[4] 王韬:《变法自强(下)》,载《弢园文录外编》卷二。

时制宜,讲求变通,向先进国家学习,以适应世界大势。因此,必须兴办报业,借助报纸这种新式媒介,传递更多、更新的信息,使国人了解天下大事,改变过去那种耳塞目瞽、囿于一隅的局面,对剧变中的大千世界作出有效的反应。郑观应强调说:"士君子读书立品,尤贵通达时务,卓为有用之才。自有日报,足不出户庭而周知天下之事,一旦假我斧柯,不致毫无把握。"[5]

二是上通民隐、下达民情。君民相隔、上下不通,是君主专制制度的一大弊病。"民之所欲,上未必知之而与之也;民之所恶,上未必察之而勿之施也。"[6]封建专制下的历代王朝虽然也有言官制度存在,但"风影传闻,结援树党,间阎之疾苦,安得遭登台省之章疏也。况乎忌讳猥多,刑戮不免,所谓言者无罪,闻者足戒,昔有其语,今无其事"[7]。他们认为要改革上闻壅蔽君民相隔之弊,就应该广设报馆,通过报纸来反映民情,沟通上下。有了报纸这一渠道,在上者若能与民同其利害,共其忧乐,举政行事以民意为依归,那么,"上下同心,相与戮力,又安见邦本既固而国势不日隆者哉?"[8]

三是舆论监督,整饬吏治。王韬、郑观应等对于报纸的舆论监督功能和所起的作用是较为乐观的。他们认为,对于

---

[5] 郑观应:《盛世危言·日报》,载《郑观应集》(上册),上海人民出版社1982年版,第347页。
[6] 王韬:《达民情》,载《弢园文录外编》卷三。
[7] 陈炽:《庸书·报馆》,载《陈炽集》,中华书局1997年版,第106页。
[8] 王韬:《达民情》,载《弢园文录外编》卷三。

官员的过失，报纸直言指斥，"一切不法之徒，亦不敢肆行无忌矣"[9]。有报纸监督司法，可以"知讼狱之曲直"，"大案所关，命采访新报之人得入衙观审，尽录两造供词及榜掠之状，则虽不参论断，而州县不敢模糊矣"[10]。这一看法出自王韬载于《申报》的文章《论各省会城宜设新报馆》，时在杨乃武案昭雪不久。文章直指舆论监督在审判公开中的巨大作用，说该文是对《申报》在杨乃武一案中作用的肯定并不为过。尽管我们看不出王韬是否了解此案或有感于此案而发。

四是扬善抑恶，教化社会。"向无日报而善既无从表白，恶亦一任其掩藏。一自报馆中操管录登，而后善恶分明，无从矫饰，岂不足令世人皆去恶从善，使风俗渐转而醇良哉！"[11] 无独有偶，当时的一些思想家一方面认识到了报纸媒体在社会变革中的巨大作用，另一方面，他们同时也深切地感受到了传统的司法危机以及腐败吏治下黑暗的司法状况。两相比照，更使他们感到媒体监督司法的重要作用之所在。

的确，坚船利炮、欧美风雨在对以传统思想为基础的中国社会和中国法律带来巨大冲击的同时，近代司法更陷入了重重危机之中：中华帝国司法赖以生存的指导思想即礼法思想遭受极大冲击，传统司法的残酷性、专断性以及与此相关的种种腐败带来的司法黑暗更显突出，治外法权制度的建立与司法主权的丧失。[12]

---

[9] 郑观应：《盛世危言·日报》，载《郑观应集》（上册），第347页。
[10] 王韬：《论各省会城宜设新报馆》，载《申报》1878年2月19日。
[11] 《劝人勿入讼庭以免名登日报说》，载《申报》1891年7月5日。
[12] 参见韩秀桃：《司法独立与近代中国》，清华大学出版社2003年版，第67—87页。

其实，对于清朝司法的黑暗状况，早在鸦片战争前后一些开明的官宦士大夫已经有了清醒的认识。社会的动荡，政治的危机，外来西方资本主义侵略者的威胁，他们警觉地意识到清朝的衰世已经来临。出于对国家和民族命运的忧虑，他们潜心思考国家衰落的原因，并意识到"人畜悲痛，鬼神思废置"的专制统治是招致内忧外患的根源。面对"日之将西，悲风骤至"的社会危机，他们预感到一场巨大的变革即将爆发，于是口诛笔伐，投身抨击腐朽的吏治与黑暗的司法，并提出改制更法的改革主张。对于当时司法的黑暗，他们列数三大表现：其一，断狱之官，主观擅断，是非颠倒。其二，主官滥判，同僚相护，百姓有冤难伸。其三，办案拖延，积案不清。由此，他们提出了一系列的改革建议，例如对于刑讯逼供，包世臣深知有些承审官从主观臆断出发，先教供而后又逼供，再施以严刑拷打，"是非安得不颠倒"。为此，他呼吁执法断狱，不应动用刑讯，所有事实的认定必须以证据为据。再如对于胥吏败坏司法的突出现象，主张依法严查，按律惩办不法胥吏。林则徐提出"必以察吏为最亟也"[13]，"如有地保朋比，胥役分肥，并即按律惩办"[14]。他们从司法经验中深知断狱是否公正，不仅关系到百姓身家性命，而且对于安定社会秩序作用重大。滥狱不慎，徇私枉法，常常是激起民变的原因。所以林则徐明确主张"申明定例，从严约束，出示晓谕，俾其咸知儆惧。"[15]

---

[13]《查明灾赈积弊及现在办理情形折》，载《林则徐集》。
[14]《查议银昂钱贱除弊便民事宜折》，载《林则徐集》。
[15]《第一次署两江总督往内折生》，载《林则徐集》。

其后，自19世纪60年代登上历史舞台并活跃于晚清三十余年之久的洋务派在其提出的变法主张中，也以"恤刑狱"作为第一要务，认为清朝统治下"滥刑株墨之酷，囹圄凌辱之弊"，"冤案太多，民冤难伸"，是招致百姓不满、危害社会稳定的矛盾焦点。他们提出了禁讼累、省文法、省刑责、重众证、修监羁、教工艺、恤相验、改罚锾等九条司法改革建议。例如在省刑责、重众证的建议中，张之洞主张在审判中"除盗命案证据正确而不肯供认者，准其恐吓外，凡初次讯供及牵连人证，断不准轻加刑责"；同时，除死罪应有输服供词外，革流以下各罪，如果众证确凿，又经上司层递案提复讯无疑，犯人虽无口供，仍可按律定罪。[16]

到了19世纪90年代，从洋务派中分化出来的王韬、郑观应、郭嵩焘等，他们在更广阔的方面接触世界，他们的眼光已经不限于学习西方的科学技术和追求商业的兴盛、经济的现代化，而是关注上层建筑的基本面——政治体制与法制。通过进一步将西方国家的政治体制和法制介绍到国内，以期对中国的政治、法律制度进行改革。如马建忠，他于1877年致信当时的朝廷重臣李鸿章："此次来欧一载有余，初到之时，以为欧洲各国富强，专在制造之精，兵纪之严。及披其律例，考其文事，而知其讲富者以护商为本，求强者以得民心为要。"他更把西方的富强归结于三权分立的政治制度，"其定法、执法、审法之权，分而任之，不责一身，权不相

---

[16] 参见张晋藩：《中国近代社会与法制文明》，中国政法大学出版社2003年版，第111页。

侵。故其政事纲举目张，灿然可观"[17]。是年，当大清朝野为杨乃武案还能昭雪而长吁一口气的时候，也许马建忠已从欧游所见中感觉到了这只是晚清王朝垂死前的回光返照。灿然可观映照下的正是默然凋敝。

正是在这样的历史大背景下，1872年4月30日，《申报》创刊了。报纸创办人的英国商人身份并不影响由华人主持报纸编务。《申报》一创刊，就强调自己是"新闻纸"，"凡国家之政治，风俗之变迁，中外交涉之要务，商贾贸易之利弊，与夫一切可惊可愕可喜之事，足以新人听闻者，靡不毕载"。[18] 早期《申报》在新闻报道方面即有以下创举：

1874年5月，日本借口我国台湾地区少数民族（高山族）杀死琉球人，兴兵进犯台湾。东南沿海各处人心惶惑，欲求实情而不可得。《申报》特派"华友"前往台湾实地采访，7月22日在报上刊出特派记者从台湾发回的第一篇战讯。这是中国报纸历史上最早的战地采访活动。

1876年5月，宁波海关职员李圭经日本赴美国费城参加世界博览会，事毕经大西洋、地中海、印度洋回国，恰好环绕地球一周。《申报》约请李圭为报纸撰写沿途见闻，自6月7日起连续刊载随写随寄的旅行日记。这是中国人最早的环绕地球的游记。

1881年12月，天津至上海间的电报线敷设竣工，交付

---

[17] 马建忠：《上李伯相言出洋工课书》，光绪三年（1877），载朱玉泉主编：《李鸿章全集》（中卷），吉林人民出版社1999年版，第1644—1645页。

[18]《本馆告白》，载《申报》1872年4月30日。转引自陈玉申：《晚清报业史》，山东画报出版社2003年版，第41页。

使用。《申报》立即运用这一现代通讯工具传递新闻。[19]

《申报》创刊号

以上事例恰恰说明,《申报》作为近代媒体的敏感性与敏锐性。尽管最初的出发点在于吸引读者眼球,但我们并不难理解,为什么在当时根本不可能预料到杨乃武一案会演变成惊动朝野的大案的情况下,《申报》即予率先披露并最后促成

---

[19] 参见陈玉申:《晚清报业史》,山东画报出版社2003年版,第41—42页。

该案的昭雪。

二、《申报》的深度介入与杨乃武冤案的公开

自公元1874年1月6日刊登"记禹航（余杭）某生因奸谋命细情"始，至1877年5月7日"余杭案犯尸棺解回"止，《申报》前后对杨乃武一案作了长达三年有余的报道评论。其间自京控呈词见报后，《申报》的立场更是逐渐发生转变，同情杨乃武，揭露司法黑幕，以至直接抨击刑讯逼供等残酷的审讯制度。纵观《申报》报道和评论，把近代媒体对于一个案件报道的态度和方式可谓演绎得活色生香。可以说，《申报》的报道与评论吸引了公众的兴趣与参与，并制造了"物议沸腾"的效果，而公众的态度又进一步推动了《申报》对杨乃武案的持久热情和深度介入，媒体与公众做到了真正的互动，并推动了案情的发展。

第一，全程跟踪，连续报道。杨乃武与葛毕氏案自案发直至最后平反纠正，历时三年有余。《申报》在案发的第二个月，即同治十二年十一月十八日（1874年1月6日）开始刊登有关该案的报道。虽然这篇"记禹航（余杭）某生因奸谋命细情"基本事实完全是按当时余杭县衙定的调子所写，但其意义在于从此揭开了长达三年多、共发有关报道评论七十余篇的序幕。此后，随着案情的发展和介入的加深，《申报》对杨乃武案的报道和评论大致出现了三次高潮：首先在登载进京呈控的呈词以后，《申报》开始认为本案存在重大疑问，应该予以查究。自此《申报》的立场从单纯的社会新闻报道开始向怀疑原审认定事实，揭露审理中可能存在的弊端转变。

第二次出现在钦命胡瑞澜审理前后,对于胡瑞澜的审理情况,《申报》报道的密度极高,可以说每隔几日即有消息见报。胡瑞澜奉旨审理此案,人们对他抱有很大的希望,无论如何,公众希望有一个符合事实真相的结果。第三次出现在刑部提审本案前后,《申报》更是把报道推向了高潮。包括浙籍京官向都察院提出要求刑部提审的呈控的消息,杨乃武、葛毕氏解京受审的消息等。至于刑部在海会寺开棺验尸的报道,更是惊心动魄,令人百感交集!

这种揪住不放、全程跟踪的报道形式,最大限度地发挥了报纸吸引读者注意力,并使公众关注被报道对象前途命运和最终结局的功效。由于其带来的悬念比虚构的小说、故事更具吸引力,更能吊起人们的胃口,由此造成的"物议沸腾"自是必然的结果。无论朝野,无论达官贵人还是贩夫走卒,人们或看、或听、或传、或议,都会对案件的进程倾注热情与关注。这一点从《申报》本身也多有反映,如就该案的来稿来信特别多,编者又在报上再三强调,若有最新消息将尽快告知诸位。对此,今人亦可对当时广大读者想知道该案最新消息的迫切心情有深切的体会。我们重读《申报》的这些报道,仿佛杨乃武案的审理就在今天。

第二,客观公允,有倾向而不片面。尽管《申报》的报道很多纯属传闻,当时的秘密审判使得包括媒体在内的公众也很难了解事实以及审理过程的真相,但《申报》在登载来源于街巷传闻的消息时一般均有声明消息出处,并申明尚有待证实。如光绪元年(1875年)十一月初六日登载的关于钱宝生于该年十月初二日至初五日在城里看戏,不可能卖砒霜给杨乃武的消息,其标题即为"余杭案传言",并称"惟此情得蒙问官暗访，便可立分真伪"，该消息最后再次强调"此特余杭人之传言耳，且俟见谳词始可知"。采用这种报道形式既适合连续而不间断报道之必需，不然呈现在读者面前的只能是官方的结案报告，更满足了读者及时获得案件进展消息的愿望。

与案情的报道虽有传闻但多予说明相得益彰的是，《申报》自登载了杨乃武京控呈词以后，虽然已有十分明显的倾向立场，但并非只刊登与自己观点一致的文章，也登载与原承审县、府、司等观点一致的文章。可以说有话语权但尚未失之公允，在表明自己立场的同时仍给公众以独立思考的空间。如光绪二年（1876年）四月二十九日署名武林生的《告白》一文，认为本案决无冤情。而且其观点在当时的审理阶段不能说完全没有道理。这种不同观点在报上公开论争，对读者也更有吸引力，它可以更加有力地推动清朝最高层关注和重视这一案件。

第三，就案论理，以案说法。作为一份营利性质的报纸，难能可贵的是，《申报》并非专以猎奇为目的。相反，它没有一味地沉浸于对案件道听途说的披露和揭秘，而是以相当大的篇幅刊登相关的评论文章，就案论理，用理性的眼光来审视这一案件所涉的相关法律问题和社会问题。有些文章甚至可以说是抨击封建专制王朝黑暗司法的檄文也不为过。笔者认为，《申报》对杨乃武案昭雪所起的作用，很大程度上得益于此。

如果说新闻事实式的报道主要目的在于公开案情，使朝野上下了解、关注此案，而大量的评论文章显然在于唤醒公众，在报纸与公众之间形成互动，共同推动案件的审理一步步走向真相。《申报》的评论性文章主要涉及两个方面：一是以此案为例，充分论述刑讯制度的严重危害以及禁绝刑讯逼供的必要性；二是指出秘密审判的种种弊端，极力主张审判公开。这样通过紧密联系案件事实，力主禁止刑讯逼供、审判公开，其观点显然具有较强的说服力。它除了使公众认识到刑讯逼供、秘密审判情形下的冤案丛生外，同时对统治者，包括上至朝廷下及各级衙门也是一个敦促与触动，使他们对于废除刑讯逼供、实行公开审判制度也有所认识。光绪二十六年十二月十日（公元1901年1月29日），流亡西安的西太后颁布变法圣谕，实行新政，移植西方法律，设立独立的审判机关，实施公开审判，废除刑讯逼供。我们可不可以说"变法"的号角其实早已吹响了呢？

杨乃武案本身的曲折离奇，围绕案件各种力量展开斗争的尖锐激烈，《申报》运气不错，在初创时期就遇上了如此奇案。但它更以自己的敏感和敏锐，抓住了这个千载难逢的好题材。杨乃武案因《申报》而广为人知，因朝野关注而"物议沸腾"，直至昭雪！《申报》则以自己的正义立场，通过对案件的报道和深度介入，极大地提高了自己的知名度和影响力。

三、《申报》在冤案昭雪中的独特作用

《申报》对于杨乃武案昭雪所起的独特作用，主要通过以下几个方面表现出来：

第一，公开案情，引起朝野特别是朝廷官员的关注，使得案件审理在较大的社会舆论压力下展开。

将审判暴露在公众视野下（摄于杨乃武与小白菜奇案展示馆）

《申报》对杨乃武一案的全程跟踪式报道，其最大的作用就在于报道本身，即让审判公开，把案件的审理过程尽可能地暴露在公众视野下。由此带来两个非常明显的效应：一是让公众了解案情，给各承审官员造成一定的社会压力。由于《申报》的宣传，当时杭州的百姓几乎无人不谈杨乃武，无人不知杨乃武，而且众口一词，认为杨乃武冤枉。给事中边宝泉在奏折中的"重案未惬众论""刻此案议论纷然，关系甚巨"；浙籍十八位京官的联名呈词中的"查此案事阅两者，久腾物议""何以成信谳而释群疑"，等等，都是对此的反映。二是引起官员，特别是朝廷官员的关注，促使这些官员推动杨案的审理进程，直至最终水落石出。欧中坦说，对于当时的一些冤案，"如果没能引起公众舆论的谴责，进而引起都察院和其他官员的注意，要想推翻巡抚的判决都是困难的"[20]。

报刊传播的广泛性，不仅使本案成为普通百姓谈论的话题，而且也引起朝廷官员的关注，京官们大都订有《申报》。

---

[20]〔美〕欧中坦：《千方百计上京城：清朝的京控》，载高道蕴、高鸿钧、贺卫方主编：《美国学者论中国法律传统》（增订版），中国政法大学出版社2004年版，第537页。

由于这些官员地位的特殊性,他们可以用"慎重人命""以成信谳"等冠冕堂皇的理由去影响刑部甚至皇太后。如果说十八位浙籍京官是出于拯救同乡绅士的集体意识,而且他们对杨乃武案的了解来自于更直接的渠道,那么像王书瑞、边宝泉以及都察院的景廉等也都积极热情地为本案的昭雪援手相助,其原因除了为伸张正义,根治弊政外,很可能是在他们的身后还有不少人,甚至可能还有更高层次的官员都怀着极大的兴趣和热情关注,他们支持、怂恿并推动着该案的发展,希望了解并最终看到本案的结局。而调动这些人的兴趣,《申报》的"推波助澜"无疑功不可没。

第二,客观上达到了为杨乃武进行强有力的辩护的效果,起到了杨乃武自己申辩呈控难以企及的作用。

《申报》对于杨乃武案的报道,可以说是使自己不知不觉地站在了辩护者的立场上,而且媒体的力量使其辩护作用远胜任何个体的辩护,其影响之广更是个体力量难望其项背。杨乃武的呈控状一开始在杨昌濬、胡瑞澜的京控复审过程中并未起到洗刷冤情的作用。但同样是这份呈控状,在《申报》"访得底稿,因再录供众览,以表奇冤"[21]后,发挥了极大的作用。对于这样一份文采斐然、分析有力的呈控状,对公众,必然激起"物议沸腾";对为杨乃武申冤的官员,特别是为浙籍京官们提供了极有力的说辞;对刑部,指明了突破案情的关节点,刑部给皇上的奏折中所指出的该案在证据上所存在的问题,有不少内容即源于此。假如没有《申报》的登载传播,杨乃武的辩护词写得再好,也不可能发挥如此巨大

---

[21] 《申报》1874年12月7日、8日。

的作用。而且，此文刊登后，《申报》开始站到有利于杨乃武的立场，并形成了一个有利于纠正本案的舆论环境。

第三，把杨乃武的有罪供述归咎于刑讯逼供，直指刑讯枉民、锻造冤案的制度弊端。

《申报》以报道该案为契机，揭露了地方各级衙门的判决都建立在刑讯逼供的基础之上。其所刊登的许多文章，从杨乃武案具体的审理过程出发，充分挖掘案件的法律内涵。杨乃武和葛毕氏均为无辜之人，在刑讯逼供下却被迫作了有罪供认，《申报》抓住了这一揭示刑讯逼供弊端的绝妙素材，使得人们不仅对案件的判决结果产生怀疑，进而更把矛头直指产生这一恶果的制度本身。

《申报》就杨乃武一案对刑讯逼供所作的抨击主要有四个方面：

一是直击刑讯逼供的残酷性。《申报》于1874年12月10日登载了《论余杭案》一文，文中写道："查被屈者本有科名之人也，以枉例使有科名无罪辜之人陷法死于非命，又于死前极加五刑，使之七次昏绝，惨虐冤抑更孰甚于此耶？"

二是揭露刑讯逼供下"犯人熬刑不起，问官欲得何供，犯人只得承认"，直指刑讯锻造冤案之弊。对此，《申报》所载文章既有"宏观叙事"，由古代而当今，由舞台而现实；更有杨乃武刑逼下只得妄招的丝丝入扣的描述。对于刑讯逼供制造冤案作了入木三分的论述。如1874年12月14日《论听讼》一文写道：观剧时见"承审之官于讯案之时，虽有证见之供，问官却为不足作据，必须犯人亲自承认，取供定罪。倘犯人无供，或所供游移，则问官必严刑逼之，轻者批颊杖臀，重则鞭背击胫，再重，男则加以夹棍，女则施以拶指，三木并用，必得犯人亲口招供而后已，试思严刑之下，何求不得？犯人熬刑不起，问官欲得何供，犯人只得承认"。"前数日阅《申报》所刊浙江余杭杨詹氏京控呈稿，始知中国刑讯之事，今犹不异于古所云也。"1875年8月14日在《论复审余杭案》一文中载：胡侍郎讯杨乃武："既犯王章，今日又有何说？况是案早经定谳，何以又至翻供？如今可即明白直招，免得受刑。"杨即大声供曰："严刑之下，何求不得？某既受诬攀，原想见官之后，定能公断是非。再不想今日官官相护，只知用各样非法之刑。某理直气壮，问心无愧，岂肯招认乎？至于前供亦是问官刑逼万分，某痛极，只得妄招。至第二、三次初问时，某以为天日重开。万不料事出一例，承问官都是一副刑求本领，乃武如何禁受得起？""严刑之下，何求不得"，杨乃武一针见血地指出了刑讯的实质。《申报》就此评述："中国刑讯之枉民于此而尽包括其中。在上者若能静思此言，其深有仁心并怀公道者，岂肯仍令刑讯之弊其犹行于中国乎？"

　　三是较为深入地探讨刑讯逼供的成因。《申报》于1875年5月至9月间连续登载了数篇探讨刑讯逼供成因的文章，先后计有《论慎刑》《论陈侍御请禁非刑事》《论刑讯宜改事》《刑讯辩》等。且不说专就刑讯制度存废的论述，这样连续就国家司法制度进行专题探讨的系列文章见诸报端，公之于众，在当时就已极为罕见。如《论刑讯宜改事》一文认为刑讯之弊，实系律例规定所致，即所谓"此弊亦不可全诿之于官也，盖实有旧例所致"。此文将刑讯逼供的根源直指法律制度本身，并提出改革法律的主张，其见解非常深刻。还有《刑讯辩》一文认为，造成刑讯逼供的原因，是因为中国讯案之人都是科甲出身，对法律专门知识并未深入研习，没有办法弄清案情、查得证据，就只得靠刑讯定案。文章认为，讯案乃是一门专门的学问，讯案之官应深通刑律。这已经将问题的根源引致吏治乃至政治制度的层面，甚至隐约可以看到法官职业化的呼声。

四是通过介绍西方的审判制度，呼吁废除刑讯这一落后、野蛮的审判方式。《论刑讯宜改事》一文在提出刑讯之弊"盖实由旧例所致"的观点后，较为全面地介绍了西方的开庭质证与认证方式，提出希望能革除"刑讯弊政"。文章称："试思杨乃武之言即觉其曲，以为若以刑逼我，我就妄认。此言已将全情包含其内。但犯人招认或为真为讹，既系为刑所逼，则犯人之承认犹何足据乎？"既然刑讯逼供所得证据不足为凭，刑讯的正当性也就完全不存在。

杨乃武和葛毕氏均系无辜之人，在刑讯逼供下却被迫作出罪至凌迟的因奸谋毒供述。《申报》抓住了这一揭露刑讯逼供弊端的绝妙素材，使得人们不仅对案件的判决结果产生最大的怀疑，进而更把矛头直指产生这一恶果的制度本身。

回望百年，我们不禁喟然而叹！舆论监督与司法审判的关系，当时已经上演了如此波澜壮阔而又扣人心弦的一幕，杨乃武一案留给我们的实在太多太多！

第十一章　制度的余荫：京控为杨乃武争得一线生机

在反映杨乃武与葛毕氏一案的文艺作品中，曾有杨菊贞为弟赴京申冤，而在都察院门前滚钉板的场面。杨菊贞的赴京申冤，按照当时的法律规定，就是京控。她是否经历了滚钉板已不可考，晚清时期其实也已不见有滚钉板的记载，但其千辛万苦可想而知，也正因此京控，才为杨乃武争得一线生机。

杨乃武案之所以能够得以纠正，如前所述，原因是多方面的。而且无论何种原因，它们都不可能单方面发生作用，而是相互影响、相互交织，共同促成了案件真相大白于天下。对于杨菊贞和杨詹氏的京控而言，在杨乃武案的发生和演变过程中，其作用同样不可或缺。可以这么说，正是这两位不屈的女性，承受了巨大的精神压力，利用制度允许的申冤之路，使得杨乃武案的审理峰回路转，并最终在多种力量的共同作用下，拯救了杨乃武，也拯救了葛毕氏，给今人留下了这一大悲大喜跌宕起伏的奇案。

一、清代的京控制度

京控，清代又称叩阍，俗称告御状。从历史沿革来看，京控并不是清代社会特有的现象。《周礼》载："大司寇以肺石达穷民，凡远近茕独老幼之欲有复于上，而其长弗达者，立于肺石三日，士听其辞，以告于上而罪其长。"这种肺石即如后世的登闻鼓。秦汉时已经有了被称为"乞鞫"的重审和上诉制度，即罪犯或其家属对判决不服，可以提出上诉，请求复审。隋朝时明确规定，"民有枉屈"，递经县、郡，如"不为理者"，可"听挝登闻鼓"，"听诣阙申诉"这可以说是京控制度的发端。自此之后，进京击登闻鼓申冤的制度为各代所沿袭。唐代有可以直接向朝廷申诉冤屈的"直诉"制度。明代也于午门外设置"登闻鼓"。作为封建法制的集大成者，清朝在承袭明制的基础上建立了更为严密的京控制度。

不理冤案，会遭灾异遣告，这是中国古代上达皇帝、下至黎民百姓的普遍的天人感应观。正如晚清时一位官员所称："近年灾祸频仍，天道不和（指19世纪70年代末和80年代初的旱灾和饥荒），皆由众多无处申诉之冤案所起。何方贪官未惩，何方无辜之百姓便常遭侵扰。"[1] 可以说，京控制度建立的目的，就是为了能够让在地方不能得到公正审理的案件，或者地方官员故意制造的冤假错案能够上达朝廷，进而"弥冤抑而迓和甘，矜庶狱而昭平允"[2]。当然，通过建立

---

[1]〔美〕欧中坦：《千方百计上京城：清朝的京控》，载高道蕴等主编：《美国学者论中国法律》，中国政法大学出版社2004年版，第513页。

[2] 朱寿朋：《光绪朝东华录》，中华书局1958年版，第553页。

杨乃武狱中奋笔京控状（摄于杨乃武与小白菜奇案展示馆）

第十一章 制度的余荫：京控为杨乃武争得一线生机

京控制度，掌握社会秩序特别是秩序失范的信息，控制地方官员的行为也是非常重要的方面。一件京控案件往往会牵涉到吏治的好坏与否，从而给地方官员的执法活动以一定的警示和约束，所谓"未有不并承审州县而控之者"[3]。而对于进京申冤的人而言，其唯一的目的就是争取皇帝对本案的关注。他们相信如果不是地方官确实无能或不公，甚至故意歪曲真相，自己就不会遭受因长途跋涉进京申冤而产生的经济和身心的磨难。既然皇帝愿意接受京控，哪怕希望再小，也是存在希望的。当然，接受京控并不是皇帝亲自审案，而是特旨复审，包括地方官员或钦差或刑部等。

按照清朝的法律规定，在历经地方全部司法审级寻求救济无果之后，申诉人可以进京呈诉，接受呈诉的部门包括都察院、步军统领衙门和通政司等。法律允许的两种呈诉方式是递状纸和擂击登闻鼓。顺治初年，清政府在都察院设立登闻鼓厅，以给进京呈控者"击鼓喊冤"。《大清会典》定曰："有击鼓之人，由通政使司讯供，果有冤抑确据，奏闻请旨，交部昭雪。"[4] 顺治十三年（1656年），将登闻鼓厅改设右长安门外，每日派科道官满汉一员轮值，规定"在外总督、巡抚、巡按三衙门内曾经二衙门告理不为审理，又审而不公者，许其击鼓"[5]。以后又移入通政司，由通政司派参议一人轮值。康熙六十一年（1722年），定鼓厅事务，归并通政司停差御史管理。平民百姓若有怨抑，在上述规定条件之下，

---

[3] 朱寿朋：《光绪朝东华录》，中华书局1958年版，第50页。
[4] 《大清会典》卷十六。
[5] 《钦定台规》卷十四。

可以鸣鼓声冤。值勤人员"俱不准驳斥"[6]。

也有通过在宫门前或沿皇帝行进的道路跪迎,绕过都察院等衙门直接将诉状递送给皇帝的,也就是通常所说的拦圣驾喊冤,即"叩阍"。不管赴宫门叫诉冤枉还是迎车驾申诉,按照《大清律例》第322条有关"越诉"的规定,都要按律治罪。但其呈诉按照真实与否作不同处理。若皇帝发交刑部或各帝院审办,或发交各省督抚审办,即为叩阍案件。

二、荆棘万丛而又希望渺茫之路

杨乃武冤案昭雪后的刑部结案报告,即光绪三年(1877年)二月二十六日的奏折,对于杨菊贞和杨詹氏的两次京控情况是这样记载的:

> (浙江巡抚具奏后)臣部正在核题间,十三年四月杨乃武自作亲供,以葛毕氏串诬、问官刑逼并捏称有何春芳在葛家顽笑、余杭县长子刘子翰令阮德索诈等情,嘱胞姊叶杨氏具呈,遣抱王廷南赴都察院衙门呈控,咨解回浙。杨昌濬委原问官复审,添传王淋、沈体仁等到案。皆因囚已伏罪,亦随同沈喻氏混供盘出谋毒报验等情。陈鲁仍照原详拟结,尚未咨部。杨乃武之妻杨詹氏又以前情于六七月间赴巡抚、臬司衙门具控,归案讯办。杨乃武未能申诉。九月,杨詹氏复遣抱姚士法赴步军统领衙门续控。奏奉谕旨,交杨昌濬督同臬司亲提严讯。札

---

[6]《大清会典事例》卷七百五十。

委湖州府知府锡光等详鞫。杨乃武、葛毕氏均称冤抑,翻异前供,未能讯结。[7]

杨菊贞遣抱王廷南京控,都察院咨解回浙,杨昌浚委原问官复审;杨詹氏再次京控,步军统领衙门奏奉谕旨,交杨昌浚督同臬司亲提严讯。显然,蒙冤而走上京控之路,甚至上达朝廷,绝不能以为自此就能拨云见日,大白天下,相反,杨乃武冤案最后得以昭雪,杨淑贞和杨詹氏走上的也是一条充满荆棘的京控之路。

京控路上(摄于杨乃武与小白菜奇案展示馆)

尽管皇帝需要通过京控遏制非正义行为,掌握和惩治地方官员的贪赃枉法,并且借助京控获得有关帝国状况的基本信息。甚至如嘉庆皇帝在1800年时决心重振大清朝政,命令受理所有京控。他对该项决定所作的解释是:通过对京控的

---

[7] 中国第一历史档案馆编:《清宫御档——杨乃武小白菜奇案御档》,西泠印社出版社2007年版,第347—349页。

开禁，使贿赂和相互留情面都不再能隐瞒官吏的渎职罪。[8]正是这一决定使得当时的京控如潮水般涌来。但皇帝给予京控的"矜庶狱而昭平允""弥冤抑而迓和甘"的光环，始终难掩京控现实的无情，或者说对于蒙受冤屈的黎民百姓而言，京控只是希望之光绝非现实之路。

（一）严格限制的京控条件

皇帝的愿望是良好的，但封建王朝对于普通百姓的权利和自由的控制都是极端严密的，京控也不例外。在森严的等级差序下，京控绝不是想象中的击鼓呼冤、拦驾鸣屈那么简单。相反，种种条件的束缚，使京控始终处在朝廷的严密控制之下。

第一，严禁越诉京控。"凡军民词讼，皆须自下而上陈告。"《大清律例》规定："有冤抑审断不公，须于状内将控过衙门审过情节开叙明白，上司官方许受理"，"如审断不公再赴该管上司呈明，若再有屈抑方准来京呈诉"。[9]也就是说，京控案件必须是在本省衙门呈告有案，并且令其出结才可受理，否则便会被治以越诉罪而笞五十。希望重振大清朝政的嘉庆帝尽管在1800年命令受理所有京控，但据说他被那些由讼棍编造用来报复地方官正常执法行为的呈诉惹恼，在1801年的时候又重新实施旧规则，任何提出京控的人，如果没有先在向省里上级衙门要求纠正时受挫，或者没有等到正在审理的案件结案，或者甚至案件没有向地方官起诉过，都要因

---

[8] 参见《钦定台规》卷十四。
[9]《大清律例·诉讼·越诉》卷三十。

越诉而受到惩罚,并回本地去诉讼。[10]

第二,严控京控地点。京控需在规定的地点并需以相应的方式进行,违反规定而京控者,按清律均要治罪。所谓"叩阍极难,其人须伏于沟,身至垢秽,俟驾过时,乃手擎状,扬其声曰冤枉,如卫士闻之,实时捉得,将状呈上,其人拿交刑部,解回原省"[11],即拦圣驾喊冤者只能在仪仗队外俯首称告,若是因"迎车驾而冲突仪仗,亦罪之充军"[12]。《大清会典事例》有如下规定:

(1) 凡跪午门、长安等门及打长安门内石狮鸣冤者俱照擅入禁门诉冤例治罪,若打正阳门外石狮者照损坏御桥例治罪。(2) 凡奸徒身藏金刃欲行叩阍,擅入午门、长安等门者,不问所告虚实,立案不行,仍杖一百,发近边充军,若违禁入堂子跪告者,杖一百。(3) 擅入午门、长安等门叫诉冤枉,奉旨勘问得实者,枷号一月,满日杖一百,若涉虚者,杖一百,发边远地方充军。(4) 凡车驾行幸瀛台等处,有申诉者照迎车驾申诉律拟断,车驾出郊行幸,有申诉者照冲突仪仗律拟断。[13]

另外,以极端方式,如在都察院门口自杀而企图迫使接

---

[10] 参见《钦定台规》卷十四。
[11] 徐珂辑:《清稗类钞》卷三。
[12] 赵尔巽等:《清史稿》卷一百四十四,中华书局1977年版,第4212页。
[13] 《大清会典事例》卷八百三十九。

受呈诉并羞辱原审官员的,也要受到严厉制裁。[14]

《新增刑案汇览》卷四就载有"叩阍人犯冲突仪仗"而被发边充军的案例。陕西被革生员王梦熊因捐输军粮未经给奖进京叩阍,刑部认为其行止无情无理荒谬绝伦之供不可弹述,应拟投边亦不为过。但其呈控尚非全系虚诬,故照冲突仪仗妄行奏诉发近边充军例问拟。[15]

第三,对"细故混争"进京呈诉及京控不实者予以惩处。晚清以来,以"细故混争"而京控的情况确实大为增多。有人记载了这样两起京控案件:一则"西席向东翁索取修脯六千文,因而龃龉,渐至涉讼,西宾不得,直控之不休,而卒至京控";一则"婶侄夺继争产,讼已数年,迄未断结,亦至京控。问其所争之产,则仅一亩六分有零"。与牵涉巨盗人命的案件相比,京控中出现类似上述案件,确实让人哭笑不得。而根据时人的看法,以上两例只不过是案件太过细微而已,尚不足笑。真正让人诧异的是:"现在各京控之情节,有纠众肆抢杀毙多命,官差索贿,冤愤莫伸,或父母之仇,或焚掠之惨,阅之殊动人,而其实按之则类皆属虚空驾捏。会闻有笑谈,一人作词呈于官,其词曰:为白昼鸣锣连毙二命。官闻之不禁大惊,其实则卖糖者手敲小锣,践踏毙小鸡二只。而危词耸听,遂令人不得不为之一惊。目下京控之案大都此类居多,故往往结案时,皆以怀疑妄控,情急砌耸具结。盖彼之意,不过藉此破仇人之家,官司之胜负在所不计也。"[16]

---

[14] 参见薛允升:《读例存疑》卷三十九。
[15] 参见祝庆祺等编:《刑案汇览(四)》,北京古籍出版社2004年版,第563页。
[16] 《申报》1882年11月21日

第十一章 制度的余荫:京控为杨乃武争得一线生机

而这类京控的增多,又往往与"藉控告为生涯"的讼师有很大关系。他们或专门做呈词包揽诉讼,或唆使并帮助原告进京诬控,以试图借机牟取钱财,甚至栽赃陷害他人。

有清一代,关于田土户婚钱债等轻微民事纠纷的案件被称为州县"自理词讼"案件,这类案件按例不属京控范围。如"敢以户婚、田土细事来京控诉,除将原呈发还,仍治以越诉之罪。"对于京控不实的,将因"申诉不实"[17]杖一百。《续增刑案汇览》卷四记载了道光十年(1830年)刑部贵州司处理的一起案件:李六儿所控李克昌谋夺庄头私典官地各情,事隶内务府应送回办理。惟该犯以细故自写呈词,欲行叩阍,虽与呈递者有间,究属妄为,应酌照制律,杖一百,加枷号一个月。[18]京控诬告的,处罚更为严厉。提起严重而虚伪的呈诉如连累十人以上的,将被发配充军到最远的边疆。[19]

(二)结案甚少且多含糊了断的京控结果

赴京呈诉,历尽千辛万苦。当一纸控状有幸被受理后,京控者的前景并非总是一片光明。按律例京控之人被发解回省,所控之案亦发审到省后,等着他可能是漫漫的羁押待审之路和"半多含糊"的判决。

首先,在清代县控府、府控省的诉讼制度下,一个案件往往已经历了一道又一道的程序,上下之间容易出现各牵所私、互相回护的情况,而"小民冤枉难伸,既经控府控院,

---

[17]《大清律例》卷三十。

[18] 参见祝庆祺等编:《刑案汇览(四)》,北京古籍出版社2004年版,第91页。

[19] 参见薛允升:《读例存疑》卷三十九。

必有牵率州县"[20]。因此，对于京控，各级官吏都不会抱有什么好感，无论对巡抚还是州县官而言，不满而固执的京控者是极其讨厌的，认为对他的诉讼请求，与其支持，不如遏制。他们甚至一闻京控，即视原告为寇仇。[21]

京控案件在审理程序上是由臬司在督抚的监督下主审。但实际上臬司往往并不自己提审，而是仍然交给原审府县，由此往往容易造成"委审各员瞻徇附和，上司回护弥缝"之弊。我们看到杨菊贞历经千辛万苦的京控，最后换来的只是杭州府陈鲁照原拟结。这样一个天大的冤案，在陈鲁这儿，正如绝大多数情形下的京控案件，审理结果仍是京控者"捏词具控""申诉不实"。但晚清京控案件一个比较突出的现象是，由于承审官员顾虑原告再次赴京呈诉，因此，往往既不审实，也不办诬，"半多含糊了结"[22]。对此，《新增刑案汇览》卷十六曾言：

> 近年以来，外省审办京控奏咨各案，全行审实及审虚，将原告诬告办理者十不得一，大半皆系调停了事。一案之中，重款则大率消弭，轻款则略与更张，既不审实，也不办诬，或以为控出有因，或以为怀疑所致，无可解说，又以到案即行供明为词，曲为原减，皆因问官将实作虚，无以服原告之心而杜其口，惧其复控，故不肯援诬告加等治罪。每遇审虚之案，类皆牵隐申诉不实

---

[20] 朱寿朋：《光绪朝东华录》，中华书局1958年版，第209页。
[21] 参见丁日昌：《抚吴公牍》。
[22] 《黎文肃公遗书·书札》卷二十八。

律,坐原告以满杖罪名,而又删去迎车驾及击登闻鼓字样,藉以完案。[23]

这一现象正如美国学者欧中坦所言:"法官的目的不是去满足原告的正义要求,而是去'封他的口'。法官害怕深入的分析使已经提出上诉的甚至被证明不正当的上诉人会再次上诉以逃避因诬告而受的惩罚。"[24] 及至光绪年间,甚至有京控"从未见一平反"[25]的记载,以致上谕也诘问道:"岂天下州县皆于公,各省之谳局尽皋陶欤?"[26] 本来旨在"清积牍而理民冤"的京控,往往陷入因冤而告、愈告愈冤的恶性循环。告御状本来是一种寻求皇权庇护的精神寄托,但在这样的情形下很难说不是一场梦魇。

其次,长期延审,年久不结。晚清以降,京控之多"层见叠出",各地"纷纷京控,频繁圣虑,日事批览不暇也"的记载不绝于史书、档案,此时的京控制度已不仅仅"主要起装饰作用"[27]。国家衰败,官场腐朽,社会动荡,民不聊生,王朝正逐渐走向它的尽头,"讼不可妄兴"的传统观念逐渐式微。正是这样的时代,京控案件随之急剧增加。据赵晓华博士的统计,道光二十一年(1841年),都察院和步军统领衙

---

[23] 祝庆祺等编:《刑案汇览(四)》,北京古籍出版社2004年版,第738页。
[24] 〔美〕欧中坦:《千方百计上京城:清朝的京控》,载高道蕴等主编:《美国学者论中国法律》,中国政法大学出版社2004年版,第534页。
[25] 朱寿朋:《光绪朝东华录》,中华书局1958年版,第346页。
[26] 同上书,第56页。
[27] 郑秦:《清代州县审判制度研究》,湖南教育出版社1988年版,第31页。

门上报的各省未结京控案件分别为三十二起和五起;而咸丰十年(1860年),仅步军统领衙门上报的未结京控案件已有五十起,其中有四起是拖延十几年的未结案;同治二年(1863年),新任直隶按察使李鹤年奏称:在他抵任前"各属未结京控之案共计一百五十六起",经过陆续讯结和详情咨销外,所余未结案件有四十余起,但自同治三年(1864年)以后,"续控之案除审结外又积至六十余起"。[28] 到1882年(光绪八年),上谕已经抱怨"近来京控之多,不独湖南一省为然,如直隶、山东、河南、湖北等省,每年长不下百数十起"[29]。

一方面是京控案件的不断增加,而另一方面则是地方各级官吏的拖延。一件京控案件少则两三年,多则甚至达十八年,而审理结果大都是"越诉""无实据"。为了制止地方的拖延,朝廷或是规定京控案件的最后审理期限,或是建立京控案件的定期报结制度,或是要求地方设立专门的审理机构,或是明令拖延审理的惩处办法,制度不可谓不全,但似乎收效甚微。包括巡抚在内的地方官吏们都将审判期限的耽搁归责于大量极复杂的失实呈诉,甚至他们在按朝廷要求向都察院报告有关审理重大京控案件的进展时,从现在"所掌握的奏折实例几乎都列满了迟延案件,并都归因于证人证言无效"[30],所有关于审判期限的规则都未被有效地执行。官员

---

[28] 刘长佑:《京控案件勒限清厘疏》,载王延熙、王树敏辑:《皇朝道咸同光奏议》卷五七,刑政。转引自赵晓华:《晚清狱讼制度的社会考察》,中国人民大学出版社2001年版,第191页。

[29] 朱寿朋:《光绪朝东华录》,中华书局1958年版,第1414页。

[30] 〔美〕欧中坦:《千方百计上京城:清朝的京控》,载高道蕴等编:《美国学者论中国法律传统》,中国政法大学出版社2004年版,第532页。

因此而可能受到的惩处，大多数情形下或因御史的弹劾或因报章的披露导致民怨沸腾、朝野非议，正如杨乃武与葛毕氏一案，否则很少会被追究。

  案件长期拖延带来的另一个十分恶劣的后果是"羁系甚多，结案甚少，无罪者瘐毙，牵累者破家"[31]。一件京控案件往往牵涉多人，案件在审理过程中，不但要将原告、被告拘押，且要将中证邻里拘押待证，不能及时开脱，由此而经年累月，有的证人甚至因沉冤莫白，竟监候待质二十余年。[32]这样漫长的羁押候审待质，极易造成涉案人员的死亡。光绪初年，在各省因案提省的待质平民中，拖累致死者"每岁每年均不下百余人，且有多至数百人者"[33]。咸丰八年（1858年）曾发生了一起热河民人李群山京控李汶成等杀毙其家多命的案件，其中所提到的被告及证人共六人，由于此案长期延审，年久不结，到了光绪五年（1879年），所有的被告及证人已全部在监病毙，原告也借故远去，随后再拖至光绪十三年（1887年），此案便以"原被无人可讯"而"援例汇销"了。[34]同治年间，由直隶总督曾国藩审理的一起直隶元城县王叔喆叔侄叠次互相京控的案件中，案经九年之久，其中因案牵连致死的原被告及证人竟多达十二人。[35]

  我们可以看到，一起京控案件，艰难的申诉，漫长的等

---

[31] 赵晓华：《晚清狱讼制度的社会考察》，中国人民大学出版社2001年版，第213页。
[32] 参见朱寿朋：《光绪朝东华录》，中华书局1958年版，第1592页。
[33] 同上书，第164页。
[34] 参见《朱批奏折》卷五十五，法律类，审办项。
[35] 参见《朱批奏折》卷四十九，法律类，审办项。

待，不堪承受的羁系牵累，最后盼来的并不一定是沉冤大白。这就是晚清京控，一条荆棘万丛而又希望渺茫之路。

三、京控为杨乃武争得一线生机

杨乃武和杨菊贞同样选择了如此一条荆棘万丛而又希望渺茫的申诉之路，我们又何以认为在杨乃武案的昭雪过程中其作用不可或缺呢？

（一）启动了案件的重新审理程序

杨乃武案在浙江地方审理完毕后，杨昌濬已就案件情况和裁决意见向皇上具奏并咨送刑部。按规定中央政府将开始对杨案进行审理。这一审理程序结果可能有三种情形：即依议之判决、迳行改正之判决和驳令再审之判决，也就是维持、改判和发回重审。依此而言，似乎杨菊贞和杨詹氏的京控多此一举，因为刑部若发现案件事实不清自可按律发回重审。但是且慢，同治十二年十二月二十日（公元1874年2月6日），浙江巡抚杨昌濬向皇上具奏并咨送刑部的杨乃武案又是一个什么样的案件呢？

我们先来看杨昌濬向朝廷是如何报告的：

> 据供定谳，既历办如斯，惟执法不挠，斯刑章可肃。余杭县革举杨乃武因奸商同奸妇葛毕氏毒毙本夫葛品连一案，缘杨乃武甫经中式，遽投法网。其时，人言藉藉，传闻不一，士类耻之。臣以奸私暧昧，谋情隐秘，若不彻底根究，难成信谳。且杨乃武系读书之人，应知自爱，何至行同败类。其中恐有别故。谙饬臬司督同杭州府知

府陈鲁等虚衷研讯，不可稍有屈抑。旋据该府等讯明，葛毕氏与杨乃武同院居住，调戏成奸，后非一次。本夫葛品连先未知情，嗣搬移另居，杨乃武复至葛毕氏房内玩笑，被葛品连撞见，将葛毕氏责打，禁止往来。讵杨乃武恋奸情热，起意将葛品连致死，与葛毕氏商允。同治十二年十月初三日，杨乃武在钱宝生药铺捏称毒鼠，用四十文买得砒末一包，密交葛毕氏收藏，嘱令乘便下手。初九日下午，葛毕氏将砒末放入桂圆汤内，给葛品连吃下，毒发殒命。报验讯解，一面详题革审，督同究出前情，环责如一。将葛毕氏依律拟以凌迟处死，杨乃武按例拟斩立决，钱宝生拟杖。由臬司蒯贺荪复审详解。经臣亲提勘讯，据各供认不讳。并经饬据委员，现署黄岩县知县郑锡滜改装易服，前赴余杭就近逐细访查无异。臣详核案情。杨乃武与葛毕氏通奸商同谋命，先出自葛毕氏之口。而被本夫撞破奸情，有户亲邻佑供词可证，质之杨乃武供认无罪，在钱宝生药铺骗买砒末及买砒之月日钱数，先出自杨乃武之口。饬提钱宝生讯供，又皆吻合。而杨乃武所称将砒末密交葛毕氏乘便下手，责之葛毕氏，供也相符。此皆案中紧要关键。既经讯明实在情节，供证确鉴，自应分别按照律例拟办。[36]

从杨昌浚的这份报告和此前的全部审理过程，我们可以看到：第一，葛品连的死因已明，验尸结论认定为中砒毒而

---

[36] 中国第一历史档案馆编：《清宫御档——杨乃武小白菜奇案御档》，西泠印社出版社 2007 年版，第 29—34 页。

死。尽管事后查明这是一份经刘锡彤修改过的验尸报告，涂改了尸表征状，添加了未曾有过的肥皂水擦洗银针等，但当时所见只能说验尸过程中无论程序还是结论都显得无懈可击。第二，葛毕氏、杨乃武和"钱宝生"的供认和证词已形成一个完整的证据链。知县刘锡彤在"死因已明"的前提下，即将葛毕氏锁定为谋毒害死葛品连的第一嫌疑人，严刑逼供下葛毕氏已承认从前杨乃武与其"同住通奸"，并在同治十二年（1873年）十月初三日交给砒霜一包，乘葛品连病发而下毒于桂圆洋参汤。知府陈鲁则在杨乃武被革去举人，动用大刑后，也得到了杨乃武因奸共谋毒死葛品连以及从仓前爱仁堂药店购得砒霜的供述。"钱宝生"在刘锡彤那儿出具了卖砒的具结，葛品连死于砒毒，杨乃武、葛毕氏因奸下毒，"钱宝生"违例卖毒，一个完整的证据链就这样形成了。对于陈鲁而言，已然事实清楚，证据确凿。第三，经巡抚亲自派员实地暗访，初审确实"无冤无滥"。杨昌濬看重案件始发时锁定的事实，并且不可谓不经心地委派了候补知县郑锡滜赴余杭实地暗访。其后一份"无冤无滥"的报告使巡抚杨昌濬最终坚定了"勘案在初情为真而不必信事后诪张（欺诳）"的决心，依陈鲁原拟罪名"勘题"。

既然县审验尸结论已经明确，府审证据之链完整形成，省审实地暗访印证"无冤无滥"，摆在刑部承审官员面前的已经是一个经浙江地方三级审理，事实清楚，证据确凿，罪刑恰当的案件，刑部能驳令再审或者径行改判吗？显然不能！没有杨乃武的呈控状，没有第二次京控后杨乃武、葛毕氏的双双翻供，没有胡瑞澜审理中的歧异百出，刑部根本无从发现浙江地方衙门审理中诸多漏洞，当然更不会想到通过重新验尸来查明死因，进而使整个案情的事实基础彻底动摇。

可是杨菊贞和杨詹氏进京申冤了，于是京控复审程序启动。尽管第一次京控"咨解回浙"后，杨昌濬仍交原问审官陈鲁复审，陈鲁"仍照原详拟结"。但第二次京控后，由于谕旨要求杨昌濬督同臬司亲提严讯，经杨昌濬委派湖州知府锡光等"详鞫"，此次杨乃武、葛毕氏双双翻供，竟至"案未能结"。于是才引出朝廷钦点浙江学政胡瑞澜审理此案。案件的转折之光自此微露。

所以，杨菊贞和杨詹氏的京控实为杨乃武案的重新审理并最终得到昭雪推开了程序之门。

（二）揭开了原审诸多有悖事实情理之处并扭转了舆论的导向

仅仅启动案件重新审理的程序，并不能换来冤案的昭雪。

物议沸腾（摄于杨乃武与小白菜奇案展示馆）

晚清时期的京控案件，即使重新审理，最终也往往以"捏词具控""申诉不实"结案。而在本案的京控中，杨詹氏再次进京又向步军统领衙门呈递了杨乃武自己所撰的控状。[37] 这是份极具辩护力的控状，正是这份控状揭开了本案存在的诸多矛盾之处，从而撬动了原审认定的事实。特别应该指出的是，这份控状不仅彻底扭转了《申报》的导向，使该报从原先只是猎奇式的一般社会新闻报道，逐渐转向同情杨乃武，揭露与抨击司法黑幕；而且使朝野开始关注这一案件，并为最终由刑部直接提审本案形成了有利于杨乃武的强大的舆论环境。研究杨乃武与葛毕氏案，我们应该读一读这份同治十三年（1874年）十月七日《申报》以"浙江余杭杨氏二次叩阍原呈底稿"为题登载的控状。[38]

> 具呈杨詹氏，浙江杭州府余杭县人，遣抱告姚士法，同治十三年八月呈，九月二十日递。为无辜惨罹死罪，复审仍存锻炼，沥诉沉冤，叩求奏请提交刑部彻底根究事。
>
> 窃氏夫杨乃武，年三十六岁，向系读书授徒糊口。上年十月初九日，有葛毕氏毒死本夫葛品连身死一案，葛毕氏诬指氏夫因奸谋害，由县解省审讯，刑逼氏夫诬服。氏于抚宪、臬宪及府宪呈诉冤情。氏夫胞姐叶杨氏遣抱赴都察院控诉，经都察院咨回原省复审在案。兹因

---

[37] 刑部奏折称为杨乃武本人所写，但从内容看，控状所述审理中的一些情况又非身陷囹圄的杨乃武所能掌握。当然这并不影响其作用。

[38] 为阅读方便，笔者作了分段处理。

原问官意存回护，氏夫含冤待毙，不得不再行呈诉实情。

先是葛毕氏许葛品连为妻，继欲赖婚。葛品连系属邻里，来恳氏夫理论，始得完娶，葛毕氏已怀恨。十一年四月间，因葛品连租赁氏夫之屋，隔壁居住，知葛毕氏嫌葛品连家贫年大，时闻诟谇，不安于室。葛品连日在豆腐店佣工，葛毕氏家常有本县差役及里书何春芳等往来，踪迹可疑。氏家与伊仅隔一壁，殊嫌不便。氏夫曾嘱葛品连劝戒伊妻，葛品连直述氏夫所言，痛加训责，葛毕氏益恨，氏夫令伊迁居，迟久不搬，氏夫不得已于上年六月间投地保杨仁，押令移徙，葛毕氏怨詈氏夫而去。

上年十月初九日闻葛品连猝死后，有本县差役们在葛家私议二日。十一日始经葛品连之改嫁母沈喻氏即葛喻氏报县验讯。县主并不凭情细究，反谓氏夫狡猾，氏夫出言抵撞，县主怒。衙役阮德因来讹索银钱，不遂所欲，又向本官谮诉。县主即据葛毕氏所供通详，将氏夫举人斥革刑讯。于刑逼氏夫时，曾提葛毕氏对质。葛毕氏忽发天良，供称实非杨某谋害。县主并不从此追究系何人谋害，反怒斥葛毕氏翻供，当即用刑，致葛毕氏畏惧，不敢吐实，仍诬指氏夫。县官遂不复问，将葛毕氏及氏夫亲押解省。迨县主由省回余，经过东乡仓前镇，于爱仁堂药铺内嘱店伙钱宝生到县。钱宝生进署，县主在花厅接见，逾时复令出署。次早，闻钱宝生已将承认氏夫向伊买砒供结送县。县主即令回家，一面将供结送府。府署问官即以钱宝生供结为凭，屡将氏夫杖责，夹棍，踏杠，跪练天平架，诸刑无不用到。氏夫气绝复苏者，不下十数次。问官偏听县主，竟凭葛毕氏等供，写造供词，逼令供认。氏夫系识字之人，并不给阅看，又不令自行画供，于氏夫极刑昏绝时，将氏夫一指染墨，盖印供状，即以此为氏夫亲供确据，此氏夫含冤之实在情形也。嗣经都察院咨回复审，问官虽知案系冤抑，因皆自顾考成，仍复含糊了事，似此酷虐奇冤，实有出于情理之外者。

查县令通详原文，据葛喻氏呈报，十月初九日，伊子葛品连身死，内称查讯葛毕氏，言语支吾，未肯吐实。但伊子口中流血，恐有谋毒情由，投保报验各等语。伏思葛毕氏所供如果确实，是葛喻氏呈报之先，业已盘出氏夫因奸谋害情节，正应指控氏夫，以冀报仇，岂有于呈报之时，仅称葛毕氏言语支吾，恐有谋害情事，反肯隐匿不言之理？从前题结所叙，县主详据葛喻氏呈报之词，是否如此，无从知悉。而葛喻氏报县验讯，只有一呈。葛毕氏之供与葛喻氏之呈矛盾若此，当时问官并不究讯，不可解者一也。

又查县主通详原文，于验尸后带葛毕氏回府。据供，同治十一年九月间，有同居杨乃武与伊通奸，次年六月间迁居别处，杨乃武不复往来。十月初五日复至伊家续旧，给与药末一包，嘱将伊夫毒毙等情。伏思氏夫果与葛毕氏通奸，方以隔壁居住为便，岂有押令迁居之理？且自六月间迁居后，直至十月初五日始行见面，而毒毙葛品连之谋，氏夫与葛毕氏未见之先，谋由何生？且葛毕氏是否允谋亦尚未可知，岂有先已携带药末前往之理？又，葛毕氏果与氏夫恋奸情热，甘心谋害本夫，亲昵逾恒，岂有甫经到案，尚未受刑，即肯攀害氏夫之理？从前题结所叙，县主于验尸后带葛毕氏回署，所据之供，是否如此，氏亦无从知悉。当时县主不加驳究，不可解者二也。

又，查府宪定案时，所据葛毕氏供称，八月二十四日氏夫与伊顽笑，被葛品连撞见责打，禁绝往来。九月二十日氏夫往探前情，起意谋害等语。伏思氏夫于八月间在省乡试，八月底回余杭，乌得有八月二十四日之事？访得八月二十四日葛品连回家时，撞见里书何春芳与葛毕氏顽笑，将葛毕氏责打。葛毕氏忿激剪发，誓欲为尼。是日，葛品连家门前有盂兰盆会，因此邻里共见共闻。是八月二十四日之事，确凿可查。氏夫本无八月二十四日之事，更何有九月二十日之事？又，钱宝生送县供词内称，十月初三日氏夫向伊买砒。葛毕氏供称十月初五日给伊砒末各等语。伏思氏夫于九月十五日中式后，措资上省，料理参谒、领宴事宜。因氏母家南乡詹宅有十月初四日除灵拜服，初五日公议立继之事，于十月初二日傍晚由省雇船，初三日早抵家，即乘舆往南乡詹宅，初六日事毕回至家中。是初三日氏夫身在南乡詹宅，何从在东乡仓前镇买砒？初五日氏夫尚在詹宅，又何从给与葛毕氏砒末？当时同在詹宅亲友，闻氏夫受诬，曾递公呈。氏夫堂弟恭治，亦将诬陷各情诉县署，县主既不查察明白，又不禀详，不可解者三也。

葛喻氏系为子报仇之人，现在复审，氏当堂听得伊供称："杨乃武谋害情事，妇人并不晓得"等语，是伊自报县以至复审，始终不知何人谋害，未肯诬指氏夫，则葛毕氏所供葛喻氏当向盘出之语，确系捏称，显而易见，葛毕氏于其姑尚且捏称，何况于氏夫！乃县主及问官皆偏听葛毕氏一面之词，并未将葛毕氏现在复审所供切实追问，亦不提出葛毕氏当堂质对，不可解者四也。

王心培系葛毕氏邻证，现在复审，氏当堂听得伊供称："初不见杨乃武去葛家，亦不晓得葛品连撞见杨乃武再责打葛毕氏之事。"前题所叙王心培之供是否与现在亲口所供符合，氏亦无从知悉。惟现在既有此供，何以问官又不提葛毕氏确究？不可解者五也。

何春芳系在城中澄清巷内，现在到案，氏当堂听得伊供："并不认得葛品连夫妇"等语。伏思葛品连夫妇前与氏家为隔壁居住时，已常见何春芳到葛毕氏处，至葛家迁至澄清巷，何春芳尤系近邻，万无素不相识之理。乃问官闻伊此语，即不复再问，不可解者六也。

钱宝生乃卖砒要证，理应当堂审问，何以县主在花厅接见？且应将钱宝生解省与氏夫对质，方无疑窦，何以放令回家，仅取供结由县送府？府署问官何以不提钱宝生到省，但凭县主所送供结即为买砒实据，刑逼氏夫定案？现在复审，甫经府宪亲提，县主方令到案，岂知钱宝生不肯到案。据云："从前县主要我承认，我因并无此事，不肯承认。县主先加恐吓，又复再三许我，如肯承认即放回家，保我无事，并指天立誓，今日何又传我到案？"等情，闻者莫不诧异。现又不知如何哄骗，钱宝生始允上省。既已到案，何以问官仍不令氏夫与钱宝生对质？不可解者七也。

氏夫身有暗记，如果葛毕氏与氏夫通奸，葛毕氏定必晓得，一经询问，虚实不难立见。氏因呈明本省各宪在案，乃问官反问氏云"尔夫暗记在何处？"岂要氏当堂说出，俾众耳共闻，可传递消息于葛毕氏耶？乃竟不肯提出葛毕氏一问，不可解者八也。

以上各情，原思于现在复审时一一剖诉，不料问官竟不容氏置喙，总以案已具题，各顾考成，不肯再为翻案，忍心害理，莫此为甚。伏思此案再由本省问官审讯，势必回护前非，仍照原审议结，不过氏与氏夫又享受一番刑楚，而沉冤终无由昭雪。氏与叶杨氏并氏之两个孩子，均经禁押公所，呼吁无从，不得不沥诉冤情，再抄呈本县通详原文，遣抱恳请宪天大人恩准，具奏请旨，提出交刑部详加审讯，究出正凶以成信谳而雪冤诬，感戴生成，永无既极，不胜急迫待命之至，上呈。

杨乃武的控状反映了三个方面的问题，一是说葛毕氏与其因琐事结有冤隙，故乘此机会陷害。这是从杨乃武角度所认为被诬攀的基本原因，没有这一基本原因，无缘无故就很难使人们相信自己是被冤枉的。而且在杨乃武看来可能如此说辞也是非常顺理成章的。二是原来的有罪供述材料均是问官乘其因严刑逼供而昏迷时强行将其指印捺上去的，因此貌似服供但自己从未作有罪供述。这一辩解十分重要，因为在当时认定犯罪事实成立的前提就是服供，不作这样的辩解就难以使人相信是个冤案。尽管当一个人在严刑下感觉生不如死时，他可能会承认一切不实指控。但是从未经历这样折磨的人，很难理解刑讯逼供会使人承认杀头大罪，因为一个是暂时的痛楚，一个是身家性命，他们很难相信"棰楚之下，何求而不得"。三是以八个"不可解"指出了原审判决中存在的矛盾和问题。这八个"不解"已经直指原审在案件事实上的矛盾与荒谬,其目的在于推翻浙江地方各级衙门的认定。

例如该控状提及沈喻氏前后不一的数次证言,这也是浙籍十八位京官给都察院的呈控中均提到的重要情节。杨乃武首先在其控状中提出后,为刑部提审本案,并最终予以平反纠正起到了十分重要的作用。因为杨昌浚自己不也提出"折狱以犯供为断而不能凭道路传闻之词,勘案在初情为真而不必信事后之诬张"吗?既然沈喻氏在这一最原始的问题上都没有一个前后一致的证词,原审亦未经查实,葛毕氏听从杨乃武谋毒致死葛品连又从何而来?

又如控状中提及的葛毕氏不刑即攀诬的问题,其说服力是很强的,使得要认定杨乃武和葛毕氏有奸情的问题陷入自相矛盾之中。如果说两人有奸情,那么葛毕氏就必然心爱着杨乃武,在没有刑讯逼供的情况下就必然会保护杨乃武,不可能轻易供出。反之,葛毕氏在没有刑讯的情况下就供出杨乃武,说明两人并不相爱,不可能存在奸情关系。

再如,控状对葛品连身死前后的十月二日至六日杨乃武不可能买砒并授毒于葛毕氏作了十分合乎情理的陈述,并且这一陈述又有曾被刘锡彤匿压的监生吴玉琨、增生杨恭治等五人联名递交的证词佐证。控状称杨乃武初二日晚从杭州回余杭,初三日一早即到了南乡詹家,初四日是岳丈大人除灵的日子,这一时间经过十分符合情理,所以胡瑞澜在审理中采纳了这一事实,并在上奏中提出,由此掀起轩然大波。因为这一认定就把原来杨昌浚向朝廷具奏中的买砒时间由初三日改成了初二日,这一日之差,对于案件事实的真伪与否关系极大,正由此,刑部将此作为案件事实上的重大歧异之处,并成为后来皇上同意由刑部提审本案的重要理由之一。

还如,"钱宝生"证词的可信度。控状已经一针见血地指出,"钱宝生"乃卖砒要证,理应当堂审问并与杨乃武对质。但无论原审还是复审均以刘锡彤私下所取供结为凭,使人难以置信。正是这一控词及沈喻氏的前后不一的喊控成为刑部将疑点直指葛品连死因的出发点。

从沈喻氏喊控和证词的前后不一,到葛毕氏不刑即诬攀的自相矛盾;从杨乃武买砒授毒的不可信,到"钱宝生"未经对质的有悖情理和法律,几个"不解"一环紧扣一环,直指案件的关键之处。虽然胡瑞澜在复审中竭力弥缝,但它们最后都成为刑部提审后的突破口。可以这么说,每个"不解"都是京控的敲门砖和铺路石,它们既敲开了复审的大门,又铺就了一条沉冤得以昭雪的生路。

(三)给浙籍京官的联名呈控作了合法性铺垫

杨乃武一案在刑部奉旨提审时,有这么两个小插曲:

一是葛品连之母沈喻氏作为证人随葛毕氏等押解进京时,曾携带了余杭县署衙役姜位隆所写的两张字帖,其中写了在京如遇困难可以寻求帮忙的人及住址。光绪二年(1876年)三月二十七日到京后刑部派员进行例行搜检,结果被搜出给刑部司员文起、浙江粮道如山家丁刘殿臣的字帖。刑部对此极为重视,怀疑内中是否有重大的涉案"弊窦",于是展开调查。结果查明字帖本身并没有指明本案情事,该部司员也只有候补主事文超,曾在化石桥居住,并无文起其人。但刑部仍认为,既然余杭县署内人恳托,其中是否有其他重大舞弊事由,不能不详细推求,以示慎重。于是该部一面遴派司员提审已到京的案犯人证详细讯问研鞫,并传文超到案,与沈喻氏当面对质,调查有关情况;另一方面将原帖抄录"恭呈御览",并请旨饬步军统领衙门,顺天府五城暨浙江巡抚,缉拿刘殿臣、姜位隆到部,归案查办。后经查明,姜位隆与沈喻氏素来相识,文超之父明德曾任浙江于潜、仁和两县知县,该两县均与余杭相邻,刘殿臣即浙江粮道如山家丁刘顺,系如山从浙江北上时随从进京,此前已因耽误差事被驱逐。姜位隆写此二帖的目的无非因沈喻氏贫困,案结返浙时可相求资助盘缠费用。

二是在刑部提集人证时,杭州府和浙江按察使司曾汇总制作了一份证人证言书面材料。在该份书面材料中有两处提到京城官员与本案当事人及其亲属有某种不正常的关系。其一,由于当时人证詹善政不愿进京作证,杨乃武的岳母詹张氏让其家长工王顺法冒名詹善政进京作证了,结果被省里发现。于是在这份证言材料中,借他人之口称杨菊贞曾说,反正京中有人照应,找人顶替詹善政并不要紧。其二,因爱仁堂药铺钱坦已死,药铺帮伙杨小桥也在进京作证的证人之列。而杨小桥曾声言钱坦的证言是知县刘锡彤嘱买的。于是在这份证言材料中,除了贬低杨小桥人格,并捏称杨小桥已收了杨乃武家六百大洋外,以余杭县署衙役陈明证明的形式,称杨小桥事前早就知道自己要进京作证。地方官员们编写这些材料的用意自是十分险恶。如果刑部乃至皇上、皇太后见到这些材料并相信这些材料,恐怕先得查清到底是谁事先将要提集的证人名单泄露出去的;假如有谁提出为杨乃武平反,首先将被怀疑内中有什么不正常的关系。本来是一件冤案的平反,就会变成对朝廷不忠官员的清洗。冤案不能平反,审理该案的一众浙江地方官员头上的顶戴当然就不会被摘了!

插曲虽小,所涉事大。虽然它们似乎与浙籍京官联名呈控没有任何关系,但恰恰反映了一个非常严峻的问题:浙籍京官不惜顶着冒渎圣上的风险,在谕旨已将此案责成胡瑞澜严究的情况下,再行联名呈控要求提交刑部审理,他们是如何了解此案的?作为浙江同乡他们敢私下受托代言吗?以上两个小插曲已经说明了他们绝对不敢如此行事。不然真将陷入替杨乃武申冤不成,自己反将受朝廷重责的境地。

"瞻徇附和,回护弥缝"是晚清司法的一种常态,正是这样的官官相护造成了无数冤案的产生,杨乃武葛毕氏的蒙冤只不过是其中之一而已。但是如所分析,杨乃武冤案得以平反又何尝不是"官官相护"的结果呢?自吴以同始的胡雪岩、夏同善、在京浙籍官员、翁同龢等,自杨菊贞京控到冤案的最终昭雪,背后就是这样一个人脉。但这样的人际关系是绝不能露出水面、浮上前台的。

封建专制王朝的一个重要特点就是强调皇帝与官员之间的绝对控制和依附关系,同时严禁官员相互之间的朋比为党。例如乾隆时期,皇帝对于高级臣僚们脱离他的控制而陷于裙带关系高度警惕,他针对省级官员们垂直网络的形成以及上下级之间的"上下通回,逢迎挟制诸弊"痛斥道:"此等恶风断不可不严加儆治"[39],他还对于基于同乡和同年关系的各省人事关系网发布特别禁令。[40] 其实,早在先秦时期,韩非

---

[39] 〔美〕孔飞力:《叫魂——1768年中国妖术大恐慌》,陈兼、刘昶译,上海三联书店2002年版,第264页。

[40] 同上书,第260页。

子就说:"朋党相合,臣下得欲,则人主孤。"[41] 我们可以看出御史王昕的所谓"大臣若有朋比之势,朝廷不无孤立之忧"无非是此翻版而已。封建帝王很早就认识到,任何朋党的存在都会在不同程度上造成对君主一统专制的分解侵蚀,进而成为一种威胁。臣下的朋党是君主专制体制的大敌,不禁臣下之党就不能实现专制和权力的集中。因此,尽管绝对专制的皇权是导致朋党产生的一个重要因素,笼罩在极端专制皇权阴影下的文武百官,在伴君如伴虎的恐惧情绪驱使下,往往内交近侍,以便侍察皇帝的动静,摸清皇帝的意向,避免触犯皇帝的忌讳;外结同僚,以便彼此声援,互相包庇。但专制的皇权必须禁绝任何形式的朋党,可以这么说,"把人尽量孤立成为一个个单个的人,把人单个化、孤立化,是君主一统专制制度存在的必要条件","在强大的君主权力面前,人们越是孤立,就越没有力量,就越便于君主专制"[42]。为了禁绝朋党,封建法律甚至专设了奸党罪和内外交接罪。君主只要说臣子结党,臣子立即陷入不可饶恕的罪过境地。因此,尽管朋党是封建专制政体的必然产物,历朝历代生生不息,但对此都讳莫如深,避免触犯朝廷禁忌,招致不测大祸。

既然御史王昕可以拿冤案形成中的官官相护以"朋比"论事,如果浙籍官员们不避禁忌、不讲策略地为杨乃武鸣冤叫屈,其他御史自可以"朋比"论事。当然,这样因地缘而成的人际脉络是否一定会被朝廷以"朋比"惩处我们不得而

---

[41] 《韩非子·外储说左下》。
[42] 刘泽华:《先秦时期的党、党禁与君主集权》,载《广东社会科学》2003年第4期。

知,但聪明如浙籍官员们决不会以此授人以柄直至遭朝廷重责。因此,浙籍官员们在程序上必须有公开的、合法的铺垫,而制度的京控恰恰就是这样一个公开、合法的铺垫。它可以使所有的人,无论皇上还是部院,无论朝廷还是地方,甚至反对对杨乃武案平反的人,都不能怀疑,浙籍官员们的信息来源的合法、公开,他们有理由对这样的案件毫不避嫌地提出自己的意见。我们甚至有理由推测,杨菊贞的第二次京控,《申报》的公开刊登"浙江余杭杨氏二次叩阍原呈底稿",很可能是有人刻意安排的结果。因为只有这样,才能"物议沸腾",才可以合法而不是非法、公开而不是私下获得杨乃武案审理的全部情况,并以此向皇上进言。只是很多的历史谜底都已随历史而去,后人很难了解全部真相,档案文献、传说故事留存如此之多的杨乃武案也不例外。[43]

---

[43] 在作者刚刚完成该书稿时,得知杭州市余杭区人民政府已将此案的传说故事作为国家非物质文化遗产提出申报。

附录一　你怎么知道他该死？*

——罗振宇说《1877 帝国司法的回光返照》

罗振宇

欢迎各位光临我们的《罗辑思维》，今天我们先从一桩冤案说起。至于为什么要说这桩冤案，你听着听着就明白了。

现在我切换身份，我是一说书人，话说大清同治十二年，公元 1873 年十月，在杭州的近郊，有一个余杭县，余杭县的街头有一个卖豆腐的小贩，姓葛，名葛品连。有一天这个卖豆腐的小贩，在街头吃了点东西，突然觉得不舒服，回家就躺下了，跟媳妇说，我不舒服，能不能搞点补药来，人参什么的我吃吃，你看那时候小贩生活水平多高，没有现在城管追打，所以生活水平高嘛。

结果媳妇把人参买回来，炖好了，一口参汤喝下去，坏事了。总而言之，折腾了几个时辰之后，这个人死了。他老母亲跑来一看儿子死了，先是哭天抹泪，呼天抢地，然后偷眼一观瞧，儿媳妇在这儿呢。

这儿媳妇长得漂亮是漂亮，但是估计一是跟老太太平时关系也不好，二是好像在街坊当中名声也不好，老太太一想，

---

* 《罗辑思维》第 45 期。

这不就是潘金莲吗？死的人这不就是武大郎吗？对吧。要知道《水浒传》在晚清的时候已经深入人心了，这个情节大家都知道了，太符合那个故事了。老太太心里一下子就把这个情节对上了，于是迈着小脚三步两步跑到县衙门告状鸣冤。

要知道这种案子在当时的社会当中是重大案件，除了因为它是命案之外，还是人伦惨变，什么老婆把丈夫杀了，儿子把父亲杀了，人伦惨变，在明清那样的理法社会里，这样的案子往往朝廷不仅要惩罚当事人，对整个地方都要惩罚的。我听说，当时会停这个地方的科举几年，甚至最严重的会把县城的城楼削掉几尺。

所以不敢怠慢，县大老爷姓刘，叫刘锡彤，带上三班衙役、仵作，立即奔赴案发现场，一看尸身，一验，果然有中毒的迹象，再然后就是"小白菜"了，如果按照《水浒传》上的情节，一定还有"西门大官人"。是谁呢？找街坊打听，这个"小白菜"名声怎么样，有没有奸夫。街坊说，好像有一个！结果就牵连出了这个案子的主角，这个人叫杨乃武。

没错，我今天要讲的就是晚清四大奇案之首，杨乃武与小白菜案。你可能听说过这个案子的名字，可能细节不是很清楚，至于罗胖为什么今天要讲它，你就更不清楚了。所以耐着性子听我讲。

好了，摆在刘大老爷面前就是这么一个情况，那杨乃武是一个举人，举人见大老爷那是不跪的，口称老父母而不跪，所以他只好欺负这"小白菜"，把"小白菜"弄到县衙里一顿打。打完了，"小白菜"熬刑不过就招了，哎呀对呀，是奸夫给我的砒霜，然后我下了药，把丈夫毒死了。

好了，县大老爷大获全胜，行文往上司那儿革了杨乃武的举人身份，这时候杨乃武就是平民老百姓了，可以按倒打板子了，然后把一干人犯加上这个验尸报告，就递到了杭州知府。杭州知府姓陈，叫陈鲁，陈鲁也是读过《水浒传》的，一看就这么个情况，人证，街坊四邻的说法，在吧，物证虽然没有，那慢慢找呗。

后来找到一个药铺掌柜姓钱，叫钱掌柜，承认卖给他的砒霜，物证也有了。然后这个验尸报告也在这儿，剩下的不就是杨乃武的口供吗？打呗，反正举人身份革完了。一打，杨乃武也招了，说对，我勾搭成奸，因奸生恨，当时有句话叫，十条人命九条奸，因奸生恨。所以我路上到钱掌柜铺子里买了砒霜，交给"小白菜"下毒，就这么个故事。

我们之所以今天要讲这个案子，因为大家都知道，这是一桩冤案而且是一个后来被翻过来的冤案，但是我的讲述到这儿为止，你说这是冤案吗？你如果是知府，你怎么判？一打就招了，人证、物证、口供全在，这能叫冤案吗？

而且这个案子之所以我今天拿出来讲，是因为它比较典型。它不是我们想象的古代的冤案，我们想象的过去官场黑暗，各种行贿受贿，这个案子一点儿都没有，你想，后来在所有的案卷里，没有任何人讲过，有什么钱财的沟通这个问题，没有。

而且这个县大老爷姓刘，叫刘锡彤，我们得介绍几句，是天津人，而且跟当时的中枢掌权的军机大臣宝鋆，是同年的进士。要知道在清朝的官场当中，进士是非常厉害的，如果考中进士，有俩选择，第一，进翰林院，然后以后从编修，直接当京官，那是另外一条路。还有一条路，就是直接选当县令去。进士当县令厉害，那号称叫"老虎班"，就是直接分发到省，不管有缺没缺，只要是老虎班的进士下来当县令，遇缺即补，非常厉害。

可是刘锡彤呢，这个人命不好，到五十多岁才当上一县令，然后好不容易当上之后呢，家里老人死了，按当时的制度叫丁忧，回家守孝，守孝之后，1872年才回任县令，到余杭来当县令，第二年就犯了这个事。当时他已经七十岁了，你想，对一个七十岁的人，一生官场都不得志，虽然是进士身份，这个时候他能想的是什么呢？第一，平平安安把这个任期做完，第二，做好了还能升官，但是你想，一个七十老翁何所求啊，所以升官的愿望并不大。

所以他并不是想惹事，对刘锡彤来说，这个事就这么简单，进士发生了这个案子，我只是秉公办了这个事而已。所以这里面并不像我们通常讲的古代的冤案，是官场黑暗，没有。他也不是什么统治阶级欺负劳动人民，要知道，杨乃武本身是举人，统治阶级，什么叫举人，举人按当时的说法，我觉得应该相当于现在的县政协委员吧，是有身份的人，对吧，所以不存在有人欺负他的问题。

在整个案子当中也没有仇家的陷害，所以它是一个按照正常法律程序走到最后得出来的结论，就是这样一个结论，因奸杀人。你说不对啊，还有刑讯呢？可是要知道，清代的时候，中国的司法制度已经非常完善了，刑讯是有很多细则的。比如说夹棍，多粗，多长，只能夹多久，在大清的刑律里面是有非常详细的规定的，而且还有相应的惩罚连带措施。

比方说，一个官员要刑讯一个犯人，在公文里就要写清楚，得到这个口供夹了几次，如果用夹棍的话。那以后如果证明这个口供不实，而这个口供是刑讯得来的，对不起，你得承担责任，以滥用私刑问罪；如果刑讯当中把这个人弄伤弄残，可能还好一点，但如果把人弄死了，对不起，连带责任，县大老爷直接带上镣铐充军。所以这个事情在清代是非常严肃的事情。所以对于杨乃武、小白菜，虽然这个案子当中都有刑讯的问题，但是肯定不是太过分的刑讯，因为后来翻案的时候，没有拿这事来说。

那么事儿是不是到这儿就完了呢？不。清代的司法其实有完整的救济制度。这个案子锻炼成狱之后，那就得呈报中央啊，当时的杨乃武小白菜案，送到中央之后，中央一看说有疑点，很多东西没说清楚，驳回重查。甚至在省里也驳回重查过，可是查完之后，当地官员说没问题啊？然后又是重审，审完了之后又上报。好了，上报之后，最后还是这个结果，所以上诉手段也用完了。

可是清代司法高明，高明在这儿，还有一个制度，除了上诉之外，京控制度，跟今天的上访有点像。总而言之，当时的北京的步军统领衙门或者是都察院，都可以接受老百姓上访的状子，那杨乃武的媳妇，是一女中豪杰，后来为这个事上访，最后累死了，这个女人带着状子到北京告，到步军统领衙门。总而言之，告来告去，最后又驳回到地方重审重查，最后得出来的结论仍然是维持原判。

要知道，就是在最后一次审讯当中没有用刑，因为所有人都知道，皇上、太后都知道这件事，当时因为已经牵动中央很多人了，所以最后用的什么办法呢？跟今天有点像，叫熬审，你别睡觉，我们大老爷陪着你，不招，不招咱就熬，因为不能刑讯了嘛，最后得出来的结论，虽然杨乃武和小白菜反复翻供，但是在最后的熬审当中，仍然按原供招了。

所以你看，一个中国古代的司法制度，能够给这个案子所有的救济手段都已经用完了，但是得出来的结论仍然是这个结论。所以，1873年十月份发生了这件事情，转过年，1874年十月份，这个案子就这样成了一桩铁案。杨乃武、小白菜似乎是死定了。

杨乃武小白菜案，从同治十二年，公元1873年一直折腾到光绪三年，皇上都换了，1877年的二月，最后才定案。大家都知道，这个案子最后翻案了，是个冤案，可怎么翻的案呢？两宫皇太后直接出手，所有地方官员各个阶层一概不信，这样，把所有的人证、物证，包括葛品连的尸身，都运到京师，由刑部的满汉两尚书在众目睽睽之下，在朝阳门外的海会寺当众开棺验尸，重新定案，最后才把这个案子给翻了。

那你听到这儿，你觉得这是个啥故事呢？这是个青天大老爷的故事？公道自在人心，天理自会昭昭，还是两宫皇太后圣明？告诉你，都不是。我看完这本书，就是写这个杨乃武小白菜案的书之后，我发现这压根就是一个小概率事件，就像不凑齐七颗龙珠，你就不能召唤圣兽，是一个道理。杨乃武案的翻案，是一个极端幸运的小概率事件。

首先我们看，他这个人际关系太厉害了，不是说他有多厉害，而是他有一番奇遇，你想，一个地方上县城里的小小举人，能够直通两宫皇太后，在当时的条件下怎么可能？但是杨乃武就做到了。

怎么做到的？他有一个同学叫吴以同，这人没什么了不起，但是他是一个很了不起的人的幕僚，这个人叫胡雪岩，大家都知道，当时中国著名的民营企业家，正好在杭州准备筹办胡庆余堂药铺，一听说幕僚有个同学受冤枉，马上要死了，胡雪岩富甲一方，急公好义，掏钱，掏银子，想办法救人。

正好这个时候他府上来了一个人，这个人叫夏同善，一个进士，从他这儿路过，正好到京里去当官，胡雪岩就给银子，说好话，拜托这个夏同善，说我们浙江人不能受外地人欺负，你得把这事儿给办了。这夏同善正好又是这么一个爱揽事的人，当然，夏同善最硬的关系是谁？翁同龢，当时的户部尚书。

户部尚书这个官并不大，但他重要在哪儿呢？翁同龢是光绪皇帝的老师，相当于是皇家请的家庭教师。所以他有时候就能够跟两宫皇太后搭上话，比如跟两宫皇太后汇报一下小皇帝的学业，今天写字写得不错，等等，这就不得了，所以你看，从杨乃武到吴以同，到胡雪岩，到夏同善，到翁同龢，到两宫皇太后，正好这条线穿上。

所以按照现在的互联网理论，有一个六度分隔理论，地球上任何两个人，通过六层关系，都能彼此联系。可当时没有互联网，却这么凑巧，他正好连上了，所以杨乃武案直接通过一条关系线，直达深宫。所以你不妨扪心自问，如果这个冤案在当时情况下，犯在任何一个其他老百姓身上，能有这么巧的奇遇？

第二个特别巧的事，是这个杨乃武生活的这个省份，他生对了，他生在浙江。浙江人我们知道，考试厉害，尤其是在明清，考进士，浙江人很多，所以京官当中浙江人的比例很高，所以后来杨乃武案居然发生了十八名浙江籍官员联名替他上书的事件。而且当时这个案子又特别巧，这个知县刘锡彤是天津人，在当时的浙江人看这叫北方佬，北方人。而当时的浙江巡抚叫杨昌浚,这个人是左宗棠的左膀右臂,他是湖南人,是湖湘系的官员,所以对于很多浙江京官来说,这怎么回事啊?你北方人欺负我们啊,湖南人了不起啊,搞我们啊,那不行。所以他最后演化成了在北京非常有势力的浙江籍官员和湖南籍官员的一个官场对决。

如果杨乃武不是生活在浙江,比如说他跟罗胖子一样生活在安徽,他就死定了,虽然安徽京官也不少,但是当大官的没多少,官最大的是李鸿章,李鸿章当时让翁同龢压得死死的,当时也不在北京,在天津办事,所以如果罗胖子当年犯这个事就死定了。但是杨乃武命好,生在浙江,这是第二个要件。

第三个要件,就得看当时的社会发展,正好1873年到1877年这个阶段,是中国近代新闻业的发端,当时离浙江很近的上海创办了一张《申报》,这张报纸在中国新闻发展史上,那是写下过浓墨重彩一笔的。但是刚开始就是媒体创新,新媒体嘛,相当于今天的新浪微博,对吧,它就得闹点事儿,没有点事儿,怎么能够扩大自己的影响力呢?所以《申报》从一开始就介入了杨乃武小白菜案。

《申报》的主编叫蒋芷湘,这个人其实跟杨乃武是同届考的举人,也是浙江人,他没考取,所以刚开始的时候,这个蒋芷湘是反对杨乃武的,还在《申报》上写:一个举人,孔夫子的弟子怎么能这么丧尽天良呢,还说这种风凉话,甚至他还专门到杨乃武家去采访过,然后就写报道,一直追踪这件事情。可是你知道,新媒体就是一直要闹动静,不能说闹事,闹动静。所以当后来这个案子要锻造成狱的时候,《申报》的风向就开始变,所以舆论的风向永远是哪派占了上风,就有人站在对面想闹其他的风波和动静,来压住前面这一派。

所以《申报》当时在这个案件当中的风向也是这样,刚开始是指责杨乃武,随着这个案子锻造完成,反过来指责,这里面肯定有冤情。要知道,当时的《申报》虽然不能直达深宫,可是它是在上海办的报纸,对江浙一带所有认字的人影响都巨大,所以说这又是一场当时的新媒体用舆论倒逼官场,让官场骑虎难下,必须对这个案子重新重视起来,所以当时的新媒体也起了作用。

可是要知道,这三个原因都不是最重要的原因,最重要的原因是当时的政治形势。1873年到1877年,这正好是什么时候?大家想一想,太平天国刚打完,太平天国一打完之后,对于整个的朝局来说,放出了一个魔鬼,这是历代统治者最害怕的一件事情,就是地方势力开始做大,尤其是湖南人,曾国藩比较识趣,一看风向不对,自我削权,所以就躲过一劫。

可是另外一位,左宗棠,那是有学问的人,而且是有军功的人,因为他带兵把新疆给打下来了,在当时的海防和陆防争议当中,是一时风头正劲的人物。好,打新疆这件事,如果左宗棠打败了倒也没事,太后甭管是赏是罚,还是把他饶了,总而言之,你这势力就不强啊。可是左宗棠赢了,不仅赢了,而且开始有一些地方势力来攀附他,比方说我们刚才讲到的两个人,都是他的左膀右臂,一个是胡雪岩,专门帮他借洋债,买洋枪的;另外一个,就是这个浙江巡抚杨昌浚。所以说浙江是左宗棠的饷源,就是他的西征队伍,你别看那么远,实际上一根吸管是插在浙江的。杨昌浚是左宗棠的人,所以浙江就特别卖力地替左宗棠去筹饷。

那好,你要是两宫皇太后,等左宗棠得胜还朝,你会怎么办?即使你对左宗棠再欣赏,作为一个中央统治者的本能,就是要把你的小腿儿给掰了。你看,杨昌浚就是这条腿。包括当时的政治,其实有很多政治,包括其实在太平天国闹事期间,很多地方上有很多盗贼蜂起,很多人起义,那怎么办?所以当时朝廷就把死刑的复核权大规模地下放,所谓就地正法,很多督抚抓到盗贼是可以不请示中央,不按照我们刚才讲的中国古代的一套刑诉制度、刑诉流程去走,直接推出去斩了,这个情况是有的。

所以等天下安定之后,两宫皇太后当然要找一个契机,把死刑的复核权重新上收,建立中央在司法流程当中的权威。所以杨乃武小白菜案又犯到这个点儿上,再加上天下同治中兴基本上也出现一个规模了,要整顿吏治,加上两宫皇太后重新垂帘,换皇帝了,要刷新天下政治,包括要告诉天下两宫皇太后是很圣明的,所有一切一切的政治因素,都导致两宫皇太后想插手这事。所以翻案是集齐了刚才我们讲的,人脉、舆论、省级地域冲突,再加上政治环境因素,才导致这一次翻案,小概率事件。

好,在小概率事件里面,我们想得出一个概念,就是冤案的翻案成本问题,各位可能会说,杨乃武小白菜案,这翻了不是挺好吗?是挺好,可是花了多少成本,咱们替他算算账。首先是二十多个红顶子落地,浙江一省官员,层层上诉,经过手的,签字画押的,锻造冤案,那得丢官吧。最倒霉的就是这位刘锡彤刘县令,七十岁的老人,被流放黑龙江,最后是死在贬所。你说冤不冤呢?他又没有做错什么事情。

更重要的是,整个官场都为这件事情付出了惨重的代价,湖湘系官员那么多倒掉。当时在北京上诉期间，其实发生了一件事，晚清有一位名臣叫丁宝桢，就是杀安德海的那位，这位最有名的不是杀安德海，是他在四川总督任上发明了一道菜，叫宫保鸡丁，就是指的他，不是我们通常说的宫爆，不是那个爆炒，是宫保鸡丁，就是指的这位丁宝桢。

丁宝桢当时为这件事，不知道是专门还是路过，在北京，为这件事找到刑部大堂，当时的刑部尚书，汉尚书，姓桑，叫桑尚书，就说这个案子也能翻啊？这个案子如果翻掉，只能证明你们刑部是一帮昏聩之徒，如果这个案子翻掉，以后天下外省的官员怎么当官？

你想想看，丁宝桢讲得有道理，葛品连死了，尸首搁那儿都三四年了，就算中毒现在也验不出来了，毒性都散了，然后现在又没有什么铁的证据可以翻案，如果你把这个案子翻了，那么多好不容易靠军功、靠文字攀援上来的那些官员，红顶子落地，这个代价太大了，所以丁宝桢带着一帮湖湘系的官员，大闹刑部大堂。确实，杨乃武小白菜案之所以有名，就是因为这个案子带动了很多官员的落马，这是一个成本。

可是更重要的成本，大家要知道，就是所有牵扯到这个案子当中的人，都付出了惨重的代价。杨乃武不必说了，残废了，因为刑讯，两条腿都夹断了，小白菜也没法做人了，所以这个案子结束之后，其实这个案子到最后也没有还她清白，她只好出家当了尼姑。

更重要的是，在中国古代的刑诉制度当中，它不像现在这么文明，所有的原告、被告，包括证人，只要案子没结，一块坐牢。那个时候牢里，你以为像现在参观的什么模范监狱，犯人还有食堂？没有的，自己家送饭，而且当时的牢狱，那种黑暗的状态,经常会把人关死的。

其中杨乃武案中有一个重要的证人,就是杨乃武声称我在他手里买的砒霜的那个人,钱掌柜。这个人呢,其实不叫钱宝生,叫钱坦,但是杨乃武也不记得,说钱掌柜,可能叫钱宝生,就把这个人牵扯进来了。当时刘锡彤跟他保证,说没事,你只要出来作证,帮我把这个案子圆了,我包你没事,结果呢,把钱掌柜弄进来,直接在牢里就给折腾死了。

一直到1877年2月,这件事情结案的时候,那个钱掌柜店里的伙计还关在牢里,所以是无数的人为这件事付出了惨重的代价。

在我们普通人的司法观念当中,有那么一句特别像是真理的话,叫绝不冤枉一个好人,但也不放纵一个坏人,听着多对,但是忘了一件事,就是成本。就像经济学家们经常谈质量问题,就会有一句名言,叫脱离成本不谈质量,你买一辆汽车,一共20块钱,对吧,你非要质量跟神十火箭似的,怎么可能呢!所以质量一定是相对于成本而言的,就像医生经常说,疗效一定是相对于剂量而言的,脱离剂量不谈疗效。所以脱离成本,在实际的司法运作中,谈什么公正!

不仅是我刚才讲的这个案子当中所有的当事人,包括整个社会都要付出巨大的成本,即使是现在,像美国这种司法制度已经很先进的国家,也一样。要知道在美国,一个死刑犯从判决到执行死刑,要花多少钱?最便宜的州,要花230万美金,最贵的州,要花2400万美金。我们就按最低限算,230万美金,这是在美国关押三个犯人40年的费用,整个社会纳税人都得掏啊,为什么要掏?维护公正,虽然判了,要给他各种救济手段,一定是把救济手段穷尽之后,这个人才可以人头落地，上电椅。

其实司法成本这个问题，是社会的一个特别重要的问题，比方说辛普森案，这个大家都知道，虽然最后辛普森脱罪，但是脱罪的时候，整个公权力已经为这件事支付了800多万美元的费用，这还不包括当时的洛杉矶警方调查的前期费用，更不包括辛普森本人倾家荡产，把这辈子当明星挣的所有钱，全部用做律师费。

所以美国在20世纪的司法当中创立了一个制度，一个很有趣的制度，叫辩诉交易。一个犯人逮着了，到法庭来，法庭先跟他商量，你认罪不认罪？你要不认罪，可以，那咱们就请陪审团，然后请律师，当庭辩，咱们就把司法成本耗进去；但是如果你认罪，你说，反正这事跑不掉了，我认罪，好，辩诉交易，咱们双方跟检察官做一个交易，我们轻判一点，检察官跟法官说说情，原来判20年的，咱们少判几年？对，交易不成咱们再重新两方对阵。这是美国司法当中特别有趣的制度。

所以很多人不理解，说这叫什么，犯了什么罪就服什么刑，要承担责任。但是，辩诉交易正是从司法成本这个角度着眼，没有免费的公正。当我们回到杨乃武小白菜案的时候，你会发现另外一个更让人觉得荒诞的问题是，花了这么多成本，就一定得到了公正吗？

时隔一百多年，我们再去研究这个案子，这个案子到底是不是冤案，你知道不知道？其实我们仍然不知道。最后在翻案的时候，是靠什么翻的，翁同龢当时一直主张翻案，翁同龢就抓住一件事，说刘锡彤带着那个仵作去验尸的时候，探尸的那个银针，大家知道中国古代用银针验毒，说这个银针如果按照规范的操作程序,规范的操作程序其实是宋代宋慈写的《洗冤集录》,专门一本法医学著作,按照这上面讲的,如果验毒的时候,这个针要用皂角水洗,要反复洗。后来证明当时没洗过,没洗过的银针验出来的毒,这是不是毒?葛品连到底是不是中毒身亡,不清楚。这个程序上有争议,证据上有瑕疵,最后实际上把杨乃武小白菜案整个推翻,就是因为这个原因。

可是如果我们用现代科学知识再想一想,这事靠谱吗?银针验毒这个事本身就不靠谱,银遇到毒为什么就变黑呢?其实把一根银针插到鸡蛋黄里,它也变黑,原因很简单,因为古时候毒的品类比较少,主要就是砒霜,而古人在提炼砒霜的时候,技术不好,所以里面含硫,而银是遇到硫发生反应,产生硫化银,所以就会发黑。

所以实际上银针验毒本身就不靠谱,更何况银针是不是擦皂角水,对这个冤案的影响到底有多大,从现在的科学技术来看,这个事好像很荒诞。所以再隔一百多年,我们去看杨乃武小白菜案,到底谁冤?是杨乃武冤,还是那个七十多岁,被贬死在黑龙江的刘锡彤冤,不好说的。所以到最后你会发现这事很荒谬,当整个社会付出那么大代价的时候,为了确保公正,而最后我们是不是得到了公正呢?其实没有人知道!

刚才我们的所有论述,其实只讲了冤案的一个侧面,就是要沉冤昭雪,要得到公正,需要成本。可是你以为社会愿意花金山银海,愿意无节制地花成本,我们就可以得到公正吗?非也,冤案还有另外一个侧面,就是技术条件的限制。

刚才大家注意到那个细节了吧,就是皂角水擦银针,你今天一想,好土啊,但是没办法呀,清末的时候只有那个认知水准,大家说宋慈写的《洗冤集录》,就是当时的最高科研成果,就只能认那个结果,即使是现在,在美国司法制度下也一样,美国是1993年才第一次把DNA检测技术用于对犯罪证据的检测。检测完了,傻了。

当时有一个洗冤工程,就是用DNA技术替已经判完的罪犯去洗清他们的冤屈,结果发现200多个罪犯都错判了。要知道,这200多个人当中有99个是死囚,如果当时美国政府从重、从快、从严杀了,这些人就冤沉海底,人头落地了,请问你怎么再把他缝上去呢?所以技术局限是一个特别重要的因素,而且谁都别说我们这个时代已经技术昌明了,这个问题都解决了。你在当时以为板上钉钉的事情,再过一段时间之后,你自己都会觉得可笑。

比如说我就看过一个例子,美国早年间有一个小镇上有一个案子,小镇上有一只母猪,生了一只小猪,生下来是独眼。要知道,美国很多地方小镇上的人是很迷信的,这个独眼的猪,上帝是什么意思啊?后来他们发现,镇子上有一个男青年,就一只眼,那肯定是他强奸了这只母猪生了这个小猪啊。因为当时有了遗传学的科学,所以当时民间认知就是这样的,他认为是科学。你看,猪的爸爸妈妈都好的,那只公猪也不是独眼,唯独就你一个独眼,现在镇子上有一个独眼小猪,不是你生的是谁生的?最后结果是把这个人用法律程序判了死刑,执行了。

好比说我们现在科学已经昌明了,我们不会再冤枉好人了,你怎么知道呢?我们就拿精神病人来说,大家都有这个法律常识,如果确诊为精神病人,那是可以脱罪的。可是请问，怎么鉴定一个人是精神病人呢？就凭精神科医生写的那几个字吗？我们说谦虚一点的话，在整个精神世界，人类科学能够把他解密，恐怕还早着呢。

没有一个人敢狂妄地说，现在我就可以说什么人是精神病。人格问题是一个非常复杂的问题，我讲一种可能，只是假设，我也不懂，如果再过几百年，人类发现，哦，原来人体内的人格有好几种，精神分裂不就是这样吗，如果一个人在杀人的时候（几百年后的技术已经可以精确地测算出来）不是他的本来人格，而是他精神分裂的一个人格干的，那你还去处死这个人吗？因为精神病可以脱罪的基本的伦理基础就是，不能对自己的人格的作为负责的话，不能让他承担相应的刑事责任。

假设几百年之后我们发现了这样的技术，可以把人格分裂精细地分辨出来，那现在判断的很多杀人案，你还能那么铁板钉钉地、满腔正义地把这个人送上刑场吗？所以技术发展，实际上是冤案的另一个侧面。好，这事还没完，冤案还有第三个侧面。

除了成本问题，技术问题，有些案子是永远说不清的。比方说强奸案，在我们刚才提到的美国那个洗冤工程里面，那个主持者，随后我看他写的书时吃惊地发现，原来我以为美国的司法至少98％、99％应该是判得相当对的，可是我发现，至少在强奸案里面，有20％以上都是冤案。我不知道这个数字有没有依据，但是你想想看，为什么冤案会集中在强奸案里？因为没有证据来判断是否自愿。

克林顿与莱温斯基的性丑闻，这个事用DNA是可以判断出来的，可是你怎么知道莱温斯基是愿意呢还是不愿意呢，这事怎么说得清呢？当时案发现场，上有天，下有地，剩下他们俩，你说你怎么判定？其中最著名的，我们可以给大家讲一个最近的案子，1991年，美国东部佛罗里达棕榈滩上，就发生了一起著名的强奸案，为什么著名呢？因为这个主角太有名了，这个人是肯尼迪总统的亲外甥，叫威廉·肯尼迪，他母亲是被刺的肯尼迪总统的亲妹妹。

肯尼迪家族在美国是受诅咒的家族。这个家族在棕榈滩聚会，有一个不知道谁带来的一个女宾，叫帕特西亚，一个女孩儿，花容月貌，肯尼迪对她一见钟情，两人在海滩上散步，据肯尼迪讲，他们是两情相悦，然后就做爱了，做完之后，就到他的别墅，然后这个女人突然一下就翻脸，说你强奸我，然后就去报案，然后警察就把他给抓了。

可是帕特西亚说跟他没什么关系，只是有一点小暧昧，但是一到他的别墅之后，这个人就兽性大发，直接把我按在水泥地上和草坪上，对我实施了长达十几分钟的强奸。好了，案子到了法院，你说怎么判？

要知道最开始的时候，这个证据对肯尼迪是非常不利的，因为很多妇女这个时候就站出来说，他名人嘛，有名望的家族，很多女人都说跟他有关系，也不知道什么心理，总而言之，很多女人就站出来说，这个人就这样，他还强奸过我呢。法庭问，你说的是哪年的事啊？她说好几年了。你当时怎么不报案呢？这些女人说，他们家家大势大，我也不敢报案，等等。

法庭说算了算了，这部分证据可不能拿到法庭上，否则这案子就乱了，这部分证据排除。但是肯尼迪还是没办法给自己脱罪，对吧。你怎么能证明那天晚上发生了什么，就你们俩在场，这个时候案子出现转机，是因为我们华人的神探，非常有名的李昌钰博士介入了。

李昌钰博士其实是一个证据专家，说他是神探有点夸大其词。他从头到尾介入这个案子，他就讲了一点，微量物质转换定律，任何两个东西产生摩擦和接触之后，它总有一些微量，就是痕迹，东西发生转换，说你在墙上蹭一下，那墙上多少会留点你的皮肤吧？你身上多少会留一点石灰吧。这个东西用现代技术检测得出来的。

所以李昌钰博士就在这个院子里检测，看她的衣服、裙子有没有被撕扯的痕迹，有没有当时的泥土，织物的纤维上，有没有摩擦之后的损伤，检测完了，李昌钰说，没有啊，然后他在法庭上掏出一个手帕，他说你看，这是我当时带着的手帕，我在地上稍微蹭了蹭，你看，一检测是这个结果，上面有泥土，织物有损害。可是她现场的衣物是没有损害的，所以我至少可以用技术来判断，即使有强奸，他也不发生在院子里。

检察官一听就急了，说手帕跟女士的内裤那是一样的吗？李昌钰这个时候就在法庭上回答，说，哎呀，我这个人实在只有带手帕的习惯，没有带女士内裤在身上的习惯。当时哄堂大笑，在美国新闻界被传为一个笑谈。

后来肯尼迪就这样被释放了，但是这个案子其实你说审明白了吗？没明白，没人知道当时发生了什么，所以话说到这儿，我们其实可以给冤案作一个总结：所谓的冤案，是人类过度自信自己的理性的能力，过度自信自己亲手打造的法律和诉讼程序维护正义的能力。而一个冤案的特征，就是他可以穿越人类所有理性设置的重重保障，穿越所有法律的程序，直接抵达冤案的彼岸，最后落实成铁案，所以谁也别说什么东西一定是铁案。

那怎么办呢？说到这儿，我们就把这期节目的底牌翻给您看，我们为什么说冤案，其实我们想说的是死刑。最近中国社会出现了许多著名的案子，有的是死刑案，有的是强奸案，当然，《罗辑思维》这种节目确实要为死刑说几句话。这也不是我在说，因为确实公众舆论当中，有一种声音，要求废除死刑。

关注到这个话题之后，我看了很多东西，包括我们的知识助理李源先生，也帮我查了大量的资料，后来我们发现，所有废除死刑的理由，都有可以商榷的余地，比方说有的是从宗教信仰出发，有的是从伦理出发，有的是从理论推导出发，伦理就是说，只有上帝可以杀人，人怎么能杀人呢？国家公权力更不应该杀人。这个理论推导其实也挺有意思，简单说两句。理论推导说，法律的目的到底是什么？是等害复仇吗？你杀我们家一个人，我杀你们家一个人。如果等害复仇是法律的目的，那请问，你偷我们家东西，是不是我就得偷回来，你强奸了我，是不是我就得强奸回去？这推不通。

所以说法律的目的是什么？如果说法律的目的是为了教育，那死刑教育什么呢？人都死了，改不好了。你说死刑的目的是在震慑，可是反对派又能捧出一堆证据。你说震慑犯罪，我告诉你，某某国家取消死刑之后，犯罪率一点都没有上升；某某国家一直在实行死刑，犯罪率也没见下降。那怎么能说起到震慑的作用呢？

但是这方面的论据和争论太多太多，林林总总，我们本期《罗辑思维》不打算介入，我们只想强调一点，以人类对于大自然，对于整个世界的谦卑之心，我们必须认识到，我们的理性，我们的程序，我们的法律，是有极大的局限性的，我们不可能避免冤案的发生，那么这个时候，为什么不给已经按照我们现有的法律制度判定为死囚的那些人更多的机会呢，至少是更多的时间。

我们让他有可能，穷尽一切可能去洗清自己的冤屈，所以从死刑是天经地义的事，到死刑成为存疑的事，到世界很多文明国家已经废除了死刑，人类走过了漫长的道路。我们为什么不试着往前走一点儿？当然，在这期节目的最后，其实我倒并不想对我国司法当局说什么，我特别想对那些呼吁取消死刑的人说一句话，我认为他们喊错了对象。有些公知，有些法律工作者，老是冲政府，对立法当局喊，废除死刑！可是，你跟政府喊，有什么用呢？死刑从总体上讲，是社会的伦理共识达成的一个结果，你们呼喊的对象应该是全体老百姓，全体中国人，让他们按照你们呼吁的方向，去演进自己的伦理观念。

比方说我们中国人放弃一报还一报，以牙还牙，以眼还眼，这是基督教的说法。中国人说，杀人者死。刘邦当年约法三章，这是天经地义的，杀人偿命。什么时候中国人的道德演进，我不认为这是好还是坏，就是这种演进方向，放弃了杀人偿命的观念的时候，废除死刑，它才会作为一个社会公众的共同意志载入法律。所以所有和死刑抗争，呼吁废除死刑的人，如果你把喊话的喇叭对准了政府，对准了法律部门，那我可以说，你真的喊错了对象。

附录二 真相无处安置[*]
——帝国司法的隐秘逻辑

谌旭彬

1877年年度事件：杨乃武小白菜案进京翻案成功

本年，浙江官场发生巨大人事"地震"，自巡抚杨昌浚而下，大批地方官员落马。事件的源头，可以追溯到1873年杭州余杭县一个豆腐坊伙计葛品连的突然病故。四年之后，这一正常死亡，演变成了"晚清四大冤案"之首的"杨乃武与小白菜案"，并将晚清司法体系运作的内在逻辑暴露无遗：（1）即使地方官员无意主动制造冤案，但体制自身本就有制造冤案的能力；（2）身处这种司法体系下的地方官，遂普遍不关心案件真相；（3）这种司法体系下，为冤狱翻案的朝廷也不关心真相，而只关心符合朝廷需要的"真相"。

冤案的逻辑：地方官考量的是乌纱，不是真相

【"同食教经"惹下流言，为冤案埋下祸端】葛毕氏（市井间称"小白菜"）与葛品连于同治十一年（1872年）结婚

---

[*] 载《腾讯历史频道》第14期。

后，租住在杨乃武家的出租房内。这段时期，葛品连每日去豆腐作坊做工，时常夜宿店中。葛毕氏闲来无事，时常向举人出身的杨乃武求教读书识字，有时还在杨乃武家一同吃饭。这种情形一直持续到次年夏天葛氏夫妇搬走。葛毕氏容貌姣好，杨乃武举人出身，二人这种关系在当时委实有些过于亲密。一开始杨乃武之妻大杨詹氏健在，街坊间尚无流言；殆至同治十一年（1872年）九月，大杨詹氏难产去世，而杨乃武与葛毕氏"同食教经"如故，流言于是渐渐泛滥四起。杨乃武与葛毕氏之间的"奸情"，日后成为刺激晚清至民国市井文化娱乐消费的"长效春药"。但二者关系之清白，应该是可以肯定的。首先，葛品连闻知流言后，曾多次夜潜回家在房檐下监视，并未窥见二人有进一步的逾越之举。其次，当年刑部否定了浙江巡抚衙门对二人存在"奸情"的指控，这说明，穷浙江巡抚衙门之力，也未能找到确凿的证据来证实二人的"奸情"。但市井间的流言，却成了杨乃武、葛毕氏冤案的导火索。葛品连病故，其母沈喻氏被人"提醒"，怀疑其死于谋杀，盘问葛毕氏无果后，即向余杭县衙申请验尸。在一连串的不符合"标准"的验尸程序之后，得出葛品连疑似砒霜中毒而亡的结果。余杭知县刘锡彤又在街坊间闻知杨乃武与葛毕氏的流言，遂断定葛品连确系被人毒杀，冤案就此成型。

【地方惰于核实案情细节，乐于凭主观判断确定"凶手"】清朝"圣谕"高度强调"州县所司，不外刑名、钱谷。而刑名之重者，莫若人命"。清律规定，州县官必须在受害者或被害现场或尸体发现处亲自并及时验尸。若因其延误而使尸体发生变化，妨害验尸结论，该州县官将被处以杖刑六十。若本地州县官因公外出,则邻近地区州县官有责任代其验尸,无正当理由拒绝代为验尸者,将降官三级调用。余杭知县刘锡彤带领仵作沈祥、门丁沈彩泉赶去验尸时,尸体已经开始肿胀变异:口鼻内有血水流出,躯体软而不僵;指甲和趾甲呈暗灰色。仵作沈祥缺乏专业素养,将口鼻内有血水流出写成"七窍流血",将指甲和趾甲的暗灰色写成"青黑色";门丁沈彩泉居然也有资格参与验尸,并根据"个人经验",作出了葛品连中砒霜之毒而死的结论。按照清律规定,知县刘锡彤有责任亲自按照标准验尸教材《洗冤集录》——核对仵作的验尸报告。《洗冤集录》里说:"服砒身死者牙根青黑,七窍迸血,嘴唇翻裂,遍身发小泡。"且不论《洗冤集录》是否精准,但很显然,葛品连的尸体并不符合这些特征。而且,在此之前,葛品连的亲属和邻居等许多人都见过未变异的尸体,只要略加询问,即可澄清葛品连是否中毒而死。但刘锡彤显然认为这些进一步的求证都没有必要,在他内心深处,已然将杨乃武与葛毕氏的"奸情"和葛品连的死很自然地联系到了一起。

【发现案情存在疑点,反不求真相而忙于凑齐"证据链条"办成铁案】葛品连的"死因"被确定之后,刘锡彤接下来要做的工作就是寻找支持这一"死因"的证据,并形成一个完整的证据链条。首先需要的就是葛毕氏的供词,在刘锡彤的案情规划里,葛毕氏已经被确定为因奸谋夫的凶手,所以,他的讯问直奔"毒从何来"。葛毕氏没有下毒,自然无从回答毒从何来。刘锡彤现场讯问无果,遂将其带回县衙严刑拷打,据当年《申报》披露,葛毕氏所受之刑乃是"烧红铁丝刺乳,锡龙灌水浇背",这种流传至今的"国粹",其残忍程度可见一斑。酷刑之下，什么样的供词都不难得到。站在葛毕氏的角度——刘锡彤既已"确认"葛品连死于毒杀，自己又被"确认"为凶手，而市井间沸沸扬扬的自己与杨乃武的流言，葛毕氏必然也是知道的，于是乎，诬攀杨乃武，就成了葛毕氏在酷刑之下"理所当然"的选择。举人杨乃武随后被带至县衙。按照葛毕氏的口供，杨系十月初五给了她砒霜，但杨乃武有充分的证据证明自己十月初五因事外出，并不在余杭城内。案情开始出现重大疑点，严重偏离刘锡彤"经验丰富"的"主观判断"。倘若刘锡彤能够抛弃先入为主的成见，及时重新审视案情，这一冤案或许可以就此打住。但事实是：杨乃武的举人身份让刘锡彤颇为恼火，因为按照清律，他无权对一个举人动用酷刑。刘锡彤采取的手段是将案子上报杭州知府衙门，要求革去杨乃武的举人身份。为掩饰己过，刘锡彤压下了杨乃武所提供的一连串证人的证词，未将其收入卷宗上呈知府衙门。于是乎，杨乃武丧失了举人身份。酷刑之下，要什么就能有什么。只不过这一次动用酷刑的，换作了杭州知府陈鲁。杨乃武承认下毒之后，证据链条完整性的下一环就是砒霜的来源。杨只得攀诬了一家名为爱仁堂的药铺，并指认卖给自己砒霜的药铺老板名为"钱宝生"。案情至此似乎已经水落石出。孰料传唤到堂的爱仁堂老板供称：自己并不叫"钱宝生"，而叫钱坦；更是从未卖过砒霜给杨乃武。案情至此再次出现重大疑点，倘若当时官员能够摒弃成见，重新审视案情，则冤案仍有可能澄清。但刘锡彤反而前去"诱供"证人钱坦，承诺只要他指证杨乃武，保证不追究他的任何责任，并威胁说：杨乃武已全部招供，如果钱坦拒绝指认，则有包庇之罪。如此，钱坦的"证词"也顺利到手了。一场证据链条完美的冤狱，就此完全成型。

【"暗访"成"明察"，上级衙门把关功能形同虚设】同治十一年（1872年）十一月初六，杭州府判决：葛毕氏因奸谋杀亲夫，处以凌迟之刑；杨乃武授意谋害他人亲夫，处以斩立决。这一判决被上报至浙江按察使衙门，请求批准。浙江按察使蒯贺荪也是举人出身，对杨乃武放着大好的举人前途不顾，而为一个女子赔上自己的身家性命多少有些怀疑。但蒯贺荪为了省事，并未仔细核对案卷材料，而仅仅是把负责此案审讯全过程的余杭知县刘锡彤找来询问了一番。自然，刘锡彤给予按察使大人的，必然是拍着胸脯的无冤情的保证。于是，卷宗里那些疑点，譬如钱坦从未叫做钱宝生，就这样轻易地从按察使衙门滑过去了。随之，案卷被送至浙江巡抚衙门。巡抚衙门是掌管一省事务的综合性衙门，事务繁多，在刑狱方面把关的能力和精力上，自然都不如专门负责刑名事务的按察使衙门。巡抚杨昌浚委派了一名候补知县去案发地做了暗访。而这名候补知县，则把暗访办成了"明察"——他在余杭县的一切行动，都依赖造就冤狱的知县刘锡彤安排。其结论，自然可想而知。同治十二年（1873年）十二月二十日，浙江巡抚杨昌浚以杭州府所判决的原罪名，将案件上报给了朝廷。翻案的逻辑：朝廷考量的是政治，不是真相。朝廷接到浙江巡抚的案情汇报的同时，也接到了杨乃武之姐杨菊贞进京上访的申冤材料。上访期间诸多曲折艰难，此处略过不提，结果则众所周知：在朝廷持续长达一年多的压力之下，光绪二年（1876年）十二月九日，刑部在北京海会寺公开开棺验尸，结论是：葛品连周身大小骨殖均呈黄白色，确认并非中毒而死。

【冤不冤是一个问题，平反不平反是另一个问题】开棺验尸之后，冤案与否已经不存在争议。但朝廷如何决策，显然与真相无关——大批重量级的官员反对给冤案平反，譬如，虽然毒杀葛品连之罪已经洗清，刑部尚书桑春荣却继续嘱咐相关人员"研讯杨乃武、葛毕氏，强其自伏通奸罪"，仍然希望以此罪杀掉杨乃武与葛毕氏。另一位刑部尚书皂保则认为：一手制造冤案的余杭知县刘锡彤，是大学士宝鋆的"乡榜同年"，所以必须保住刘锡彤。反应最激烈的，或许是新任四川总督丁宝桢，他闻知验尸结果后大怒，在去四川上任之前，大闹刑部，"扬言于朝"，称："葛品连死已逾三年，毒消骨白，此不足定虚实也。"认为刑部的验尸结论不足为凭，案件仍应维持原判。并威胁刑部尚书桑春荣，如果这样的铁案都可以翻过来，那将来就没有人敢做地方官了。——值得一提的是，丁氏曾因擅作主张处死慈禧宠爱的太监安德海而以刚正之名享誉朝野。朝廷最终宣布杨乃武、葛毕氏无罪。但这个判决并没有得到朝廷内部重臣的认可，左宗棠即是其一，他迅速找到机会，将在此案中被朝廷免职永不叙用的前浙江巡抚杨昌浚再度保奏出山，以示抗议。杨昌浚此后历任要职，直至陕甘总督、兵部尚书、太子太保。一桩明明白白的冤案，为什么会出现诸多朝廷重臣反对平反的局面？

【朝廷的用意：打压地方督抚，重塑中央权威】杨乃武一案进京上访后得以翻案成功，是多种因素综合作用的结果。商人胡雪岩的资助，为上访提供了经济后盾；杨乃武的举人身份带给了他一张科举时代的官场关系网——由"同年"的帮助，到浙江籍京官的联名上书，最后到帝师翁同龢出面，案情直抵宫闱，这一申冤脉络得以形成，全赖杨乃武的举人身份；此外，《申报》对案情作长期持续的跟踪报道，在民众中造就舆论压力，也是重要因素。但是，促使朝廷连续下发十三道谕旨，一再将此案发回重审，直至开棺验尸的关键动力，并不是草民冤情的真相，而是政治上的考量：朝廷希望借此收回死刑裁判权，敲打地方督抚，重塑中央政府的权威。刑部重审结案前夕，御史王昕所提交的一份奏折最能体现朝廷的这一用心。王在奏折中严厉指责浙江官员"徇情枉法，罔上行私，颠倒是非"，斥责巡抚杨昌浚"藐法欺君，肆无忌惮"；进而推及所有地方大员，担忧"大臣倘有朋比之势，朝廷不无孤立之忧"；建议朝廷严惩杨昌浚等官员，以此扭转疆臣藐法欺君之局面，"以伸大法于天下，以垂炯戒于将来。庶大小臣工知所恐惧，而朝廷之纪纲为之一振"。朝廷很欣赏王昕的这道奏折，下发谕旨批示说："各省似此案件甚多"，命刑部"彻底根究"。王昕的奏折是秉承帝师翁同龢之意而写。作为扭转杨乃武一案的关键人物，翁同龢此前曾对恭亲王如此说道："冲龄之至，太后垂帘，是所谓'孤儿寡母'的局面，弱干强枝，尾大不掉，往往由此而起。征诸往史，斑斑可考。王爷身当重任，岂可不为朝廷立威？"太平天国之后，地方督抚坐大，死刑裁判权也由中央下落到地方。朝廷既然希望"立威"，则案情的真相并不重要，重要的是得出符合朝廷需要的"案情真相"，换言之，即使此案地方官员并未错判，倘若朝廷一意坚持，最后的真相仍然只能是朝廷需要的那个"真相"。由此，地方督抚如左宗棠们的不满，也就不难理解了。

【绅士的特权：杨乃武与葛毕氏完全是两个世界的人】在举人杨乃武亲人们的进京上访之路上，出现了形形色色的

"贵人",他们中间有杨乃武的同学,有胡雪岩这样的大商人,有大批浙江籍的京官。没有这些人,杨乃武的家人上访次数再多,他们也不可能获得帝师的注意,更不可能得到多达十三道重审的谕旨。这是一名绅士在帝国司法体系里所能够拥有的特权。与杨乃武及其亲属坚持不懈的上访形成对照的,是葛毕氏自始至终的沉默。自酷刑诬服之后,直到冤情洗刷,葛毕氏安于命运的不公,始终不曾要求申冤。所以,案件在屡次发回重审之后,演变成了两个支案:一个是"民妇葛毕氏因奸毒毙本夫葛品连"案;另一个是"革举杨乃武因奸商同奸妇毒毙本夫"案。葛毕氏是真正的草民,她没有杨乃武那种举人身份带来的人脉资源,所以,她不上访,也不申冤。结果,也确实没有人顺道替她申冤,无论是在京浙籍官员,还是秉承圣意的御史,他们的奏折里只叙述杨乃武之冤,而始终未提葛毕氏之屈。相反,他们甚至认为葛毕氏确有毒死本夫葛品连之罪,说她"迹近狭邪,丑声早著"。连杨乃武也持这种态度,在为第二次进京上访而写的呈词里,杨乃武开篇即说"上年十月初九日,有葛毕氏毒死本夫葛品连身死一案",继而诬告葛毕氏,说她曾经有过赖婚的先科,并与他人存在奸情。舆论同样不利于葛毕氏。《申报》1876年的一篇报道里,即如此描述葛毕氏:"平生滥与人交,据其自或谓所私者,可坐四五席云。"如果没有最后的开棺验尸证明葛品连没有中毒,那么,此案的最终结局很可能就是:葛毕氏毒死本夫,攀诬举人杨乃武。帝师夏同善曾就此案对两宫皇太后说过:"此案如不究明实情,浙江将无一人读书上进。"这是针对"绅权"而言的,当然也是意味着:帝国之内,连进京上访,也成了绅士们的"特权"。

结语：民为邦本，安有日残其民而求其邦兴旺之理！

晚清时期，如杨乃武、葛毕氏这般的冤案不可胜数，但很少有案件能够像此案这般具有深远的社会影响力。这跟当时《申报》长期的跟踪报道密不可分。杨乃武案最终能够突破"才子佳人"与"奸杀毒毙"的低级趣味，而上升到对晚清司法体系的制度批判，《申报》功莫大焉。譬如，同治十三年（1874年）十一月二日申报刊登《论余杭县案》一文，即批判朝廷将上访案件发回原地方衙门重审，其实是变相阻塞上访之路。文章说："现在民人参冤，则上司每委原问官复审，该民既已被原官刑迫，而使之再经其刑迫，此事实如杜禁上控……所谓回护者即为此也。中国刑讯之枉民，于此而尽包括其中。"再如光绪元年（1875年）二月十四日刊登的《论复审余杭案》一文，则直指帝国司法制度以刑讯百姓为能，文章说："……盖民为邦本，本固邦宁，岂有听人日残其民而犹望其邦之兴旺乎？……喜用非刑。纵用非刑之人均得高位，岂百姓反该受此惨刑乎？"可悲的是，这样一场举国瞩目的大案，并未能够促成晚清司法体系的转型。殆至1906年清廷参照西方"三权分立"模式进行司法体制改革时，辛亥年已然触手可及。

——资料来源：陆永棣：《1877 帝国司法的回光返照：晚清冤狱中的杨乃武案》，法律出版社2006年版；余杭县政协文史资料委员会、浙江省政协文史资料委员会编：《余杭杨乃武与小白菜冤案》，载《浙江文史资料选辑》（第52辑），浙江人民出版社1993年版。

参考文献举要

1. 瞿同祖:《中国法律与中国社会》,中华书局 1981 年版。

2. 瞿同祖:《瞿同祖法学论著集》,中国政法大学出版社 1998 年版。

3. 梁治平:《寻求自然秩序中的和谐——中国传统法律文化研究》,中国政法大学出版社 1997 年版。

4. 梁治平:《法意与人情》,中国法制出版社 2004 年版。

5. 蔡枢衡:《中国刑法史》,广西人民出版社 1983 年版。

6. 〔美〕D. 布迪、C. 莫里斯:《中华帝国的法律》,朱勇译,江苏人民出版社 2003 年版。

7. 高道蕴、高鸿钧、贺卫方编:《美国学者论中国法律传统》(增订版),清华大学出版社 2004 年版。

8. 马小红:《礼与法——法的历史连接》,北京大学出版社 2004 年版。

9. 季卫东:《法治秩序的建构》,中国政法大学出版社 1999 年版。

10. 〔美〕唐·布莱克:《社会学视野中的司法》,郭星华等译,法律出版社 2002 年版。

11. 〔美〕昂格尔：《现代社会中的法律》，吴玉章、周汉华译，中国政法大学出版社 1994 年版。

12. 〔法〕孟德斯鸠：《论法的精神》，张雁深译，商务印书馆 1982 年版。

13. 贺卫方编：《中国法律教育之路》，中国政法大学出版社 1997 年版。

14. 主客：《臀部的尊严——中国笞杖刑罚亚文化》，花城出版社 2002 年版。

15. 汪世荣：《中国古代判例研究》，中国政法大学出版社 1997 年版。

16. 杨玉奎：《古代刑具史话》，百花文艺出版社 2004 年版。

17. 鲁嵩岳：《慎刑宪点评》，法律出版社 1998 年版。

18. 张晋藩：《中国近代社会与法制文明》，中国政法大学出版社 2003 年版。

19. 张晋藩主编：《清朝法制史》，中华书局 1998 年版。

20. 〔英〕S. 斯普林克尔：《清代法制导论——从社会学角度加以分析》，张守东译，中国政法大学出版社 2000 年版。

21. 李贵连：《近代中国法制与法学》，北京大学出版社 2002 年版。

22. 郑秦：《清代法律制度研究》，中国政法大学出版社 2000 年版。

23. 梁治平：《清代习惯法：社会与国家》，中国政法大学出版社 1996 年版。

24. 王志强：《法律多元视角下的清代国家法》，北京大学出版社 2003 年版。

25. 张德美：《探索与抉择——晚清法律移植研究》，清华大学出版社 2003 年版。

26. 韩秀桃：《司法独立与近代中国》，清华大学出版社 2003 年版。

27. 王健编：《西法东渐——外国人与中国法的近代变迁》，中国政法大学出版社 2001 年版。

28. 卞修全：《立宪思潮与清末法制改革》，中国社会科学出版社 2003 年版。

29. 李曙光：《晚清职官法研究》，中国政法大学出版社 2000 年版。

30. 贾国发：《清末民初法文化流变》，东北师范大学出版社 2003 年版。

31. 〔日〕滋贺秀三等：《明清时期的民事审判与民间契约》，王亚新、梁治平编，王亚新、范愉、陈少峰译，法律出版社 1998 年版。

32. 黄宗智：《民事审判与民间调解：清代的表达与实践》，中国社会科学出版社 1998 年版。

33. 那思陆：《清代中央司法审判制度》，北京大学出版社 2004 年版。

34. 吴吉远：《清代地方政府的司法职能研究》，中国社会科学出版社 1998 年版。

35. 郑秦：《清代州县审判制度研究》，湖南教育出版社 1988 年版。

36. 李启成：《晚清各级审判厅研究》，北京大学出版社 2004 年版。

37. 赵晓华：《晚清狱讼制度的社会考察》，中国人民大学出版社 2001 年版。

38. 王策来编著：《杨乃武与小白菜案真情披露》，中国检察出版社 2002 年版。

39. 〔美〕孙隆基：《中国文化的深层结构》，广西师范大学出版社 2004 年版。

40. 赵汀阳主编：《年度学术 2004：社会格式》，中国人民大学出版社 2004 年版。

41. 吴思：《潜规则——中国历史中的真实游戏》，云南人民出版社 2001 年版。

42. 苗怀明：《中国古代公案小说史论》，南京大学出版社 2005 年版。

43. 阎步克：《士大夫政治演生史稿》，北京大学出版社 1996 年版。

44. 杨齐福：《科举制度与近代文化》，人民出版社 2003 年版。

45. 张仲礼：《中国绅士——关于其在 19 世纪中国社会中作用的研究》，李昌荣译，上海社会科学院出版社 1991 年版。

46. 冯贤亮：《明清江南地区的环境变动与社会控制》，上海人民出版社 2002 年版。

47. 顾鸣塘：《〈儒林外史〉与江南士绅生活》，商务印书馆 2005 年版。

48. 徐茂明：《江南士绅与江南社会（1368—1911）》，商务印书馆 2004 年版。

49. 〔美〕史景迁：《皇帝与秀才——皇权游戏中的文人悲剧》，邱辛晔译，上海远东出版社 2005 年版。

50. 〔美〕史景迁：《王氏之死——大历史背后的小人物命运》，李璧玉译，上海远东出版社2005年版。

51. 〔美〕孔飞力：《叫魂——1768年中国妖术大恐慌》，陈兼、刘昶译，上海三联书店2002年版。

52. 袁伟时：《帝国落日——晚清大变局》，江西人民出版社2003年版。

53. 〔美〕何德兰：《慈禧与光绪——中国宫廷中的生存游戏》，晏方译，中华书局2004年版。

54. 石泉：《甲午战争前后之晚清政局》，生活·读书·新知三联书店1997年版。

55. 高旺：《晚清中国的政治转型——以清末宪政改革为中心》，中国社会科学出版社2003年版。

56. 林文仁：《南北之争与晚清政局（1861—1884）——以军机处汉大臣为核心的探讨》，中国社会科学出版社2005年版。

57. 任恒俊：《晚清官场规则研究》，海南出版社2003年版。

58. 李乔：《清代官场图记》，中华书局2005年版。

59. 刘伟：《晚清督抚政治——中央与地方关系研究》，湖北教育出版社2003年版。

60. 瞿同祖：《清代地方政府》，范忠信、晏锋译，法律出版社2003年版。

61. 任立达主编：《中国古代县衙制度史》，青岛出版社2004年版。

62. 高浣月：《清代刑名幕友研究》，中国政法大学出版社2000年版。

63. 郭建：《师爷当家》，中国言实出版社 2004 年版。

64. 谢俊美：《翁同龢传》，中华书局 1994 年版。

65. 陈义杰整理：《翁同龢日记》，中华书局 1993 年版。

66. （清）郑观应：《郑观应集》，上海人民出版社 1982 年版。

67. （清）张集馨：《道咸宦海见闻录》，中华书局 1981 年版。

68. （清）朱寿朋：《光绪朝东华录》，中华书局 1958 年版。

69. （清）李宝嘉：《官场现形记》，岳麓书社 2003 年版。

70. （清）李伯元：《活地狱》，上海古籍出版社 1987 年版。

71. （清）纪昀：《阅微草堂笔记》，上海古籍出版社 2001 年版。

72. 郭成伟、田涛点校整理：《明清公牍秘本五种》，中国政法大学出版社 1999 年版。

73. （清）祝庆祺等编：《刑案汇览》（全四编），北京古籍出版社 2004 年版。

74. （清）薛允升：《读例存疑》，中国人民公安大学出版社 1994 年版。

75. 郑秦、赵雄主编：《清代"服制"命案——刑科题本档案选编》，中国政法大学出版社 1999 年版。

76. 阚红柳：《大清十五疑案真相》，中华书局 2005 年版。

77. 陈申玉：《晚清报业史》，山东画报出版社 2003 年版。

78.《清史稿》。

79.《大清律例》。

80.《皇朝经世文编》。

81.《皇朝经世文续编》。

82.《皇朝经世文三编》。

83.《清朝文献通考》。

84.《大清会典事例》。

85.《皇朝政典类纂》。

86.《大清会典》。

87.《吏部则例》。

88.《六部处分则例》。

89.《钦定台规》。

90.《钦颁州县事宜》。

91. 包世臣：《安吴四种》。

92. 丁日昌：《抚吴公牍》。

93. 方大湜：《平平言》。

94. 褚瑛：《州县初仕小补》。

95. 吴语亭编：《越缦堂国事日记》。

96. 许乃普辑：《宦海指南五种》。

97. 黄六鸿：《福惠全书》。

98. 徐栋辑：《牧令书》。

99. 刘衡：《庸吏庸言》。

100. 汪辉祖：《学治臆说》。

101. 汪辉祖：《佐治药言》。

102. 汪辉祖：《病榻梦痕录》。

103. 万维翰:《幕学举要》。

104. 黎培敬:《黎文肃公遗书》。

105. (清)王又槐:《办案要略》。

106. 徐珂编撰:《清稗类钞》。

图书在版编目(CIP)数据

落日残照:晚清杨乃武冤案昭雪/陆永棣著. —北京:北京大学出版社,2018.6
ISBN 978-7-301-29348-5

Ⅰ.①落… Ⅱ.①陆… Ⅲ.①中国历史—近代史—历史事件 Ⅳ.①K252.05

中国版本图书馆 CIP 数据核字(2018)第 036989 号

书　　　名	落日残照——晚清杨乃武冤案昭雪 Luori Canzhao——Wanqing Yang Naiwu Yuan'an Zhaoxue
著作责任者	陆永棣　著
责 任 编 辑	陈　康
标 准 书 号	ISBN 978-7-301-29348-5
出 版 发 行	北京大学出版社
地　　　址	北京市海淀区成府路 205 号　100871
网　　　址	http://www.pup.cn　http://www.yandayuanzhao.com
电 子 信 箱	yandayuanzhao@163.com
新 浪 微 博	@北京大学出版社　@北大出版社燕大元照法律图书
电　　　话	邮购部 62752015　发行部 62750672　编辑部 62117788
印 刷 者	涿州市星河印刷有限公司
经 销 者	新华书店
	880 毫米×1230 毫米　A5　11.5 印张　249 千字 2018 年 6 月第 1 版　2019 年 3 月第 2 次印刷
定　　　价	59.00 元

未经许可,不得以任何方式复制或抄袭本书之部分或全部内容。
版权所有,侵权必究
举报电话: 010-62752024　电子信箱: fd@pup.pku.edu.cn
图书如有印装质量问题,请与出版部联系,电话: 010-62756370